L'occhio di Horus

Ma ora Unas è più forte di loro, e sorge sulla riva.
Cadono i loro cuori sotto le sue dita:
Le loro viscere agli abitatori del cielo!
Il loro sangue agli abitatori della terra!

Piramide di Unas, anticamera, muro Ovest, 171, 252

Depressione di Qattara, 60 chilometri a sud di El Alamein, Egitto, fine Ottobre 1942

Il ragazzo avanzava carponi sulla stretta striscia di terra che divideva due bianche distese di sale. Il suo obiettivo era uno strapiombo roccioso che si ergeva scuro contro il cielo illuminato dalla luna. Non era in grado di apprezzare la magia di quel paesaggio, e se avesse potuto, non avrebbe scelto una notte di plenilunio per destreggiarsi in mezzo alle paludi salmastre. Non poteva neanche alzarsi in piedi, la sua sagoma scura sarebbe stata un bersaglio invitante per le sentinelle inglesi e tedesche appostate sui due lati della depressione.

Il ragazzo avanzava lentamente, stringendo i denti per resistere ai crampi che gli provocava quella posizione cui non era abituato. Non cessava di avanzare per un solo minuto, non ricordava neanche più da quanti giorni era fuggito dal campo di prigionia inglese. L'unica cosa che in quel momento sapeva era che doveva arrivare dietro lo strapiombo, dove c'era l'uomo che ammirava di più al mondo, l'uomo che avrebbe rivisto dopo quattro interminabili anni.

Valchiusella, 14 ottobre 1944, sabato pomeriggio

La nebbia saliva rapidamente dal fondovalle. Sembrava una medusa gigantesca, che infilava i suoi tentacoli candidi nei canaloni scoscesi, così da farli precipitare nel nulla.

Ettore e Marco guardavano quello spettacolo attraverso la stretta apertura della balma con stupore e sollievo. I due giovani partigiani avevano corso sulla mulattiera fino a Tallorno per sfuggire al rastrellamento tedesco, poi si erano arrampicati in mezzo alla boscaglia ed infine erano arrivati sotto ad un grande masso appiattito appoggiato al pendio e sostenuto verso valle da altri due. Il caso aveva formato una stanza di una decina di metri quadrati nella cui parte centrale un uomo di statura media poteva persino stare in piedi, e il terriccio ricoperto d'erba aveva provveduto a chiudere perfettamente tutte le aperture, tranne un piccolo ingresso e una specie di finestra al suo fianco, che chissà quali mani antiche avevano delimitato con un muretto di pietre.

Ettore aveva scoperto quel luogo durante uno dei tanti vagabondaggi estivi assieme al padre, dentista torinese amante della montagna, che in estate si trasferiva a Vico Canavese. Lì suo padre affittava una casa, grande abbastanza da metterci uno studio con relativa sala d'attesa per curare i denti dei villeggianti e degli abitanti del paese. La madre di Ettore viveva quei periodi estivi con una certa rassegnazione, dato che la montagna non era esattamente la sua passione. Il tempo, che era sovente umido e piovoso, la intristiva. Avrebbe di gran lunga preferito qualche località marina, con un po' di vita, di negozi, con il sole che le avrebbe permesso di sfoggiare delle toelette chiare, vaporose, invece di stare imbacuccata come in pieno inverno. Purtroppo quell'orso selvatico di suo marito di mare non voleva neanche sentirne parlare, e così sua madre, oltre a tenere l'agenda del marito passava il tempo a fare la maglia, sfornando poderosi maglioni, sciarpe, calzettoni e passamontagna.

3

Ettore si chiese cosa stavano facendo in quel momento suo padre e sua madre, nel loro alloggio di Torino. Erano certamente angosciati per la sua sorte, li ricordava con le lacrime agli occhi quando era andato a trovarli l'ultima volta, di notte, come un ladro, per non essere visto e denunciato da qualche vicino fascista. Scacciò il pensiero dei genitori dalla sua mente, l'attendevano momenti difficili, occorreva tenere i nervi saldi. Se erano fortunati ed alle pattuglie tedesche non veniva in mente di cercarli in quell'antro sconosciuto, nella notte avrebbero dovuto salire su sentieri ripidi e incerti fino al colle dal quale sarebbero scesi nella valle di Champorcher. Lì Ettore sperava di trovare i *maquis* valdostani ed unirsi a loro.

Adesso, non rimaneva che attendere il nemico: se i tedeschi arrivavano, sarebbero stati loro addosso in poco più di un'ora, e in tal caso i due ragazzi avrebbero venduto cara la pelle, data la posizione nella quale si trovavano, protetta e dominante. Ettore piazzò lo *sten* appoggiandolo sul bordo del muretto in pietre a secco che chiudeva parzialmente l'ingresso della balma, vi mise accanto i due caricatori che aveva, riflettè un attimo, poi scosse il capo.

"No, no, così non va. I tedeschi non devono capire subito che abbiamo un fucile mitragliatore, devono pensare che siamo male armati, cosi si avvicineranno di più e allora potremo giocare le nostre carte. Mettiamo il tuo fucile al posto dello *sten*, e puntiamolo verso la betulla, si vede malissimo ma se aguzzi gli occhi ce la fai, chi sale non può fare altro che passare di lì, il sentiero è stretto e incassato tra gli arbusti. Tu sparerai con il fucile, è la tua specialità, e io farò fuoco con la pistola; dopo aver perso uno o due uomini loro si fermeranno, crederanno che siamo ben piazzati ma male equipaggiati e si organizzeranno per attaccarci in forze, e solo allora metteremo in uso lo *sten*. Cosa ne dici?"

Marco si scosse nelle spalle.

"Dico che hai ragione, ammazzeremo qualche nazista in più, ma se restiamo qui la nostra sorte è segnata, perché non continuiamo a salire?"

"Perché da qui in poi il sentiero è tutto allo scoperto, se va via la nebbia saremo talmente in vista che potranno

4

fare il tiro al piccione, mentre se resistiamo fino a buio abbiamo qualche probabilità di farcela."

Non c'era nulla da obbiettare. Marco puntò il suo *Mauser* (una preda di guerra della quale andava molto fiero) sulla betulla, la cui sagoma andava e veniva tra i refoli di nebbia, mentre Ettore si sistemò di fianco a lui, la pistola in pugno, e attesero in silenzio.

Oh Re Unas!
Prendete l'occhio di Horus, che se ne è
andato:
Io ve l'ho portato per metterlo nella vostra
bocca.

Piramide di Unas, camera funeraria, muro nord, 27,40

6

Torino, 27 Settembre 1995, mercoledì

Rosa Seren aveva cambiato posto di lavoro. L'impresa di pulizia della quale era dipendente, per premiare il suo impegno l'aveva assegnata a un'azienda di *marketing* che aveva sede in piazza San Carlo. Fino ad allora aveva fatto le pulizie in una piccola officina meccanica, con tante macchine in uno stanzone e un solo ufficio, quello del capo. La conoscevano tutti, operai e impiegati, e tutti le volevano bene.   Per salutarla avevano organizzato un piccolo rinfresco, avevano brindato al futuro lavoro di Rosa, le avevano consegnato un grande mazzo di fiori e un regalo, un fermacarte in acciaio tornito fatto *in loco* con incisa una frase gentile, e Rosa era scoppiata in lacrime. Erano tutti commossi e dispiaciuti, ma il nuovo lavoro sarebbe stato meno faticoso, niente olio lubrificante da sciogliere con l'acido, niente trucioli di metallo da togliere da sotto le macchine, soltanto *parquet* e mobili di lusso, insomma, il paradiso.

Dopo pochi giorni Rosa si era resa conto che l'azienda di *marketing* era tutt'altro che il paradiso. Il personale che lavorava lì dentro costituito da giovanotti e signorine vestiti e pettinati in maniera assurda, era pieno di pretese. E vuota i cestini due volte, e passa le toilette tre volte perché arriva un cliente, e guarda qui Rosa che è rimasta della polvere, e i mozziconi di sigaretta, e i fiori ai quali cambiare l'acqua, i quadri da spolverare, sembrava che non fosse mai fatto abbastanza.

"Geometra, se questo è un premio, voglio essere punita." aveva detto Rosa al geometra Giovanni Croverio, padrone dell'impresa di pulizia *La Perfetta* , dopo un mese di quell'inferno. Aveva chiesto un appuntamento nella serata, ed adesso era lì, nell'ufficio del capo. Piccola, tracagnotta, con il viso rotondo incorniciato dai capelli grigi raccolti con cura dietro alla testa, teneva le mani sui fianchi e guardava il geometra dritto negli occhi.

Croverio aveva scrollato le spalle, contrariato. Era la sua migliore dipendente, in trent'anni mai un giorno di mutua, niente la spaventava, l'ultima cosa che poteva immaginare era che prendesse così storto quel nuovo lavoro.

«Va bene, va bene – brontolò - , vedrò cosa posso fare. Certo che è un vero peccato, sono così contenti di te... »

«Lo credo, che sono contenti, faccio tutto quello che mi chiedono! Sono io che non sono contenta di loro, non è tanto per il lavoro, ma parlano continuamente, cambiano idea a ogni minuto, un momento ti chiedono una cosa, poi subito dopo il contrario, è una gabbia di matti.» Concluse Rosa con tono stizzito.

Finalmente, dopo due settimane, Croverio l'aveva richiamata.

«Rosa, ho il lavoro giusto per te. Abbiamo preso un nuovo appalto, un Museo famoso, il Museo Egizio.»

Rosa scosse il capo.

«Un Museo, figuriamoci! Sarà di nuovo uno di quei posti eleganti dove tutti hanno la puzza sotto naso e non fanno che criticare. Ma perché non mi rimanda dove ero prima?»

«Perché, accidentaccio, il posto dove eri prima non c'è più!»

«Come non c'è più? Andavano alla grande, avevano un sacco di lavoro, e adesso mi dice che non c'è più? E poi non è vero, la mia amica lavora ancora lì, le ho parlato due settimane fa.»

«Se ti dico che non c'è più, vuol dire che non c'è più! I dipendenti non lo sanno ancora, ma la ditta è stata comprata dalla FIAT, che per le pulizie metterà il suo personale."

Rosa non si dava per vinta.

«Ma ce ne saranno ben delle altre officine come quella, a Torino ce ne sono tantissime, potrebbe cercarmene una.»

«Senti, Rosa, adesso stai esagerando. Anche se sei la più anziana qua dentro, e una delle più brave, io non posso girare tutta Torino per trovarti il posto che vuoi tu. Forse non te ne sei accorta, ma di magazzini e officine ce n'è sempre di meno, così come c'è sempre meno gente che lavora e sempre

8

più giovanotti con la puzza sotto il naso e grilli per la testa. Comunque Rosa – e qui Croverio fece uno strano sorrisetto – ti garantisco che dove vai nessuno parla, proprio nessuno, vedrai.»

Torino, Museo Egizio, sala delle mummie, 25 Ottobre 1995, mercoledi mattina..

Rosa tirò fuori il piumino dal carrello e lo passò sulla prima vetrina, voltandosi dall'altra parte per non vedere. Che schifo, quella specie di scheletro con la pelle, era proprio come nei film dell'orrore. Le sembrava che la mummia la guardasse, con le sue palpebre socchiuse, e che la sua paura la divertisse e la facesse sogghignare. E adesso, cosa andava a dire al capo? Ah, certo che qui non parlava nessuno, tanto valeva che l'avesse mandata in via Catania, al Cimitero, a lucidare le tombe, era molto meglio, almeno là i morti non erano sotto vetro, in bella mostra, come dei pesci in un acquario.

Sospirando, Rosa si accinse a spolverare un grosso vaso panciuto, chiuso da uno strano coperchio fatto come il muso di un cane. Si fermò di colpo con il piumino a mezz'aria. Una striscia rossa scendeva dall'orlo del vaso fino al pavimento, e il coperchio era leggermente spostato, non chiudeva del tutto la bocca del recipiente. Rosa si chinò per guardare nella fessura, ma non vide nulla, la luce non era sufficiente. Si rialzò, interdetta. Le avevano raccomandato di non toccare mai nulla, assolutamente nulla con le mani, ma di usare soltanto il piumino. Diede uno sguardo attorno a sé, era sola. Mise la mano sotto il muso del cane e sollevò cautamente il coperchio, in modo da fare entrare un po' di luce nel vaso, e guardò: un occhio ricambiò il suo sguardo, un occhio posto sopra una massa di carni sanguinanti. Rosa cacciò un urlo terribile, lasciò cadere il coperchio che si frantumò in mille pezzi, aperse con un calcio la grande porta a vetri della sala delle mummie spalancandola, si buttò a perdifiato giù per lo scalone, rischiando di rompersi l'osso del collo.

Nell'atrio si scontrò con Salvatore, un collega che faceva le pulizie al piano terreno, e che sentite le urla di Rosa era uscito dallo statuario per correre in suo soccorso.

«Salvatore, mio Dio, un occhio…il sangue..su, dentro un vaso!» ansimò Rosa, sconvolta.

10

«Ma via, che occhio, che sangue, tu hai solo una grande paura, capita a tutti appena arrivano, è normale, sono soltanto fantasie.» Salvatore Rotunno faceva pulizia al museo da una decina di anni, di corporatura robusta, non molto alto, aveva un vistoso anello all'orecchio sinistro e i capelli un po' brizzolati legati sulla nuca a coda di cavallo. Trattava Rosa con il fare paterno del veterano.

«No, no, dentro il vaso c'è un occhio, del sangue, della carne, come delle frattaglie, una cosa orribile, orribile…»

«Calmati, Rosa, calmati. Di che vaso stai parlando?»

«Uno di quei vasi grandi, panciuti, con il coperchio a testa di cane, il coperchio mi è caduto di mano e si è rotto, vai a vedere, vai, vedrai che non mi sono inventata niente.»

«Oh Dio, hai rotto il coperchio di un vaso canopo, e adesso cosa dirà il Conservatore? Sei in un bel guaio, Rosa, proprio in un bel guaio!» Salvatore imboccò lo scalone, scuotendo il capo mentre saliva.

Il Conservatore non ebbe nulla da dire su quanto riguardava il coperchio rotto del vaso canopo. Anzi, non ebbe proprio più niente da dire su nulla: i resti sanguinanti nel vaso erano i suoi.

Giulio Sannazzaro era immerso in un sonno profondo. Stava sognando di essere sdraiato sotto una palma, su una spiaggia bianchissima, intento ad osservare una fanciulla vestita soltanto di fiori che suonava uno strano strumento che sembrava una chitarra, ma era più piccolo, con la cassa rotonda. Perdiana, non riusciva a ricordarsi il nome di quel coso, che angoscia, eppure lo sapeva, si chiamava l, l, l'*oko*...ecco, si, l'*ukulele*! Lo strumento emetteva una musica dolcissima, e lui la accompagnava con piccoli movimenti del capo e delle mani, mentre il suo volto esprimeva uno stato di profonda estasi.

All'improvviso il suono dello strumento divenne stridulo, acuto, sgradevole, e non smetteva, era insistente, sempre più acuto, incalzante...

«Commissario, sono io, Pantosti, hanno trovato un morto, cioè dei pezzi, al Museo Egizio...»

Giulio Sannazzaro, senza rendersene conto, aveva afferrato il telefono che stava sul suo comodino e si stava chiedendo cosa ci stava a fare il Museo Egizio a Santo Domingo.

«Quale Museo Egizio, che pezzi di morto, cosa mi sta dicendo? "

«Ma il Museo Egizio di Torino, c'è solo quello commissario, quello vicino al Carignano...»

Giulio Sannazzaro replicò, piuttosto seccato.

«Certo che so dove è il Museo Egizio, accidenti. Mi scusi Pantosti, le dispiace ricominciare da capo?» Si era alzato a sedere sul letto e con la mano libera si stava grattando furiosamente la testa.

«Si, commissario. Allora, un attimo fa ha telefonato dal Museo Egizio un incaricato dell'impresa di pulizia, certo Salvatore Rotunno, dicendo che erano stati trovati dei resti umani dentro un vaso dal nome strano, cianopo o casopo, qualche cosa del genere...»

« *Cànopo*, Pantosti, *cànopo*, erano i vasi dove gli antichi egizi, durante la mummificazione, mettevano le parti molli del corpo, il fegato, gli intestini, il cervello, eccetera. »

« Ecco, appunto, nel vaso c'erano un occhio, e da quanto ho capito anche tutto il resto... »

12

« Ma questo è del tutto normale, era appunto così che facevano, poi mescolavano tutto a della resina e ad essenze profumate per evitare la putrefazione, è per dirmi questo che mi ha svegliato all'alba ? »

« Ecco commissario, la cosa che non è normale è che i resti sono recenti, ovvero freschi, sanguinanti, appena messi, insomma. »

Sannazzaro balzò giù dal letto.

« Prenda tutti gli agenti che trova e corra al Museo più presto che può. Bloccate tutti gli ingressi, che non entri e non esca nessuno, tenga i testimoni a disposizione e chiami la scientifica. Io arrivo subito.»

Torino, Prefettura, 25 Ottobre 1995, mercoledì sera.

I partecipanti al *summit* convocato in prefettura alle nove di sera ebbero difficoltà a superare la folla dei giornalisti in attesa sotto i portici, nonostante la presenza di un consistente gruppo di poliziotti in tenuta antisommossa. Alla fine, abbagliati dai *flash* e storditi dalle domande urlate dai vari cronisti, guadagnarono la porta e l'ufficio del Prefetto.

Sergio Raso proveniva dall'esercito, e della carriera militare aveva mantenuto il taglio corto dei capelli e il gusto della retorica.

«Signori, è inutile precisare che abbiamo addosso non soltanto gli occhi di questa città, ma che dico? Non soltanto quelli della nostra Patria, l'Italia! Ma» e qui fece una lunga pausa «abbiamo su di noi gli occhi del mondo intero! Ed è per questa ragione che dal Ministero ho ricevuto l'ordine perentorio di risolvere questo caso al più presto. È chiaro?»

Soltanto il Capitano dell'Arma sembrò impressionato da quel roboante preambolo. Il questore fece spallucce.

«Si fa presto a dire bisogna risolvere...ci lavoreremo con il massimo impegno, come sempre, nonostante la cronica carenza dei mezzi a disposizione, carenza la cui responsabilità non è certo mia, ma è ben più in alto, caro signor Prefetto, dopo gli ultimi tagli della finanziaria ci restano solo gli occhi per piangere, altro che ricevere ordini perentori! Tenuto anche poi conto – e qui il questore lanciò uno sguardo astioso al Capitano dei Carabinieri, Mario Trusillo – tenuto anche conto che i tagli non hanno colpito tutti alla stessa maniera, vero dottor Trusillo?»

Sergio Raso prese molto male l'ultima frase del questore, e ribatté con tono deciso.

«Basta! Non ho nessuna intenzione di tollerare queste meschine liti di bottega. Il signor Ministro mi ha affidato questo compito proprio per evitare i litigi tra i vari enti preposti alla tutela dell'ordine pubblico, e dunque io esigo – ripeto – esigo da voi tutti la massima collaborazione, non esclusa – e qui mi rivolgo a Lei, dottor Ravasio, nella sua qualità di sindaco di Torino – non esclusa quella della

14

polizia municipale che dovrà apportare alle indagini la sua preziosa conoscenza del territorio e delle persone che lo abitano. È chiaro? È chiaro anche per Lei, dottor Gramaglia?» Così dicendo Sergio Raso lanciò uno sguardo gelido e perentorio al questore, che fece di nuovo spallucce, ma non replicò.

«Bene. E ora, signori, vogliamo fare il punto sulle indagini? A che punto sono i suoi uomini, dottor Gramaglia?»

«Uomini, uomini... diciamo pure uomo, singolo, solitario, mica ho un esercito, io. Commissario Sannazzaro, commissario Sannazzaro... ma dove si è cacciato? Ah, ecco, si è nascosto lì dietro, vuole parlare lei, per favore?»

Giulio Sannazzaro era seduto in seconda fila davanti alla scrivania del Prefetto. Magro, alto e leggermente curvo con un lungo naso aquilino, i capelli completamente bianchi e un *loden* verde, estrasse da una borsa consunta di pelle nera dei fogli dattiloscritti.

«Dopo la sua visita al Museo, questa mattina, ho badato a stilare un rapporto che le ho inviato nel pomeriggio, dottor Gramaglia...» esordì, con voce incolore.

«Si, ho capito, ma dopo quanto mi ha detto questa mattina, sarà ben andato avanti, no?"

«Abbiamo avviato le indagini in tutte le direzioni, ma per ora senza alcun risultato. Tra l'altro, attendiamo ancora un rapporto completo da parte del medico legale, dunque mi spiace dirle che siamo ancora al punto zero, zero via zero."

«Andiamo, andiamo, commissario, non faccia il pessimista come sempre, sembra che oggi non abbiamo lavorato, andiamo! Ci racconti cosa è stato fatto, via!»

Il commissario rientrò a casa verso mezzanotte. Abitava in una vecchia casa di un popoloso quartiere di Torino, borgo San Salvario, una casa dal cortile centrale con gli alloggi affacciati ai lunghi ballatoi che seguono il perimetro del fabbricato. Un tempo, al fondo di ogni balcone c'era il gabinetto, usato in comune da tutti gli abitanti del piano. I vecchi edifici erano stati rimodernati, ogni alloggio aveva i propri servizi, ma tra gli abitanti del caseggiato era rimasta una sorta di promiscuità, di comunanza, non foss'altro perché chi si trovava al fondo del balcone, come il commissario, doveva passare davanti alle finestre dei vicini.

Era appena uscito dalle scale sul ballatoio che udì il furioso latrato della sua cagnolina pechinese. Percorse il balcone a grandi passi, infilò la chiave nella toppa e spalancò la porta: Pupa era piantata in mezzo alla stanza, seccatissima per essere stata lasciata sola all'arrivar della notte, cosa che non sopportava. *Nessuno ha il coraggio di protestare per il casino che pianta questo soldo di cacio soltanto perché sanno che sono un poliziotto, se no mi avrebbero già fatto correre da un bel pezzo,* si disse tra sé e sé. Alzò la mano per darle uno scappellotto, e Pupa aveva già chinato la testa con aria colpevole, ma poi pensò che questa non era stata la cosa più spiacevole successa nella giornata, e lasciò perdere.

Sospirando, aprì la porta del frigorifero per vedere cosa gli aveva lasciato Maria, la sua fedele tuttofare. Su di un vassoio ovale, religiosamente avvolto in un candido panno, un immenso *vitel tonnè* lo attendeva. Prese dal cassetto una forchetta e un coltello e senza togliersi il *loden* si mise a tavola a mangiare quella squisitezza che adorava direttamente dal piatto di portata. Dopo aver ingoiato buona parte del *vitel tonnè* si versò un bicchiere di vino, prese una mela dal cesto posato sul frigorifero e si gettò sulla poltrona. Imprecando, si rialzò per prendere la sua borsa di pelle nera, si ributtò sulla poltrona, tirò fuori un quaderno rilegato in cartone, lo aprì ed emettendo un lungo sospiro cominciò a sfogliarlo.

No, rimuginava tra sé e sé, non era vero che erano al punto zero via zero, ma non aveva voluto scoprire le sue carte davanti a tutti gli alti papaveri, se l'avesse fatto

16

l'avrebbero incalzato, non gli avrebbero dato tregua, e perché non ha interrogato quello lì, e perché non ha fatto questo, e quando lo farete, e perché qui e perché la.

Chiuse il quaderno e si mise a riflettere su quanto era accaduto durante quella giornata interminabile.

Dopo la telefonata di Pantosti, era arrivato sul luogo del delitto in pochi minuti. Da via Madama Cristina, dove abitava, al Museo Egizio il tragitto non era lungo, e alle sette di mattina pur in una operosa città operaia, il traffico non era ancora un problema.

Pantosti lo attendeva all'ingresso. Il commissario lo salutò con un rapido cenno del capo.

"Dove sono i resti?"

"Su, commissario, nel salone degli scheletri, cioè, delle mummie, è là che hanno trovato i pezzi nel vaso casopo, o canopo, insomma, in quel vaso là."

Il commissario senza fermarsi si diresse a passo deciso verso lo scalone, seguito da Pantosti. Al primo gradino si fermò di botto.

"Pantosti, ha avvertito il Conservatore?"

"Commissario, ma chi è questo Conservatore, cosa conserva, generi alimentari, salsa di pomodoro? Rotunno non fa che ripetere quella parola, ma io non ho capito assolutamente di chi sta parlando"

"Il Conservatore di un museo è il direttore, il responsabile, appunto, della conservazione di quanto è contenuto nel Museo, insomma, è il grande capo, dunque mi sembra di capire che nessuno l'ha avvertito, dico bene?"

"No, commissario, no, ma se qualcuno mi dice anche nome, cognome e numero di telefono, lo avvertirò immediatamente."

Il commissario ebbe un attimo di esitazione.

"No, lasciamo correre per ora, lo faremo più tardi, cerchiamo prima di capire cosa è successo. Dove sono i resti?"

"Là, in quel vaso. È uno spettacolo orribile, disgustoso."

"Lo immagino, nel nostro mestiere uno crede di averle viste tutte poi ne capita sempre qualcuna ancora peggiore, bisogna farsene una ragione, purtroppo."

Si diresse verso il vaso, vi gettò un'occhiata, si chinò, toccò la striscia di sangue che spiccava sinistramente sulla terracotta chiara, guardò sul pavimento attorno a sé, si drizzò e si diresse con passo sicuro verso un sarcofago ligneo

18

scoperchiato, posato su di un alto basamento. Si alzò sulla punta dei piedi, ed esclamò:

"Credo che abbiamo trovato il padrone dei pezzi, cioè dei resti. L'assassino – o gli assassini - non si sono curati di pulire il pavimento dalle gocce di sangue."

Nel sarcofago c'era il corpo di un uomo, bendato come una mummia, ma con le bende messe in modo palesemente affrettato, intrise di sangue. Il sangue riempiva il fondo del sarcofago stesso.

"Mio Dio, e chi è?"

"Non lo so, anzitutto bisognerà togliere le bende dalla testa, ha chiamato la scientifica?"

La scientifica, ovvero il dottor Trozzi, che svolgeva anche la funzione di medico legale, e un altro agente, arrivò dopo pochi minuti. Con delle lunghe pinze Trozzi tolse le bende dal capo del cadavere. Lo spettacolo era agghiacciante: le occhiaie erano vuote, ed un occhio era stato messo dentro alla bocca del cadavere. Il medico legale ebbe un sussulto. Si tolse gli occhiali, si passò la mano destra sul viso sussurrando:

"Oh mio Dio, no, non è possibile!"

"Almeno, abbiamo trovato il secondo occhio... ma che c'è, Trozzi, non regge? Credevo fosse abituato a questo genere di spettacoli." Commentò il commissario, sorpreso.

"Non è solo lo spettacolo, è che questo poveretto è Luigi Verona."

"E chi è Luigi Verona?"

"È il conservatore del museo, titolare della cattedra di Egittologia ed egittologo di fama mondiale."

"Accidenti, questa sì che è una notizia. Appena verrà saputa la cosa, ci saranno tutti addosso, dai giornalisti ai nostri capi. Tra l'altro, lei come lo sa, dottor Trozzi? Non sapevo che lei si interessasse all'antico Egitto."

"Qualche mese fa c'è stato qui al museo un convegno sulla chirurgia presso gli antichi egizi, e io sono stato invitato, nella mia qualità di medico. In quella occasione ho visto il professor Verona, che presiedeva il simposio."

"Quindi lei non lo conosce personalmente, non mi sa dire se ha famiglia, moglie, figli…"

19

"No, assolutamente, non ne ho la minima idea."

"Può già fare un'ipotesi sull'ora della morte?'

"Direi che è stato ucciso da una decina di ore, naturalmente potrò essere più preciso dopo i soliti esami."

Il commissario si girò verso Pantosti, che era rimasto ad ascoltare senza fare commenti il loro colloquio. L'agente Pantosti, braccio destro di Sannazzaro, era non molto alto, scuro di capelli e ricciolino, dall'accento che tradiva l'origine romana.

"Pantosti, dobbiamo capire rapidamente dove abitava la vittima, se era sposato, insomma, chi dobbiamo avvertire della sua morte."

"Potremmo chiedere a qualcuno degli addetti alle pulizie, sono i soli presenti, almeno credo."

"Perché crede? Non ne è sicuro?"

"Perché il Museo è sparso su tre piani differenti, ed ogni piano è una specie di labirinto. Con un po' di accortezza, chiunque avrebbe potuto svignarsela prima del nostro arrivo nonostante la presenza degli addetti alle pulizie, sempreché, naturalmente, non sia stato uno di loro a commettere il delitto." Fece una pausa. "A vederli, non si direbbe, è difficile immaginare che avessero un qualsivoglia movente, ma non si sa mai."

"Chi è stato a trovare i resti nel vaso?"

"È stata Rosa Seren."

"Allora cominciamo con il sentire la Seren, poi vedremo gli altri. Dobbiamo trovare un posto per sentire i testimoni che non sia proprio di fianco al cadavere, penso sia meglio che non sappiano ancora di chi si tratta. Dove possiamo metterci?"

"Io direi semplicemente fuori dalla sala, dove sbocca lo scalone, ho visto qualche sedia qua in giro, le porto immediatamente."

"Grazie, mi porti le sedie e la Seren."

A Rosa la paura era passata, per lasciare il posto ad una rabbia furiosa.

"Adesso lo sistemo io, il geometra, che mi fa i bei discorsi e poi mi manda a spolverare le mummie, e adesso mi tocca anche pulire tutto quel sangue, ma io non ci penso neanche, che venga lui, il bell'uomo, o mandi qualcun altro, io quel sangue e quelle frattaglie non le pulisco proprio, neanche se me lo ordina la polizia, mi sono spiegata, eh, maresciallo?" E lanciò uno sguardo di fuoco a Sannazzaro. Quest'ultimo lo ricambiò con un largo sorriso.

"Ma che dice signora.." Rosa lo interruppe con tono stizzito "Signorina, non signora!" "Oh scusi, signorina, appunto, io non sono un maresciallo, sono un commissario, ma non ha importanza, ecco, volevo dirle che nessuno si sogna di chiedere a lei di pulire alcunché. Tutto quanto, il sangue e il resto saranno portati all'obitorio e analizzati per trovare tracce dell'assassino, non si preoccupi. Piuttosto, vorrebbe dirmi, per favore, a che ora è arrivata?"

"Alle sei, come sempre. Il Museo, mi hanno spiegato, deve essere pulito prima dell'arrivo del pubblico, cioè alle dieci."

"E lei cosa ha fatto, quando è arrivata?" Rosa lo guardò, come si guarda un perfetto imbecille.

"Ma cosa avrò fatto? Mi sono messa a pulire, è per questo che mi pagano!"

"Beh, prima di cominciare, avrà cercato i suoi attrezzi, immagino."

"Sì, certo, li teniamo nella guardiola all'ingresso, li ho presi poi sono salita nella sala dei morti e dopo un attimo ho visto quella roba, quei pezzi là, che schifo, che schifo! Ma appena becco Croverio, gliela canto io la canzoncina!"

"Chi è questo Croverio, signorina?"

"Il geometra Croverio è il mio capo, il padrone dell'impresa di pulizia, è lui che mi ha mandato qui, perché abbiamo vinto l'appalto, ecco cosa mi ha detto."

"Quindi lei è qui da poco, se ho capito bene?"

"Da pochissimo, da due settimane. Le prime e anche le ultime, e appena lo vedo glielo dico, al geometra."

"Allora lei, signorina Seren, non mi saprebbe dire se ci sono altri ingressi, o comunicazioni con l'esterno, oltre all'entrata, diciamo così, ufficiale?"

Rosa si strinse nelle spalle.

"Dove pulisco io non credo, non ho visto nessuna porta che avesse l'aria di andare all'esterno, ma diciamo

21

anche che di porte ce ne sono proprio tante, non saprei proprio dirle di più – salvo che" e qui Rosa fece una pausa" salvo che per l'esterno lei intenda anche l'istituto, signor maresciallo."

Sannazzaro decise di ignorare l'errore di Rosa: non gliene importava assolutamente nulla di essere un poliziotto o un carabiniere, quello che avrebbe voluto era fare tutt'altro, sopratutto in quel momento.

"Che cosa intende con la parola *istituto*?"

"Ma, cosa sia l'istituto non lo so, quello che so è che in fondo a una tomba qui, nel piano che pulisco io, di lì dalla tomba, che si chiama di *Chi*, c'è una porta che va in un posto che chiamano l'istituto, dove ci sono tanti tavoli e tanti libri, e degli uffici, insomma non è più il museo, ma un'altra cosa, e lì al mattino arriva tanta gente che si mette a leggere i libri, e arrivano anche presto, e allora io non posso pulire perché mi fanno una brutta faccia, sembra che li disturbi, e allora io lascio tutta la porcheria per terra, cosi sono contenti, stanno nello sporco ma in silenzio, contenti loro…"

Quindi, pensò Sannazzaro cui lo stomaco cominciava a contrarsi per l'angoscia, *ha ragione Pantosti, questo è un vero e proprio labirinto, qui chiunque può fare qualunque cosa, una strage, e poi acquattarsi da qualche parte e andarsene, mio Dio, che bella grana che mi è capitata, ma proprio a me, non potevano ammazzare il direttore della galleria d'arte moderna, che è nella giurisdizione dell'altro commissariato, quella del dottor Satrico, che si da sempre tante arie di chi risolve tutti i casi, lo vorrei vedere al mio posto, adesso.*

"Commissario, commissario, c'è un signore all'ingresso che vuole entrare assolutamente, che faccio?" La voce squillante di Pantosti interruppe l'astioso rimuginare di Sannazzaro.

"Chi è, quel signore?"

"Dice di essere il custode del Museo, che faccio?"

"Ma lo faccia entrare, perbacco, e me lo porti subito, forse finalmente ci capiremo qualcosa!"

Il custode era un ometto mingherlino, bianco di capelli. Indossava un completo di grisaglia un po' liso che gli conferiva un aspetto non elegante ma serioso, serietà accentuata da un paio di occhiali dalla montatura leggera in filo dorato. Di fronte al commissario assunse un'espressione rispettosa, tenendo il capo leggermente chino e la mano destra appoggiata a un enorme borsello di cuoio marrone che pendeva dalla sua spalla.

"Potrei sapere gentilmente cosa è successo, e perché non mi volevano far entrare? Si tratta per caso di una minaccia di attentato?"

Ecco il perfetto burocrate, si disse Sannazzaro, rivolgendogli, come suo solito, un radioso sorriso.

"Le dirò tutto a suo tempo, signor?" "Ragioniere, prego, ragionier Mario Degregori, Degregori tutto attaccato, senza spazio tra la De e la g, sono il custode del Museo, vuole vedere i miei documenti?" La mano del custode fece il gesto di aprire il borsello.

"No, caso mai dopo, adesso non è il momento. Mi spieghi piuttosto in cosa consiste esattamente il suo lavoro, se non le dispiace."

"Sono il custode, o il guardiano, o il responsabile della sicurezza se vuole un termine più elegante, e sono qui come ogni mattina alle otto e trenta precise per controllare se tutto è a posto, se la pulizia procede secondo la cadenza prevista e se quindi il Museo potrà accogliere degnamente i visitatori. Alle nove e trenta arrivano i miei collaboratori, i sorveglianti che presidiano le varie sale del museo, otto in tutto. La vendita dei biglietti è affidata ad un mio collega, che arriva qualche minuto prima dell'apertura, in tempo per preparare il necessario. Naturalmente è mia cura disporre il personale di sorveglianza tenendo conto delle eventuali assenze, e nel caso decidere di non aprire al pubblico alcune sale. Ho risposto esaurientemente alla sua domanda? Vuole altre informazioni?" Il ragionier Degregori, parlando con il commissario, teneva il capo un po' piegato in avanti e le mani dietro la schiena, come un allievo poco sicuro di sé davanti al professore.

"Oh sì, certo che voglio altre informazioni, ragioniere. Per esempio, c'è un sistema di telecamere di sorveglianza?"

"No, assolutamente. Io ho fatto presente più volte al Conservatore l'opportunità di installarlo, gli ho anche fatto vedere dei preventivi, ma il professor Verona non mi è mai sembrato molto sensibile alle problematiche della sicurezza, e non mi hai mai dato retta più di tanto."

"Quando si parla di *istituto*, cosa si intende esattamente?"

"Si tratta dell'istituto di studi egittologici, in pratica un'appendice della facoltà di Lettere, dove gli studenti che preparano l'esame di egittologia trovano tutti i documenti necessari, oltre al libero e gratuito accesso al museo, anche nella sua parte non aperta al pubblico. Il professor Verona è appunto il titolare della cattedra di Egittologia presso l'Università di Torino, e gli studenti che vengono qui sosterranno l'esame con lui: è evidente il loro interesse a passare il maggior tempo possibile in istituto."

"Dunque, si tratta in sostanza di un porto di mare, oltre ai numerosi visitatori c'è gente che va e che viene, ma ci sarà almeno una lista degli studenti, o no?"

Mario Degregori lo guardò con aria sorpresa.

"Certamente c'è una lista degli studenti che hanno messo nei loro piani di studi l'esame di egittologia, ma credo che lei sappia, signor commissario, che i piani di studi della facoltà di Lettere sono liberi, e dunque gli studenti possono dare il loro esame quando vogliono, anche parecchi anni dopo. Inoltre qui vengono anche studiosi da ogni parte del mondo, pensionati che non sanno come passare il tempo e coltivano l'egittologia come hobby, insomma c'è un bel via vai. Io ho chiesto decine di volte al professor Verona di farmi una lista, di rilasciare una tessera, insomma di fare un minimo di controllo su quest'andirivieni, ma mi sono sempre sentito dire che bisognava essere promozionali, che più persone avessero studiato egittologia e meglio era, per il nome del Museo nel mondo, che la burocrazia gli faceva schifo, eccetera eccetera. Adesso, finalmente, mi può dire cosa è successo? Tra l'altro, normalmente a quest'ora il

24

Conservatore dovrebbe essere già qui, lui potrà rispondere alle sue domande con maggiore conoscenza di causa."

Sannazzaro scosse il capo.

"Il professor Verona non risponderà a nessuna domanda, mai più. Il suo corpo squartato e bendato come una mummia è stato trovato questa mattina dentro ad un sarcofago."

Il ragionier Degregori rimase in silenzio, sbigottito. Poi scosse il capo. "Era un uomo stimato e benvoluto, chi mai può aver fatto una cosa simile?"

"È appunto ciò che dobbiamo appurare, signor – pardon, ragionier Degregori, ed è per questa ragione che cerchiamo di capire chi va e chi viene in questo museo."

"Come le ho già detto, è un'impresa ardua, forse impossibile... oltre al personale del Museo, ci sono quelli dall'associazione, gli amici del Museo Egizio."

Il commissario sobbalzò sulla sedia, tanto da farla scricchiolare paurosamente.

"Mio Dio, anche gli amici abbiamo adesso... che roba è?"

"Mi hanno detto che tutti i musei importanti hanno un'associazione di amici. Sono dei volontari, ex studenti o appassionati, che danno una mano al personale, fanno da guida nelle visite, stampano un notiziario, organizzano conferenze o viaggi in Egitto, e naturalmente hanno libero accesso al Museo e all'istituto." Degregori fece una pausa per prendere fiato "Almeno ci fosse una lista aggiornata di chi ha le chiavi..."

"Non mi dica che anche le chiavi erano date a chiunque?"

"Beh, non proprio a chiunque. Oltre a me, ovviamente, al personale di pulizia e evidentemente al professor Verona ci sono il suo vice, il professor Damiani e altri due assistenti, più i laureandi, quattro quest'anno, ossia tutti quelli che per una ragione o per l'altra hanno un giustificato bisogno di accedere al museo fuori dagli orari di apertura. Ma una sera ho visto il professor Verona che dava le sue chiavi ad una studentessa, dicendole di farne un duplicato. Quando mi ha visto, il professore ha assunto un'aria imbarazzata, io non ho detto nulla ovviamente, ma pensi lei, commissario, se le cose andavano cosi…"

"E lei sa chi era quella studentessa?"

"Non precisamente, è una signorina molto graziosa, un bel tipo, alta, bruna, so solo che anche non essendo una laureanda passava molto tempo nell'istituto, fino ad ora tarda."

"E lei come fa a saperlo, non ha un orario di lavoro?"

Il ragionier Degregori assunse un'espressione vagamente compiaciuta.

"Che cosa vuole che le dica, signor commissario, per fare bene il mio lavoro, sono costretto sovente a fermarmi oltre il mio orario. Ma lo faccio volentieri, sa, non mi pesa per niente." Disse quest'ultima frase con una punta di civetteria.

"Lei ha un'idea di che tipo di relazione ci fosse tra il professore e la studentessa?"

Un vago, ipocrita sorriso comparve per un attimo sul volto del ragioniere.

"Oh, signor commissario, io non sono certo il tipo che guarda dal buco della serratura, la sola cosa che so è che sovente andava nell'ufficio del professore, cosa facessero, poi, non è affar mio."

"Luigi Verona era sposato, aveva figli?"

"Sì, era sposato ma non aveva figli, non so se avesse altri parenti, non aveva l'abitudine di parlare di cose personali, almeno non con me."

Sannazzaro tirò un lungo sospiro. "Dunque, bisogna avvertire la moglie, e naturalmente provvedere al riconoscimento della salma. Degregori, lei certo avrà l'indirizzo di Verona, immagino."

"Certo, indirizzo e numero di telefono, glieli scrivo subito." Si appoggiò al tavolino, trasse dal borsello un'enorme penna stilografica di stile *retrò*, un piccolo blocco di appunti racchiuso in una custodia di pelle, scrisse quanto richiesto, strappò il foglio con cura e lo consegnò al commissario. Questi lo prese tra le mani, gli diede uno sguardo, poi con fare noncurante si rivolse al ragioniere.

"E lei, a che ora è uscito ieri sera?"

"Ieri sera avevo la cena della bocciofila di Borgo San Paolo, sa, oltre a giocare a bocce tengo anche la loro contabilità, cosa vuole, non ne capiscono molto, sono un po' pasticcioni. Che cosa dicevo? Ah, sì, ieri sera sono uscito alle sei, erano ancora tutti qui, il professor Verona mi ha detto che ci avrebbe pensato lui, a chiudere." Fece una pausa. "Se vuole, può controllare, alla cena eravamo almeno una trentina di persone, posso darle tutti gli elementi per controllare il mio alibi."

"Magari in seguito, perché no. Mi faccia avere qualche nome dei suoi colleghi della bocciofila, temo che sia un controllo che siamo tenuti a fare. Ma prima, vorrei sentire da lei: quando dice che c'erano tutti, al Museo, cosa significa esattamente?"

"Significa che c'era il professor Damiani, il vice di Verona, quattro laureandi, un bel po' di persone che non conosco, direi almeno una decina, cinque sono frequentatori assidui dei quali non so il nome, tre sono italiani e due stranieri."

"Stranieri di che nazionalità?"

"Sono un francese e un tedesco, tutti e due sulla sessantina, parlano l'italiano abbastanza bene, si fanno capire ma hanno l'accento straniero molto evidente."

"Quindi lei presuppone che siano un francese e un tedesco dai loro accenti, ma non ha nessuna prova della loro vera origine."

"Certamente, che non ho nessuna prova. Io l'avevo detto al professore, che almeno mi facesse controllare i passaporti, ma non ha mai voluto. Potrebbero essere un canadese e non un francese, un austriaco o uno svizzero e non un tedesco. "

Il ragioniere fece una pausa, poi aggiunse, con tono leggermente esitante: "Non c'era la bella signorina bruna, ma poteva essere nel museo, come chiunque."

"Ma il museo non chiude alle cinque, nei giorni feriali?"

"Certamente, il pubblico è fatto uscire, ma chiunque può passare dall'istituto al museo attraverso la tomba di

27

Kha, io sovente do un'occhiata ma ieri sera ero di fretta e non l'ho fatto."

"Ah, lei vuol parlarmi del misterioso passaggio di cui mi ha parlato la Seren, che veramente ha detto la tomba di *Chi*."

"Non c'è niente di misterioso. Anzitutto si tratta della tomba di *Kha* e non di *Chi*, è la ricostruzione della tomba dell'architetto Kha e di sua moglie Mirith, e in fondo una porta comunica con l'istituto, è un passaggio che serve agli studenti e ai ricercatori per accedere al museo, tutto qui."

"Le dispiace accompagnarmi a vedere questa porta?"

"Certo che no, commissario, venga, mi segua."

Giulio Sannazzaro si alzò e lo seguì. Nonostante coltivasse una forte passione per le antichità, non era un assiduo frequentatore del Museo Egizio. Lo aveva visitato da ragazzo, con l'insegnante di storia del ginnasio, poi l'aveva visitato accompagnando sua figlia Adriana, infine ancora una volta quando erano arrivati dei parenti di sua moglie da Treviso. Tutte le volte era stato affascinato da quelle vetrine interminabili stipate di oggetti meravigliosi, dai sarcofagi, dalle statue imponenti di austeri personaggi raffigurati con una gamba protesa in avanti, i pugni chiusi, e l'aria di chi marcia con decisione e caparbietà. Non aveva la più pallida idea della pianta del Museo, ogni volta gli era apparso come un labirinto misterioso, come se l'avessero fatto apposta perchè chi ci entrava si perdesse per sempre e vi morisse, la morte che spetta a coloro che hanno osato violare il mistero.

Il ragionier Degregori sparì in una porta, il commissario lo seguì e si trovò in una stanza lunga e stretta, con una serie di vetrine da ambo i lati, piene zeppe di oggetti vari, il ricco corredo della tomba di Kha. Degregori lo attendeva, al fondo della stanza c'era una porta chiusa.

"Commissario, venga, mi segua."

Aprì la porta, lui lo seguì, entrarono in una vasta biblioteca, provvista di lunghi tavoli di lettura e di pareti piene di libri. Al fondo, si aprivano altre porte.

"Ecco, questa è la biblioteca, là ci sono degli uffici, uno per il Conservatore ed un altro per gli assistenti, poi dal corridoio si scende al pianterreno. Chi viene in istituto non passa dal museo, prosegue verso il cortile, gira a sinistra e sale fino a qui, dove prende tranquillamente posto, senza che nessuno lo abbia controllato o notato. Vuole veder altro, commissario?"

Non voleva vedere altro, se avesse potuto avrebbe chiuso gli occhi sperando di riaprirli in tutt'altro luogo. Dopo un lungo silenzio, Degregori disse, con tono sommesso, come se avesse paura di turbare i pensieri di Giulio Sannazzaro:

"Signor commissario, cosa intende fare per quanto riguarda il Museo e il personale, cioè gli addetti alle pulizie, i sorveglianti e il sottoscritto?"

Sannazzaro allargò le braccia.

"Non lo so, non ci ho ancora pensato. Evidentemente il Museo non potrà aprire per un bel po' e dunque bisognerà farlo sapere in qualche modo – credo che anche in questa stagione ci siano non pochi turisti che vengono a Torino al solo scopo di visitare il Museo Egizio. Per quanto riguarda il personale delle pulizie e i sorveglianti, esauriti i controlli di routine, direi che se ne possono andare; invece io ho bisogno di lei, ragionier Degregori. Assieme all'agente Pantosti qui presente mi faccia una lista delle persone che a sua conoscenza avevano le chiavi, non saranno tutti ma è sempre meglio che niente. Mi faccia anche l'elenco dei frequentatori abituali, segnalando quelli che erano presenti ieri sera, se lei non sa il nome metta una descrizione, che so, alto magro biondo bruno giovane vecchio, tutto quello che si ricorda può essere utile, lei mi sembra una persona piuttosto precisa. Si ricordi anche di fornirmi i nomi dei bocciofili. Dopo di che lei può andare a casa, se vuole, si tenga a disposizione e le sarei grato se non divulgasse subito la notizia, più tardi arriveranno i giornalisti e meglio sarà."

Il ragioniere si rivolse a Pantosti.

"Andiamo sotto, al piano terreno, nel mio ufficio, staremo tranquilli e potremo fare il lavoro che ci ha chiesto il commissario." Degregori e Pantosti si avviarono giù per lo scalone. In quel momento arrivò l'agente Salviati.

"Commissario, ci sono diverse persone che vogliono entrare, dicono che devono consultare dei libri nella biblioteca, che faccio?"

Sannazzaro ebbe un attimo di esitazione, poi si rese conto di avere l'opportunità di interrogare in modo informale dei testimoni preziosi fra i quali, magari, si celava l'assassino che ritornava sul luogo del delitto, e decise di non buttarla via.

"Li faccia entrare, li raggruppi nell'atrio e poi li faccia salire uno alla volta, senza dire ovviamente cosa è successo. Intanto io chiamerò il questore, ormai purtroppo non posso più farne a meno. Posso fidarmi di lei, Salviati?"

"Sissignore, si fidi di me."

Il primo a salire accompagnato da Salviati fu un giovanotto in jeans, biondo con i capelli a caschetto. Sannazzaro lo accolse con cortesia e con il suo solito radioso sorriso.

"Lei è il signor…?"

"Mi chiamo Enrico Rovasenda, e tutti là sotto si chiedono cosa è successo."

Il commissario fece finta di non sentire la seconda parte della frase.

"Lei viene qui per studio, lavora qui, deve laurearsi o cos'altro?"

"Io preparo l'esame di egittologia come tutti gli altri, lo voglio dare a Febbraio."

"Viene qui tutti i giorni, ha per caso le chiavi del Museo, si ferma fino a tardi?"

"Adesso vengo tutti i giorni, mi fermo qualche ora, poi devo seguire altre lezioni, non ho le chiavi del Museo, ma perché non ci dite cosa è successo?"

"Non è successo niente, almeno speriamo, è che il professor Verona è scomparso, questa mattina non è arrivato e data la sua puntualità, il custode si è messo in agitazione, l'ha cercato a casa e non l'ha trovato, né lui né sua moglie, così ha chiamato la polizia, tutto qui."

Enrico Rovasenda scosse il capo. "Certo è una cosa strana, la puntualità del professor Verona è leggendaria, speriamo non gli sia successo niente di grave."

"Lei è molto affezionato al professore?"

"Affezionato non è la parola giusta, non è un parente, ma qui tutti gli vogliamo bene, è giusto negli esami, anzi forse un tantino indulgente, è sempre disponibile, insomma, è una perla di professore, sarebbe un disastro se gli fosse capitato qualcosa."

"E se, diciamo così, per ipotesi, gli fosse successo qualcosa, chi occuperebbe il suo posto?"

Enrico Rovasenda allargò le braccia con un gesto sconsolato.

"Sarebbe terribile, al suo posto verrebbe il professor Damiani, il suo vice, che è tutto il contrario."

31

Giulio Sannazzaro non fece commenti. Aveva avuto un'informazione significativa, il Conservatore e il suo vice erano persone molto diverse tra di loro, quasi sicuramente in conflitto. Decise che bastava, non aveva senso continuare con il ragazzo, valeva la pena sentire qualcun altro, per avere una conferma delle sue opinoni su Damiani.

"Signor Rovasenda, adesso lei può andare, speriamo di avere presto notizie del professor Verona."

Attese che il giovane imboccasse lo scalone, poi si rivolse a Salviati:

"Per caso tra gli studenti in attesa, ha notato una bella ragazza alta, bruna? Se è un bel tipo son sicuro che l'ha notata, eh, vero Salviati?" Il commissario rivolse all'agente un sorriso traboccante di complicità.

"Uh, certo che l'ho notata signor commissario, proprio un bel pezzo di... ehm, insomma, notevole."

"Ecco, allora veda di convincerla a salire con qualche pretesto, Salviati, non so... ci sono altre donne giù all'ingresso?"

"Oh si, parecchie, ma nessuna che valga la pena."

"Senta, Salviati, trovi lei il modo di farla salire, che so io, rivolga uno sguardo a tutto il gruppo, poi, come per caso, chieda alla ragazza di seguirla, o se ha qualche idea migliore la metta in pratica, l'importante è che io la veda prima che arrivi il capo, che poi avremo finito di lavorare."

Salviati si precipitò giù per lo scalone, ma arrivò trafelato e deluso pochi minuti dopo.

"Se n'è andata, commissario, è sparita." In quel momento un assordante urlo di sirene annunciò l'arrivo del questore, il dottor Gramaglia.

Il dottor Severino Gramaglia era un uomo sulla sessantina, piccolo e piuttosto corpulento, dalla pronunciata calvizie che qualche capello riportato di traverso enfatizzava invece di celare. Procedeva a passettini corti e saltellanti e appena varcato il portone di ingresso aveva cominciato a tempestare di domande il povero Pantosti, che aveva dato il cambio a Salviati. Mentre Pantosti cercava febbrilmente di prendere tempo per evitare di dare a Gramaglia una versione dei fatti diversa da quella che avrebbe dato il commissario,

32

Giulio Sannazzaro arrivò scendendo di corsa giù per lo scalone.

"Venga, dottor Gramaglia, mettiamoci qui nella biglietteria, è l'unico posto un po' appartato che abbiamo a disposizione, venga che le racconto tutto."

Fece cenno a Gramaglia di seguirlo nel locale dedicato alla vendita dei biglietti, posto sul lato sinistro dell'atrio e protetto da spesse pareti di vetro. Diede al questore un resoconto abbastanza fedele dei fatti, tacendo tuttavia sulla misteriosa ragazza bruna – questo per evitare di essere bombardato di frasi del tipo: "E allora la faccia ricercare, perdiana, è una sospetta ideale perdinci, cosa aspetta" – Sannazzaro non voleva interferenze sul suo modo di condurre le indagini, né da parte dei superiori né da parte di chiunque altro, e la difesa di questa autonomia lo faceva passare sopra a qualunque scrupolo di ordine morale. Mise invece in grande evidenza la mancanza di ogni controllo sugli accessi, la distribuzione delle chiavi e la complicata pianta del museo, per far risaltare la difficoltà del suo compito e la mancanza di risorse per portarlo a termine. Gramaglia emise un sospiro.

"Sì, lo so, Giulio, mio caro, lei ha tutte le ragioni, io ho già fatto presente più volte nelle opportune istanze la nostra situazione, cosa vuole che le dica, anche io faccio quello che posso per aiutarla, vedrò cosa riesco a fare, non so, magari trasferisco qualche agente temporaneamente da lei, mi dia qualche giorno, ma intanto vada avanti come può, non possiamo mica dire che non cerchiamo gli assassini perché siamo in pochi, mi capisce, non sarebbe come dire? Come dicono gli inglesi? Ah, ecco, non sarebbe *fair*, cioè, non sarebbe di buon gusto, insomma." Diede un'occhiata all'orologio. "Mio Dio, com'è tardi, devo assolutamente andare, abbiamo il pranzo dei laureati in legge del '60 a Piossasco, devo ancora passare a casa per cambiarmi, prima del pranzo facciamo un piccolo torneo di tennis, non posso farli aspettare, mi raccomando Giulio, faccia del suo meglio, lo so che è bravo, vada avanti, poi vedrò di aiutarla, glielo prometto." Si alzò di scatto, e con il suo passo saltellante si diresse verso il portone d'ingresso.

33

Appena uscito Gramaglia, Pantosti era piombato sul commissario, dicendo che due persone, che asserivano essere gli assistenti del professor Verona, volevano parlargli per avere spiegazioni. Sannazzaro aveva allargato le braccia in segno di rassegnazione, e aveva detto a Pantosti di farli entrare.

Il sonno stava per avere la meglio sul commissario e i suoi ricordi si facevano confusi. Decise di iniziare le operazioni per mettersi a letto, anzitutto di farsi la doccia di cui era stato privato al mattino, così si sarebbe ripreso quel tanto che gli bastava per concludere il riassunto mentale degli eventi e decidere un piano di azione per il giorno dopo. Si tolse il *loden* verde che cominciava a portare ai primi freddi e smetteva solo a primavera inoltrata. Cominciava a dare qualche segno di vetustà nonostante si trattasse di un *loden* originale acquistato ad Innsbruk ormai da una decina d'anni, durante una indimenticabile vacanza sulla neve passata in compagnia della moglie. Il ricordo di quel periodo così felice della sua vita passò come un lampo attraverso i suoi pensieri causandogli un attimo di smarrimento. Scacciò con forza quei ricordi dalla mente, appese il loden all'attaccapanni, entrò nella stanza da letto, si svestì e passò nel bagno, dove decise che invece della doccia si sarebbe fatto un bel bagno caldo. Nella vasca si rimise a pescare tra i ricordi della giornata.

Aveva ricevuto i due assistenti, cui aveva comunicato i fatti, ormai non aveva più senso nasconderli. Il loro alibi era da controllare, ma appariva solido, entrambi erano appena tornati da una riunione di egittologi europei che si era tenuta a Parigi ed avevano la possibilità di esibire i loro biglietti d'aereo.

Alla domanda del commissario, se sapevano come mai il professor Damiani non fosse ancora arrivato, si erano scambiati uno sguardo e avevano assunto un'aria imbarazzata. Insistendo con la sua abituale cortesia, Sannazzaro era riuscito ad avere la conferma di quanto aveva sospettato dopo il colloquio con Rovasenda, ovvero che tra Verona e Damiani non correva affatto buon sangue,

34

anzi che Damiani odiava ferocemente Verona, perché a suo dire gli aveva soffiato il posto di conservatore – e che stufo di questo atteggiamento, Verona aveva cominciato a tenere Damiani in disparte, per esempio a Parigi non aveva mandato lui ma i due assistenti più giovani. Questi ultimi lo avevavano sentito mormorare, uscendo dall'ufficio del Conservatore: "Questa gliela faccio proprio pagare, giuro che me la pagherà." Da quel momento, aveva cominciato ad arrivare in Istituto sempre più in ritardo e ad assentarsi per ore, senza dare spiegazioni.

Il commissario aveva incaricato Salviati di cercare Damiani a casa sua, ma rispondeva la segreteria telefonica, e quindi Sannazzaro cominciava, nonostante la sua abituale prudenza, ad avere qualche sospetto. Poi aveva dovuto affrontare il problema di avvertire la moglie di Verona. In questi casi dolorosi l'usanza era di andare di persona al domicilio dei congiunti, per comunicare quella che era, quasi sempre, una cattiva notizia. Dato che il commissario non aveva personale sufficiente per tenere il Museo sotto controllo, aveva deciso di telefonare all'ignara vedova dicendole che era richiesta la sua presenza al museo. Anche a casa del professor Verona non rispondeva nessuno, e non c'era neanche la segreteria telefonica.

Dunque, mancavano tre persone, tutte e tre con un buon movente, il vice del Conservatore, furioso per essere stato messo in disparte, la misteriosa ragazza bruna, che poteva essere la sua amante e che lo aveva ammazzato perché lui non voleva divorziare e la moglie del professore, lei con la possibile buona ragione che aveva scoperto la tresca e si era vendicata.

35

Il sonno, aiutato dal tepore dell'acqua, stava di nuovo per sopraffare Sannazzaro. Uscì dalla vasca, si avvolse nell'asciugamano che aveva messo in caldo sul termosifone e aggiunse uno spesso accappatoio di spugna bianco. Odiava avere freddo quando usciva dal bagno, cosi passava una buona decina di minuti seduto su di uno sgabello ad asciugarsi, immerso in quella montagna di soffice calore.

Che cosa era successo, ancora? Aveva brevemente interrogato gli altri due addetti alle pulizie, erano al Museo da qualche anno e i loro alibi non erano dei più solidi, tutti avevano passato la serata in famiglia, ma certo era difficile pensare ad un qualsivoglia movente. Lo stesso poteva dirsi per la Seren e Rotunno, la Seren era a casa sua, dove viveva sola ma una vicina di casa era andata a trovarla per una partitina a carte, e Rotunno, sposato con due figli, aveva passato la sera stando a casa propria.

Poi era arrivato Pantosti, reduce da un paio d'ore passate in compagnia del ragioniere, e aveva detto:

"Mio Dio, commissario, che pizza quell'uomo, è di una pignoleria incredibile, ma in questo caso è quello che ci vuole. La lista è molto precisa e dettagliata. Ci sono i dati (nome, cognome e numero di telefono) delle sette persone che avevano ufficialmente le chiavi, l'elenco di tutto il personale di custodia e di pulizia, e una lista di – diciamo così – di *identikit* di coloro che venivano più spesso per preparare gli esami, assieme in certi casi al nome con il quale Degregori aveva sentito che qualcuno li aveva chiamati. Che cosa facciamo, commissario?"

"Cominciamo con i controlli di routine sulle persone delle quali abbiamo le generalità, ovvero ricerca nel casellario giudiziario, poi ricerca all'antiterrorismo, e naturalmente al SISMI e all'antimafia. Li dovremo interrogare tutti quanti, ma prima cerchiamo di raccogliere quante notizie possiamo. Naturalmente bisogna controllare gli alibi di tutte le persone presenti stamattina, nessuno escluso." Aveva fatto una pausa. "A proposito di notizie, direi che ci mancano del tutto quelle sulla vittima, bisogna cercarle, se vogliamo capire perché è stato ammazzato.

Pantosti, mi coordini lei queste ricerche assieme all'ufficio competente, io intanto vado a casa di Verona per vedere se c'è qualcuno che magari non risponde al telefono perché è sordo. Ah, dimenticavo, bisogna cercare Damiani, se continua a non rispondere bisogna andare a prelevarlo a casa sua."

Sannazzaro uscì dal bagno, tenne su di sé asciugamano e accappatoio, si buttò sul letto, si tirò addosso le coperte e rivide la grande villa di San Mauro dove abitava il Conservatore e dove si era recato prima di andare a casa, fece in tempo a ricordare il suono degno del campanile della Consolata prodotto dalla pressione del suo dito su di uno smisurato pulsante in ottone, suono che non aveva prodotto altro risultato che un furioso latrare di cani, e si addormentò.

Commissariato Torino Centro, 26 Ottobre 1995, giovedì.

Giulio Sannazzaro si svegliò più tardi del solito, dopo un sonno profondo e senza sogni. Alle nove era approdato in ufficio, dopo aver superato la compatta schiera di giornalisti che lo avevano bersagliato di domande cui, ovviamente, non aveva dato risposta .

Pantosti lo aspettava, seduto davanti alla sua scrivania. A Giulio Sannazzaro piaceva moltissimo il suo fare scanzonato tipicamente romano, cui si univano un'intelligenza pronta e una fantasia inesauribile, doti entrambe indispensabili a ogni buon investigatore. Aveva portato al commissario i primi risultati ufficiosi dell'autopsia, estorti al dottor Trozzi in cambio della promessa solenne "Che non ne farò parola con nessuno, si, è sempre la solita solfa, poi vengo a scoprire che li ha raccontati a tutti, ovviamente anche e sopratutto ai giornali, va bene, sorvoliamo, veniamo al sodo, cosa c'è di interessante?"

Qualche cosa di interessante c'era. Non l'ora della morte, tra le venti e le ventuno del giorno antecedente alla scoperta del cadavere, quando il museo era sicuramente deserto; ma tanto per cominciare il fatto che Luigi Verona era stato prima addormentato con il cloroformio, poi ucciso con una forte dose di morfina, come se l'assassino si fosse preoccupato di causare il minor dolore possibile alla sua vittima. Dopo di che aveva avuto inizio il rituale della mummificazione, l'estrazione degli organi interni poi ritrovati nel vaso canopo, e naturalmente sarebbe stato necessario consultare un egittologo non sospetto sul come il rituale era stato eseguito. I rilievi eseguiti dai poliziotti della scientifica avevano potuto accertare che l'aggressione con il cloroformio era avvenuta nell'ufficio del Conservatore, dove appunto erano state trovate tracce dell'anestetico, mentre la mummificazione era stata fatta nel sarcofago stesso, l'unico luogo dove c'era del sangue.

"Poi, commissario, ci sono altre cosette, che Trozzi definisce marginali, ma che secondo me danno qualche

38

indicazione interessante sulla personalità del professor Verona."

"Ah si, e quali?" fece Sannazzaro incuriosito.

"Ecco, una è che il professore si tingeva i capelli."

Il commissario fece una risata.

"Avrà voluto sembrare giovane, per sedurre qualche studentessa. Non mi sembra importante, molti professori universitari sono attirati dalle loro allieve. Quale è la seconda?"

"La seconda è che portava un numero tatuato sul braccio."

"Un numero tatuato? Questo vuol dire che Verona fu internato in un campo di concentramento."

"Sì, è esattamente quanto ha detto Trozzi, e la cosa va d'accordo con il fatto che fosse circonciso." Il telefono sulla scrivania del commissario emise un lieve ronzio. Sannazzaro alzò il ricevitore. Dopo una breve pausa emise un "veniamo immediatamente", posò il ricevitore e disse:

"Andiamo, Pantosti, la moglie di Verona è alla stazione dei Carabinieri di San Mauro, è andata là per denunciare la scomparsa del marito."

Renata De Marinis Verona era seduta nell'ufficio del comandante della stazione dei carabinieri di San Mauro. Le *méches* chiare sui capelli castani, un *tailleur* di gran classe e una giacca di lana vergine guarnita da una sciarpa di colore marrone, un filo di perle dalla lucentezza morbida che hanno soltanto le vere perle, la classificavano immediatamente tra gli appartenenti alla categoria dei cosidetti "signori", categoria che non rientrava tra quelle preferite dal commissario. La gonna del *tailleur,* piuttosto corta, lasciava vedere le gambe perfette, che assieme a tutto il resto facevano della signora Verona una donna ricca, bella e probabilmente ben più giovane del marito, anche se, pensò Sannazzaro, con i mezzi che il progresso aveva messo a disposizione della vanità femminile, al giorno d'oggi per sapere l'età di una donna ci voleva o il controllo dei documenti o l'autopsia.

Renata De Marinis alzò gli occhi sul commissario, e con tono incolore sillabò, lentamente:

"È morto, vero?"

"Si, è morto." Fu la risposta del commissario, che si era immediatamente reso conto che i convenevoli non avevano senso.

"E...come, quando è morto?"

Sannazzaro diede un succinto resoconto dei fatti, sorvolando sui particolari più macabri. Renata De Marinis ascoltò con attenzione. Alla fine del resoconto, abbassò il capo di colpo, si prese a testa fra le mani e rimase in quella posizione per qualche minuto. Il commissario fece un passo verso di lei, come per confortarla, ma la signora si alzò e disse:

"Credo che dovrò procedere al riconoscimento, vero commissario?"

"Sì, certo, ma non è una cosa urgentissima, oltretutto è uno spettacolo piuttosto difficile da sopportare, possiamo aspettare..."

"Se è da fare, meglio farlo subito." Il tono di Renata De Marinis, pur con un leggero tremito della voce, non ammetteva repliche.

In auto, mentre percorrevano corso Moncalieri per raggiungere l'obitorio, Giulio Sannazzaro rifletté sul comportamento della vedova, che sedeva in silenzio sul sedile posteriore. Sapeva che in certi livelli sociali mostrare i propri sentimenti, e in particolare il dolore, non era, come dire? considerato opportuno. Gli venne in mente una vecchia intervista di Enzo Biagi alla vedova di Rommel, ritrasmessa qualche settimana prima alla televisione, che aveva raccontato di non aver neanche detto una parola di commiato al marito, quando era salito sull'auto dove i due ufficiali delle SS lo avrebbero avvelenato con il cianuro. Eppure era stata senza dubbio una moglie fedele e innamorata. Per questa ragione, pur considerando la signora De Marinis sospettabile, non voleva farsi influenzare dalla sua apparente indifferenza.

All'obitorio, però, di fronte al cadavere del marito, alle sue occhiaie vuote e al suo corpo svuotato – il lenzuolo che lo copriva lasciava capire quanto poco rimanesse – Renata De Marinis ebbe un crollo. Si aggrappò con tutte le sue forze alla spalla del commissario, emise un "sì, è lui" che si perse in un grido strozzato. Giulio Sannazzaro, sorpreso da quella reazione imprevista, non seppe fare altro che circondarle le spalle con un braccio, mormorando:

"Per quello che abbiamo potuto appurare, almeno non ha sofferto, tutto gli è stato fatto dopo la morte, procurata da una forte dose di morfina"

La vedova del professor Verona si staccò quasi con violenza dal commissario. Poi, cercando di ritrovare un tono di voce normale, disse, quasi in un sussurro:

"Con quello che mio marito ha sofferto da vivo, ringrazio Dio che sia morto senza dolore."

"Certamente non ha sofferto, come le ho appena detto, l'assassino si è accanito sul il suo cadavere."

Rimase in silenzio per qualche minuto, voleva darle il tempo di scoppiare in singhiozzi, di urlare, di buttarsi su quelle spoglie massacrate. Nulla accadde, la signora Verona stava lì, ferma, come impietrita, lo sguardo fisso nel vuoto, senza che una lacrima guastasse il suo trucco, discreto e perfetto. Allora Giulio Sannazzaro disse, a bassa voce, lentamente, pesando bene ogni parola:

"Senta, signora Verona, noi abbiamo bisogno che lei ci parli di suo marito. Se vogliamo scoprire l'assassino, dobbiamo capire il movente, e per capire il movente dobbiamo sapere tutto sulla vita della vittima. Lei ci ha parlato di sofferenze patite dal professor Verona. Capisco che non è né il luogo né il momento, ma prima sapremo qualcosa su di lui, prima potremo risolvere il caso."

Renata De Marinis si scosse, si girò verso il commissario, e disse con tono risoluto:

"Venga a casa mia, commissario, se non le dispiace, le dirò tutto quello che so sul passato di mio marito."

Luigi Verona era l'unico figlio di un egittologo italiano e di una ricca egiziana, che Diego Verona, il padre di Luigi, aveva incontrato durante le sua campagne di scavo e aveva sposato, stabilendosi ad Alessandria. Qualche anno prima dello scoppio della guerra, data la crescente diffidenza con la quale gli inglesi trattavano gli italiani, i Verona avevano deciso di trasferirsi a Roma, dove vivevano i genitori di Diego. Qui il padre aveva avuto un incarico all'Università come assistente di egittologia. Ma l'origine ebrea della famiglia Verona era rapidamente diventata un problema. Dopo le leggi razziali del 1938 l'incarico all'Università gli era stato tolto, anche se il corpo accademico al completo gli aveva manifestato il suo sostegno e l'aveva difeso. Nella notte del 16 Ottobre 1943, tutta la famiglia era stata presa nella retata che aveva vuotato il ghetto di Roma e deportata ad Auschwitz.

Luigi aveva allora tredici anni, ed era riuscito a sopravvivere, mentre i genitori erano morti entrambi. I nonni invece, che quella sera si trovavano casualmente fuori Roma, erano sfuggiti alla deportazione. Al suo ritorno, Luigi era andato a vivere con loro, che però, sconvolti dal dolore per la perdita del figlio, erano morti pochi anni dopo la fine della guerra. Luigi aveva deciso di trasferirsi in Egitto, dove viveva suo zio, il fratello di sua madre, e qui aveva cominciato a dedicarsi allo studio dell'egittologia. Si era rapidamente imposto come uno dei giovani studiosi più brillanti, e la sua origine italiana l'aveva favorito nell'ottenere un posto di assistente al Museo Egizio di Torino. Poi era venuta la cattedra all'università e il posto di Conservatore, quando il suo predecessore era andato in pensione.

Mentre Renata De Marinis raccontava tutto questo, lo sguardo del commissario vagava sull'arredamento del grande salone a piano terra nel quale si trovavano, indugiava sui quadri, sugli alberi secolari del grande parco incorniciati dalle finestre, sulle sfumature dei loro colori autunnali. *Ecco cosa invidio di più della ricchezza*, pensò, *questo potersi circondare del bello, dentro e fuori casa, deve essere per questo motivo che i ricchi sembrano più belli dei poveri, non soltanto perché si vestono bene e hanno il tempo e i soldi per avere cura di sé stessi, ma perché sono immersi nel bello.*"

"Del resto della vita di mio marito non c'è molto altro da dire. È stata la vita di un archeologo, dedicata interamente ai propri studi, al Museo e all'Università. Era molto vicino agli studenti, che difatti lo adoravano, sarà una grande perdita per loro."

Ci fu un lungo silenzio. Sannazzaro e Pantosti tacevano, entrambi pensavano alla vita tragica di quell'uomo, e alla sua ancor più tragica fine. Ma l'indagine doveva proseguire, ed era arrivato il momento delle domande sgradevoli. Se ne fece carico il commissario.

"Sono molto colpito dal suo racconto, signora De Marinis. Purtroppo il terribile passato del professor Verona non ci aiuta a trovare un movente: suo marito è stato una vittima, e normalmente le vittime non sono oggetto di attenzioni omicide. Quindi forse ci dovrebbe dire qualche cosa di più sulla sua vita di tutti i giorni, sulle sue conoscenze, sulle eventuali invidie che lo avranno circondato, come capita a tutte le persone famose, sulla vostra vita in comune..." Queste ultime parole furono quasi bisbigliate, ma non mancarono di provocare la rabbiosa reazione di Renata De Marinis.

"Tutti ugualmente squallidi, voi poliziotti. La prima sospettata è sempre la moglie, vero? La solita moglie gelosa del famoso professore, idolo degli studenti e naturalmente anche delle studentesse, con tutto quanto di ovvio si può immaginare. Se fossi stata una moglie gelosa lo avrei ammazzato da molto tempo. Io ero appunto una sua studentessa, mi sono innamorata di lui studiando egittologia e ho sempre pensato che com'era capitato a me poteva capitare a chissà quante altre, ma era un marito adorabile, un amante tenero e appassionato, e io mi sono detta che era stupido rovinarsi la vita, che l'importante era che potessi averlo per me per tutto il tempo che passava fuori dal Museo e dalla Facoltà, e così è stato. Per quanto riguarda la prossima domanda, le risparmio la fatica, signor commissario: ero nella mia casa al mare, a Corniglia, una

44

casa assolutamente isolata su di uno strapiombo, dove non mi ha visto nessuno, perché questo era proprio quello che volevo, stare da sola."

"Ma qualcuno l'avrà vista, avrà ben fatto la spesa, parcheggiato l'auto da qualche parte..."

"Porto con me sempre un po' di cibo, non ho grandi esigenze, e comunque nella casa ci sono delle provviste, una signora provvede di tanto in tanto a ripristinarle, ma non sa assolutamente se e quando ci vado, e naturalmente a Corniglia non mi sogno neanche di andare in auto, prendo il treno e cammino una mezz'ora per raggiungere casa mia. Sono arrivata quasi a buio, in questa stagione Corniglia è deserta, io non ci vado mai in estate, e sono assolutamente sicura che non mi abbia visto nessuno."

Il tono di Renata De Marinis era palesemente provocatorio, aveva parlato in fretta, e quando ebbe finito, guardò il commissario con aria di sfida.

Gulio Sannazzaro non fece alcun commento. L'arroganza della signora De Marinis non lo sorprese, sapeva che le persone del suo ceto avevano l'abitudine di sentirsi al di sopra della legge, di considerarsi talmente al riparo di ogni traversia giudiziaria da potersi permettere il lusso di non cercarsi un alibi, neanche se sospettate di omicidio. Per un momento, di fronte al suo racconto e al suo dolore, che aveva reputato sincero, si era illuso che la vedova del professor Verona fosse diversa, ma si doveva ricredere. Si alzò facendo cenno a Pantosti di fare altrettanto e si accomiatò, dicendo che riteneva che non fosse quello il momento di sottoporla ad un interrogatorio, la signora non rispose e lo accompagnò all'uscita. Salirono in auto, Pantosti al volante, mentre il grande cancello in ferro battuto si apriva di fronte a loro. Senza motivo, il commissario sentì l'impulso di voltarsi indietro, e vide Renata De Marinis ferma, con le braccia strette al petto, che seguiva con lo sguardo l'auto della polizia, e un anziano signore che la prendeva sottobraccio, poi entrambi si girarono verso la villa, finché la forte discesa li mise fuori portata della vista del commissario.

Mentre Pantosti, al volante della "Pantera" cercava di destreggiarsi nel traffico di corso Moncalieri, Giulio Sannazzaro rifletteva sui sentimenti contadditori che la conoscenza della vedova del professor Verona aveva suscitato in lui. La prima impressione, alla stazione dei Carabinieri, non era stata positiva. Era figlio di un medico condotto che aveva esercitato la sua professione in val Pellice, dove aveva incontrato sua madre, insegnante e sacerdotessa della chiesa valdese. I suoi genitori lo avevano allevato inculcandogli l'amore per il lavoro ed il rigore morale, nulla gli era stato regalato dal destino – la bella ed elegante signora che si era trovato di fronte sembrava invece aver avuto tutto. Davanti alle spoglie martoriate del marito, improvvisamente l'aveva sentita parte dell'umanità dolente, era una delle tante vedove sconvolte dal dolore che il suo mestiere l'aveva costretto ad accompagnare per dire quel "sì, è lui" che non avrebbero mai voluto dire. Nella sua villa sterminata, era ritornata ad essere ricca ed arrogante.

"*A Commissa'*, ma almeno un caffé ce lo poteva offrire, non le sembra?"

La parlata romana di Pantosti interruppe le sue riflessioni. Erano arrivati al Commissariato.

"Che ti devo dire, più sono ricchi più sono cafoni. Andiamo, lo prendiamo alla macchinetta, sempre che funzioni."

Giulio Sannazzaro si era appena seduto alla scrivania, che squillò il telefono. Non fece a tempo a dire che non c'era per nessuno, che il piantone gli aveva già messo in linea il dottor Gramaglia. Dal suo tono mieloso, capì subito che il questore stava per dirgli qualcosa di spiacevole. Infatti, l'oggetto della telefonata era quanto bisognasse essere cauti con Renata De Marinis, che sperava che non l'avesse stressata subito con un interrogatorio formale, e che dunque bisognava esplorare tutte le piste possibili prima di quella della moglie gelosa, per esempio quella della misteriosa ragazza bruna... Il commissario saltò letteralmente sulla sedia, poi riprese il controllo di sé stesso borbottando una serie di "si certo, si, come no, faremo il possibile", si accomiatò frettolosamente adducendo il pretesto di una riunione improvvisa, mise giù il telefono e con il volto paonazzo per la rabbia rialzò il ricevitore e sibilò "mandatemi immediatamente Salviati, grazie!"

Salviati arrivò dopo pochi minuti. L'espressione dipinta sul volto di Sannazzaro era eloquente, e Salviati decise subito che era meglio confessare.

"Commissario, il dottor Gramaglia mi ha telefonato questa mattina, Pantosti era con lei, io non sapevo nulla, prima mi ha domandato dov'era lei e io ho detto che era con la vedova, poi cosa era successo esattamente ieri, e io allora ho raccontato che lei mi aveva detto di cercare una bella ragazza bruna, che ne sapevo io che non lo dovevo dire, commissario... l'ho saputo adesso da Pantosti, ma io non potevo sapere che non glie ne dovevo parlare, lei l'aveva detto solo a Pantosti, non a me." Il rimprovero era mascherato, ma Sannazzaro lo capì benissimo. Tirò un lungo sospiro, ammise di non aver condiviso le informazioni con tutti i suoi collaboratori, ma aggiunse che credeva non fosse un mistero per nessuno che non aveva piacere di scoprire le sue carte con il dottor Gramaglia.

"Comunque, Salviati, visto che la frittata è fatta, magari anche per colpa mia, le affido ufficialmente l'incarico di trovarla, la bella bruna, visto che è scapolo, alto, atletico e sportivo e attirato dal bel sesso. Non dovrebbe essere un compito sgradevole, vero, Salviati?"

47

Salviati ebbe un'espressione di sollievo. Era veramente un bell'uomo di una trentina d'anni, alto e ben fatto, con i capelli biondi tagliati cortissimi, la mascella quadrata e la divisa sempre impeccabile, più che un poliziotto sembrava un *marine* uscito da una serie televisiva.

La giornata trascorse in altre faccende, che Giulio Sannazzaro non poteva trascurare, anche se la sua attenzione era completamente rivolta a quello strano delitto, così diverso da tutti quelli con i quali si era misurato, a questa attenzione dell'assassino volta a non far soffrire la sua vittima, quasi si trattasse di un rito sacrificale. Ecco di cosa poteva trattarsi, pensò, di un rituale collegato alla religione egizia, argomento che lui non conosceva molto ma del quale aveva sentito parlare, il libro dei morti, le scritte misteriose trovate nelle piramidi, insomma, magari erano di fronte ad un folle *serial killer*, studioso di egittologia che aveva cominciato ad uccidere e a mummificare le sue vittime.

Il commissario, immerso nei propri pensieri, non riusciva a prestare attenzione alla signora seduta di fronte a lui, che gli stava parlando delle angherie che doveva sopportare da parte del vicino di casa, signora che aveva ricevuto soltanto perché raccomandata dal questore, e delle cui dichiarazioni non aveva ascoltato neanche la metà, ma alla quale non aveva mancato di rivolgere uno dei suoi migliori sorrisi e di accomiatarla promettendole solennemente di prendere a cuore il suo caso. Poi aveva detto al centralino che sarebbe uscito, aveva preso il *loden* verde dall'attaccapanni, chiuso la porta dell'ufficio e si era infilato nell'auto di servizio per andare a casa.

48

Quando Sannazzaro sbucò sul balcone, si stupì per un attimo di non sentire il furioso latrato di Pupa, poi fece un sorriso tra sé e sé e aperse la porta senza mettere le chiavi nella serratura. Seduta sulla sua vecchia poltrona, Irina lo aspettava. Lo accolse con un allegro: "E allora, Maigret, lo hai già risolto il caso?" .

Irina Gramaglia – che era, per l'appunto, la moglie del dottor Gramaglia, il questore – aveva con Giulio Sannazzaro una relazione adulterina che durava ormai da un paio d'anni. Si erano incontrati durante il pranzo che annualmente Gramaglia offriva ai commissari della provincia di Torino, scegliendo di volta in volta un ristorante diverso. Allora era toccato a un castello in valle d'Aosta, e lì Sannazzaro aveva fatto sfoggio della sua erudizione, frutto di anni di appartenenza al Fondo Ambiente Italiano, somministrando ai colleghi la storia del castello, le leggende che lo circondavano e, *dulcis in fundo,* la citazione a memoria del brano di un romanzo famoso ambientato nel vecchio maniero. Il commissario aveva notato, mentre parlava, che una bella e formosa signora dalle trecce bionde raccolte sopra al capo e dagli occhi azzurrissimi lo ascoltava con espressione via via più rapita, tanto che il suo sguardo, che all'inizio percorreva in modo uniforme l'uditorio, ormai era fisso su di lei, e non poteva evitare di incrociare il suo, e quando infine arrivò alla citazione del brano del romanzo, gli occhi di ciascuno di loro erano completamente perduti in quelli dell'altro.

Dopo l'applauso dei colleghi, che aveva bruscamente rotto l'incantesimo, il questore aveva ricordato a tutti che erano lì anche per mangiare e aveva indirizzato i commissari e le loro mogli ai tavoli, sistemati in un grande salone dalle volte ogivali, sulle cui pareti erano dipinte scene di caccia e di banchetti. Prima di assegnare i posti, Gramaglia aveva fatto cenno a Sannazzaro.

"Giulio, spero non le dispiaccia di fare compagnia a mia moglie, si sieda accanto a lei, io devo stare un po' a tutti i tavoli, non posso offendere nessuno, ecco, le presento mia moglie Irina Vassilieva, russa ma che parla perfettamente l'italiano, Irina, questo è il dottor Giulio Sannazzaro, uno dei miei più validi collaboratori, fatevi compagnia, e ancora i miei complimenti, Giulio, non sapevo che avesse tanta cultura." Gramaglia schizzò verso gli altri, che attendevano in gruppo di sapere dove sedersi.

A tavola, si guardarono nuovamente negli occhi e scoppiarono entrambi in un'allegra risata, senza sapere perché. Poi si misero a parlare, in maniera quasi febbrile, rubandosi la parola l'uno all'altra, Irina con la sua dolce cadenza russa, Giulio con il suo forte accento torinese, così simili tra di loro nel far precedere alle vocali un suono strascicato che nel russo confina con la *u* e nel piemontese con la *o*, ma che da ad entrambe le parlate una musicalità dolce e cantilenante. Mentre parlavano, cominciarono ad osservarsi. Gli occhi di Sannazzaro indugiavano sulla scollatura di Irina, messa in risalto da uno stupendo *collier* d'ambra che terminava con un pendente posato tra i seni, lei era incantata dalle mani di lui, dalle sue dita lunghe e affusolate, le davano l'impressione di essere forti e delicate nello stesso tempo. Irina si accorse dello sguardo di Sannazzaro, con un sorriso malizioso si richiuse il bottone della camicetta che aveva lasciato aperto, la cosa provocò in loro un nuovo scoppio di ilarità che li travolse. Ridevano e si guardavano negli occhi, consci di essere in numerosa compagnia solo perché ciò impediva loro di buttarsi l'uno nelle braccia dell'altro.

Cosa che accadde pochi giorni dopo, quando Irina piombò la sera tardi senza preavviso nell'appartamento di Giulio facendo scoppiare Pupa in una furiosa serie di latrati, latrati che si erano trasformati in un brontolio sordo e poi in un placido russare sotto il letto dove si trovavano gli amanti.

Irina era nata nel 1952 a Tula, città a sud di Mosca ed era arrivata nella capitale per frequentare l'Università. Qui aveva conosciuto un italiano, funzionario di banca, trasferito in Russia per gestire una delle prime filiali di banca occidentali aperte nell'allora Unione Sovietica, italiano che Irina aveva sposato non tanto perché ne fosse veramente innamorata, ma perché come altre russe sapeva che in questo modo avrebbe potuto emigrare nell'Eldorado occidentale e fuggire il grigiore egualitario della società sovietica, cosi priva di occasioni di fare *shopping* e di sfoggiare vestiti eleganti.

Il primo marito era morto in un incidente d'auto, quando già Irina aveva una relazione con un anziano, ricco e sposato antiquario di Torino, relazione di breve durata che l'aveva lasciata in possesso di un piccolo negozio in via Garibaldi ove Irina Vassilieva aveva avviato un fruttuoso commercio di antichità russe. In questo modo era venuta a contatto con la ristretta cerchia dell'alta società torinese, dove aveva conosciuto e sposato il dottor Gramaglia, allora scapolo appena lasciato orfano da una madre invadente e che non vedeva l'ora di sfruttare la libertà recentemente conquistata.

Il matrimonio con il dottor Gramaglia non era entusiasmante, ma l'essere moglie di un uomo importante dava a Irina quella legittimazione sociale che aveva sempre cercato da quando era arrivata in Italia. Da questo matrimonio era nata una figlia, Tatiana, che Irina adorava.

L'incontro con Giulio Sannazzaro, avvenuto qualche anno dopo la nascita della figlia, le aveva permesso di soddisfare la parte passionale della propria natura senza rinunciare al *confort* della posizione e sopratutto alla figlia, che non avrebbe lasciato per nessuna ragione al mondo.

Il commissario invece viveva la relazione con un disagio che si accresceva col tempo. L'idea di essere l'amante della moglie del proprio superiore non gli piaceva per nulla. Ad ogni incontro con il dottor Gramaglia si chiedeva se lui sapeva oppure no, se magari sapeva e non gliene importava o se non sapeva e una volta che l'avesse scoperto chissà che reazione avrebbe avuto. Sannazzaro non temeva per la propria carriera, al più poteva essere trasferito e la cosa lo lasciava del tutto indifferente. Si sentiva in colpa, semplicemente. Era stato allevato nel rigoroso rispetto della morale e della legge, appunto per questo aveva scelto la carriera nella polizia, e l'idea di essere colto in fallo lo turbava parecchio. Irina rideva di queste paure, lo stuzzicava dicendogli che il marito le aveva chiesto dove andava, che pensava di essere seguita e di avere il telefono sotto

51

controllo, tutte cose che un questore non avrebbe avuto alcuna difficoltà a mettere in atto.

Più forte del senso di colpa era però, nel commissario, la paura di ritornare alla solitudine nella quale si trovava quando aveva incontrato Irina. Così il loro rapporto continuava, e la clandestinità vi metteva, indubbiamente, una buona dose di brivido che contribuiva ad aumentare la loro eccitazione. Fu dunque contento quando capì che Irina lo aspettava, quella sera.

Commissariato Torino Centro, 27 Ottobre 1995, venerdì mattina.

In silenzio, il commissario osservava il professor Ernesto Damiani, seduto di fronte a lui nella sala degli interrogatori. Ernesto Damiani era un uomo di età indefinibile, alto, magro, allampanato, dal profilo grifagno e con la bocca atteggiata a una perenne smorfia, non si capiva se di dolore o di disprezzo, insomma non era chiaro se in lui fosse più forte il dolore per avere meno di tutti o il disprezzo per i tutti che avevano più di lui – la personificazione dell'invidia, pensò il commissario, la sua fotografia avrebbe potuto illustrare il quarto dei sette peccati capitali in un manuale per seminaristi.

Dopo qualche minuto sfoderò il più radioso dei suoi sorrisi e con voce flautata si rivolse a Damiani.

"Mi potrebbe dire, professore, dove si trovava lei mercoledì scorso tra le otto e le dieci di sera?"

Ernesto Damiani accentuò la sua smorfia.

"Ero a casa mia, dove mi hanno trovato i suoi poliziotti ieri sera, quando hanno fatto irruzione, l'hanno messa sottosopra e mi hanno portato qui in manette. Non mi sono mai mosso."

"Ah si, e allora perché non rispondeva al telefono?"

"Il telefono l'avevo staccato, come faccio tutte le volte che devo fare un lavoro importante."

"E di che lavoro importante si tratta, posso saperlo?"

"Si tratta di uno studio sul tempio di Ellesia, uno studio che sto per mandare al Louvre e che smentirà le troppo facili ipotesi fatte sulla sua data di costruzione, ipotesi la cui facioneria è un'onta per tutti gli studiosi seri che da anni, ignorati, lavorano duramente in questo Museo."

"Parla di se stesso, immagino"

"Certo, non sono afflitto da falsa modestia. Ma parlo anche a nome di tanti altri, studiosi messi nell'ombra da chi ha voluto fare dell'egittologia un soggetto mediatico, da chi ha privilegiato il messaggio rispetto al contenuto, da che ha usato il suo prestigio per sedurre le studentesse, da chi..."

Sannazzaro lo interruppe.

"Allude al povero professor Verona?"

"Povero? Povero il professor Verona? Poveri sono appunto gli studiosi di cui parlavo prima, non lui, lui che ha fatto un'immeritata carriera grazie alle sue ascendenze egiziane e ai soldi della moglie, buttati a palate per finanziare ricerche senza il minimo valore scientifico, lui che ha trasformato questo tempio della ricerca archeologica in un porto di mare, in un bordello, dove chiunque può entrare o uscire senza il minimo controllo, l'importante è che sia o una bella ragazza o un giornalista, lui ha fatto la fine che meritava!" Concluse Damiani, che per dare maggior forza alle proprie parole si era alzato in piedi agitando freneticamente le mani, enormi e ossute.

Il commissario lo guardava, affascinato. Raramente gli era capitato di incontrare un personaggio cosi privo di sfaccettature, cosi enormemente preso dal proprio *ego* invidioso da mettersi nel sacco da solo. Poteva arrestarlo e sbatterlo in prigione senza pentimenti, era il cosiddetto colpevole ideale, avrebbe fatto felici in un sol colpo il questore, il Prefetto e naturalmente tutti i giornalisti, che sostavano perennemente come tanti avvoltoi davanti al commissariato, in attesa di fare a pezzi quello che restava della carogna. Non era né tanto ricco né tanto potente da avere protezioni altolocate, e nello stesso tempo non era un diseredato, non era un immigrato clandestino, non era un senza tetto, non era un drogato, e ciò avrebbe messo il commissario al riparo dai fulmini della stampa di sinistra. Era un impiegato statale qualunque, proprio come lui, Giulio Sannazzaro, e nessuno avrebbe speso una parola per difenderlo.

"Lei può andare, disse bruscamente il commissario, non si allontani e non lasci la città senza avvertirmi."

Il professor Damiani crollò sulla sedia, stupefatto, deluso dal non essere stato sottoposto dal mondo crudele ad una ulteriore angheria.

"Lei... non mi arresta?"

"Se le dico di andarsene, vuol dire che non l'arresto, non mi ha sentito? Vada, vada, non mi faccia perdere tempo." Non provava nessuna simpatia per quell'uomo

54

gretto e invidioso, ma era convinto che non fosse lui il colpevole, una persona così collerica non era in grado di fare quello che era stato fatto a Luigi Verona, addormentarlo, ucciderlo e sezionarlo con cura senza lasciare la minima traccia, almeno stando a quelli che erano fino a quel momento i risultati del lavoro della squadra scientifica. La perquisizione nell'alloggio di via Nizza, dove Damiani viveva solo, non aveva dato alcun risultato.

Dopo che Damiani fu uscito Pantosti irruppe sconvolto nella sala degli interrogatori.

"Commissario, commissario, non mi dica che lo lascia andare!"

"Sì, lo lascio andare: ha qualche cosa in contrario?"

Pantosti aperse più volte la bocca senza riuscire ad emettere alcun suono. Poi ansimò:

"Mah..mah…commissario, è il sospetto principale, più sospettabile di lui non c'è nessuno, almeno al momento."

Giulio Sannazzaro fece un sorriso ironico.

"Ah, si? Mi sa dire che differenza c'è tra Damiani e la bella vedova? Mi sembra che tutti e due abbiano il movente e non abbiano l'alibi, o mi sbaglio?"

Pantosti capì di aver commesso un errore. Fece un bel sorriso, allargò le braccia e disse:

"*Dotto'*, era solo per avere qualche risultato, per far vedere che lavoriamo, ma ha ragione, sarebbe un favoritismo nei confronti della vedova, '*mazzate, li ha li sordi* quella, solo con i tappeti io mi farei la villa ai Castelli." Concluse calcando l'accento romanesco cosa che sapeva, avrebbe messo il commissario di buon umore. Difatti Sannazzaro sorrise.

"Non vedo l'ora che mi telefoni il dottor Gramaglia, e mi chieda la stessa cosa, cosi finalmente avrò un buon motivo per mandarlo a quel paese."

"Il paese di sua moglie, immagino, in Siberia."

Il commissario sorrise tra sé, pensando che tra Tula, la città dove Irina era nata, e la Siberia, c'erano di mezzo qualche migliaio di chilometri. Non gli sembrò il caso di fare sfoggio della sua cultura geografica e con tono cortese ma perentorio diede al suo vice una serie di disposizioni.

55

"Pantosti, voglio che lei segua quello che sta facendo Salviati, non vorrei che avesse trovato la bella bruna e se la fosse portata da qualche parte per approfondire la conoscenza, mentre noi siamo in sua spasmodica attesa. Mi faccia il favore, si metta in contatto con lui e mi dica qualcosa. Poi non creda che io abbia già assolto Damiani, assolutamente no, va pedinato giorno e notte, il suo telefono va messo sotto controllo, se è lui l'assassino, collerico com'è non mancherà di fare qualche passo falso." Fece una pausa. "Ovviamente non ho neanche assolto la De Marinis, bisognerà pensare di mettere pure lei sotto controllo, anche se con maggiore discrezione, a lei ci penso io dopo aver parlato con il dottor Gramaglia."

Aveva un piano, ma non voleva parlarne con Pantosti. Chiese ancora al suo collaboratore di convocare il dottor Trozzi perché finalmente levasse il sipario sui risultati dei rilievi dei suoi tecnici sia sul luogo del delitto sia sul sarcofago e su tutto quanto contenuto nel vaso a testa di cane. Rifletté un attimo, poi aggiunse:

"Secondo me, dobbiamo convocare, assieme al dottor Trozzi, anche un egittologo, che ci spieghi fino a quanto la mummificazione di Luigi Verona, è fedele al rituale egizio, e dunque dobbiamo trovare un esperto che sia sicuramente insospettabile – io direi che dobbiamo chiamare uno o entrambi gli assistenti che all'ora del delitto erano su di un aereo che veniva da Parigi. Mi organizzi tutto per lunedì in tarda mattinata, io adesso me ne vado."

Pantosti lo guardò con una certa sorpresa. Normalmente, il suo superiore si fermava fino a tardi tutte le sere, ed in particolare il venerdì, per chiudere i sospesi della settimana. Non avendo abbastanza confidenza con lui per esprimere la sua sorpresa di vederlo uscire a mezzogiorno, si accomiatò.

Appena fu uscito, il commissario sollevò il telefono, fece lo zero per prendere la linea esterna, poi compose il numero voluto e attese. Dall'altra parte del filo una voce femminile disse: "Ciao papà, come stai?"

Sannazzaro infilò l'uscita della Torino – Savona per Carrù, percorse il lungo rettilineo che collegava la capitale subalpina del bue grasso all'autostrada, entrò nell'abitato e lo percorse fino ad arrivare ad una piazza alberata. Oltrepassò la grande tettoia che forniva riparo ai banchi del mercato e si fermò sulla sinistra, dopo un bar che occupava con la sua veranda tutto il marciapiede fino alla strada. Scese dall'auto e varcò una vecchia porta a vetri, sormontata da un'insegna recante il caduceo su di un vaso da speziale. La porta aprendosi percosse un vecchio campanello montato su di un nastro d'acciaio avvolto a spirale, annunciando il suo arrivo. Nella farmacia, dietro al banco di legno scuro e davanti a una impressionante raccolta di vasi in maiolica bianca e azzurra l'aspettava Adriana, sua figlia, farmacista e moglie del farmacista titolare, il dottor Mario Acutis. Quest'ultimo spuntò dal retrobottega. Era magro, con il volto affilato e le labbra sottili. I capelli castani, lunghi e ondulati, gli scendevano fin nel colletto della camicia.

"Me la lasci fino a stasera, Mario? La porto in un posto che lei adora, ma non le dico dov'è perché è una sorpresa."

Il farmacista si tolse gli occhiali, si strofinò gli occhi, poi diede un'occhiata critica alla pulizia delle proprie lenti puntandole verso il neon centrale della farmacia, le pulì con il bordo del camice bianco, si rimise gli occhiali e con voce calma e pacata rispose:

"Sì, fino a stasera va bene, non oltre, domani c'è mercato e viene giù tutta la Langa, e da solo è un po' dura."

"Non preoccuparti, questa sera saremo di ritorno."

Viaggiarono in silenzio per un po', Giulio guidava lentamente, godendosi il paesaggio. Le viti ormai spoglie ricoprivano i fianchi rotondi delle colline con una fitta trama di pali e vitigni, suggerendo l'immagine sensuale di *collant* a rete indossati da una donna formosa.

La relazione di sua figlia con Mario Acutis, cominciata al primo anno di università, gli aveva fatto scoprire la parte sud del Piemonte. Mario era nato a Cherasco, dove vivevano i suoi genitori, e dopo la laurea, assieme ad Adriana avevano rilevato la farmacia di Carrù, rimasta vacante per la morte del titolare. La parentela acquisita aveva dato modo a Giulio di passare numerosi *week end* nelle Langhe, ed in particolare di fare parecchie discese in *kayak*, uno sport che praticava con passione da una ventina d'anni. Ruppe improvvisamente il silenzio e si rivolse ad Adriana.

"Hai capito dove ti sto portando?"

"No, assolutamente."

"Sono in missione segreta, esco dalla mia giurisdizione per andare a Corniglia a controllare l'alibi della vedova del professor Verona, alibi incontrollabile secondo lei, ma io non ci credo. È anche per questo che viaggio con te e non con Pantosti, nessuno deve saperlo, se no Gramaglia mi uccide."

Ad Adriana piaceva moltissimo Corniglia, quel piccolo paese aggrappato al pendio strapiobante sul mare aveva sempre esercitato su di lei una forte attrazione, da quando vi aveva trascorso una vacanza con i suoi genitori. Ebbe un moto di sorpresa.

"Oh, la bella vedova, la ricca De Marinis, ho visto la sua foto sui giornali, non sapevo che quella grossa rogna fosse di tua competenza, povero papà, chissà i tuoi disturbi psicosomatici, avranno raggiunto livelli stratosferici."

"Puoi dirlo, tra bruciori di stomaco e colite, lo scenario non è dei migliori. Invece di compatirmi, cosa simpatica ma improduttiva, magari potresti darmi una mano nelle indagini."

"Ah si, e come? Sai che da indegna figlia di tanto padre, non sono mai stata molto brava a risolvere casi polizieschi."

"No, non mi serve un aiuto di quel tipo, ma un parere tecnico, da farmacista. Se ben ricordo, tu hai dato un esame di storia della farmacologia, non è che per caso in quell'esame c'era qualcosa sulla mummificazione, sulle sostanze usate per impedire la putrefazione, eccetera eccetera?"

Adriana aggrottò le sopracciglia, scure e ben modellate, sotto le quali scintillavano due grandi occhi neri.

"L'unica cosa che mi viene in mente è che usavano il *natron*, un sale che si trova in Egitto, un carbonato di sodio idrato, la cui formula dovrebbe essere, se ben ricordo…"

"No, grazie, la formula no, per carità, piuttosto dimmi, dove lo trovavano, questa specie di sale?"

"In Egitto, sul bordo di certi laghi prosciugati, l'evaporazione li ha trasformati in lagune salmastre, ed è rimasto il sale, ovvero il *natron*, mi ricordo che ci avevano fatto vedere delle diapositive, sono posti molto suggestivi, delle distese di sale bianchissimo in mezzo a montagne assolutamente spoglie." Adriana fece una pausa. Poi disse con un po' d'ironia.

"Francamente, non credo che ci sia del *natron*, dalle parti di Corniglia, ma forse se tu prendi un catino d'acqua di mare e lo fai bollire, può darsi che quello che resta gli somigli."

"Ti ho già spiegato che andiamo a Corniglia per controllare l'alibi di Renata De Marinis, la domanda sul sale non c'entra niente, cerco solo disperatamente qualche indizio che ci metta sulla strada giusta, qualche coincidenza, qualche appiglio che ci aiuti a dipanare la matassa."

"Sai dove andare, papà? Hai un indirizzo, delle indicazioni?"

"Non mi interessa più di tanto cercare casa sua, quello che voglio capire è se qualcuno l'ha vista, oppure no, come dice lei, cosa che a me sembra impossibile, come sai bene è un paesino minuscolo, in questa stagione quei pochi che ci vanno non possono passare inosservati."

Superato il caotico traffico genovese, dopo un'oretta arrivarono a Corniglia. Lasciarono la macchina nel posteggio e imboccarono la lunga scala che scendeva in paese. Nella piazzetta l'unico locale aperto in quella stagione inclemente era assolutamente deserto. Si sedettero e attesero pazientemente che qualcuno venisse a raccogliere le ordinazioni. Ciò accadde dopo un tempo che a Giulio Sannazzaro parve infinito. Un uomo corpulento, che camminava con difficoltà e che portava un grembiule che un tempo doveva essere stato bianco sorse dal retro, chiedendo

59

loro, un po' sgarbatamente, che cosa volevano. Il commissario spiegò che volevano due caffè, e aggiunse:

"Siamo qui per parlare alla signora De Marinis, lei sa per caso, dove abita? Mi ha detto che sta in una casa a picco sul mare, a una mezz'ora a piedi da qui."

L'uomo corpulento lo guardò con aria sorpresa.

"Di case a picco sul mare ne abbiamo tante, anzi, direi, quasi tutte sono a picco sul mare, ma di signore De Marinis non ne ho mai sentito parlare."

"Forse ha sentito parlare della signora Verona, Renata De Marinis Verona." Giulio Sannazzaro scandì lentamente le sillabe, per essere sicuro di farsi capire.

"No, neanche la signora Verona, mai sentita nominare, sono qui da una trentina d'anni e conosco tutti, non i turisti, certamente, ma quelli che possiedono la casa o un alloggio qui li conosco di sicuro."

"È sicuro di quello che dice? Una bella signora, elegante, di Torino, moglie – anzi, vedova - del conservatore del Museo Egizio…"

Il grosso signore fece l'aria di chi aveva capito.

"Ah, quella, la moglie del mummificato, no, guardi, qui non ha mai messo piede e tantomeno possiede una casa, mi dispiace."

Adriana guardò suo padre con aria di compatimento e fece un risolino.

"Ti sei fatto fregare dalla bella vedova, eh, papà? Ahi, ahi, non è mica tanto professionale tutto questo, non ti pare?"

Il commissario si sentiva soffocare dalla rabbia.

"Io, io… la faccio arrestare, quella s… appena arriviamo in auto mando un ordine di cattura via radio per falsa testimonianza, per intralcio alle indagini in corso, per l'assassinio del marito, e per tutto quello che mi verrà in mente."

Pagò e uscirono dal tepore del bar, per essere investiti da un furioso libeccio che mandava alte ondate ad invadere la caletta, da dove i prudenti pescatori avevano ritirato le barche. L'uomo corpulento li seguì con lo sguardo, e quando vide che avevano imboccato la salita, andò nel retro e fece una telefonata.

"Signora, sono appena venute due persone a cercare di lei, un uomo sulla cinquantina dai capelli bianchi, magro, con un loden verde e una signora o signorina giovane, bruna, rotondetta."

"Lei ha fatto come le ho chiesto?" Disse una voce femminile dall'altro capo del filo.

"Sissignora, ho detto che non l'ho mai vista né conosciuta, come da accordi, signora."

"Bene, grazie, faccia sempre cosi fino a quando non le dirò di fare altrimenti."

Sulla strada del ritorno Giulio Sannazzaro mantenne un cupo silenzio fino a Savona. Via radio aveva ordinato a Pantosti di cercare la vedova e convocarla in Commissariato, ed ad un suo eventuale rifiuto di andare immediatamente a prelevarla a casa sua. Aveva fatto la figura di un idiota proprio davanti alla persona cui teneva di più, sua figlia, e questo non glielo avrebbe proprio perdonato, almeno così pensava in quel momento. Adriana, che conosceva bene le ire di suo padre, non aveva fiatato. Imboccata l'autostrada Ceva – Savona, ruppe finalmente il silenzio.

"Papà, tu pensavi che avremmo cenato assieme da qualche parte, vero?"

Giulio Sannazzaro non rispose, guidava a velocità folle facendo stridere le gomme sull'asfalto. Avevo lo sguardo torvo, fisso davanti a sé.

"Papà, insistette Adriana, non mi sembra il caso che ci ammazziamo perché la ricca vedova è un po' stronza, noi saremo morti e lei continuerà ad essere stronza, e pure ricca, rallenta e ascoltami, ti prego."

L'argomentazione fu convincente. Il commissario rallentò, l'ira gli era sbollita.

"Hai ragione, non vale proprio la pena rischiare la pelle per lei. Cosa volevi dirmi?"

61

"Volevo dirti che potremmo cenare tutti assieme, stasera, al *Veliero azzurro*, è un ristorante che ti piace da matti, magari ti rilassi un po', il loro Dolcetto sembra fatto apposta per far dimenticare tutte le vedove del mondo, dopo di che potrai smaltire il tutto dormendo da noi, cosa ne dici?"

Fu una buona, anzi, una fantastica idea. Verso mezzanotte, accompagnato dalla figlia e dal genero, percorse barcollando leggermente i pochi metri che separavano il ristorante dalla farmacia, sopra la quale si trovava l'alloggio di Adriana e Mario, si svestì e si infilò nel letto, dove un attimo dopo russava sonoramente.

Tra la Libia e l'Egitto, El Alamein, novembre 1942,
tenda del comando dell'Africa Korps.

"Feldmaresciallo, abbiamo preso questo ragazzo che arrivava da Qattara, dice che è il figlio di un vostro ufficiale, e che vuole vedere suo padre."

Rommel posò lo sguardo sul ragazzo sporco di sale e di sabbia per aver strisciato tutta la notte tra le lagune salmastre. Le truppe inglesi erano al contrattacco, la loro superiorità schiacciante in uomini e mezzi, e sopratutto la disponibilità illimitata di carburante stavano per avere la meglio sull'*Africa Korps,* nonostante il genio strategico di Erwin Rommel, la "volpe del deserto". Il suo era lo sguardo stanco di un uomo che sapeva di aver perso la partita. La depressione di Quattara, una vasta zona di sabbie mobili e di laghi salati, era il suo ultimo bastione difensivo.

"Chi è tuo padre, ragazzo?"

Il ragazzo, stremato, non riusciva a parlare. Finalmente arrivò a spiccicare qualche parola, che soltanto Rommel riuscì a capire.

"Tuo padre è morto una settimana fa, in battaglia. È morto da vero soldato, combattendo fino all'ultimo per proteggere la ritirata dei nostri *panzer*. Purtroppo noi… non siamo riusciti a recuperare il suo corpo, gli inglesi hanno preso il sopravvento e ci hanno ributtato indietro di parecchio. Devi tornare a casa, ragazzo mio, tua madre ti starà aspettando – io so tutto di voi, ero amico di tuo padre, so tutto di te e di tua madre. Torna a casa, ti farò accompagnare da una pattuglia, potrai arrivare sano e salvo ad Alessandria."

Il ragazzo scosse il capo.

"No, non posso tornare a casa, non ho più una casa, mia madre ed io siamo stati internati dagli inglesi nel campo di El Fayed e la nostra casa è stata requisita. Io sono riuscito a fuggire ed a arrivare fino qui, degli amici egiziani mi hanno aiutato, mia madre non ce l'avrebbe fatta, ma ha voluto così. Io non posso tornare indietro, voglio combattere,

63

vendicare la morte di mio padre e la prigionia di mia madre."

Rommel lo guardò con ammirazione.

"Sei molto in gamba. Non deve essere stata un'impresa facile fuggire da El Fayed ed arrivare fino a qui. Ma non voglio che tu combatta, sei ancora troppo giovane. La guerra è una cosa stupida e brutale. Capisco la tua situazione, e per l'amicizia che devo a tuo padre, se vuoi restare resta, ma non a combattere. Ho bisogno di aiutanti, lavorerai per me assieme al mio segretario Ralf Munninger, ma niente armi, è un ordine."

Roma, 28 Ottobre 1995, sabato mattina.

Renata De Marinis era scesa dal taxi proprio davanti alla Sinagoga. Diede uno sguardo al Tevere, che scorreva gonfio e giallastro per le piogge autunnali e imboccò via Portico d'Ottavia, camminando svelta e facendo attenzione a non scivolare sui *sanpietrini* ancora ricoperti dall'umidità della notte. Arrivata a Santa Maria del Pianto girò a sinistra e si fermò in mezzo alla piazzetta. Si guardò attorno, fino a far posare il suo sguardo sulla bottega di un barbiere, posta al piano terreno di un fabbricato a due piani di colore rosso, incuneato in mezzo ad altre case e le cui finestre dai vetri spaccati parevano occhiaie vuote.

Con un brivido, si ricordò delle occhiaie vuote del marito. Come avrebbe voluto essere lì con lui, pensò, cercando di scacciare dalla mente quella visione orribile.

Luigi Verona non aveva mai voluto ritornare nella casa dei suoi genitori nel ghetto. Molto semplicemente, non aveva mai voluto rivedere il ghetto, e tutte le volte che veniva a Roma per il proprio lavoro, evitava con cura di passare davanti alla sinagoga, sottoponendosi a lunghi giri per evitare il Lungotevere dei Cenci. Renata De Marinis aveva chiesto qualche volta al marito di portarla a vedere la casa dove abitava con i genitori, ma non aveva mai insistito. Era evidente che il ricordo della terribile notte del 16 ottobre 1943, durante la quale i nazisti avevano caricato sui camion, fermi dietro al Portico d'Ottavia i mille ebrei del ghetto, impediva a suo marito di rivedere i luoghi della tragedia.

Non più di un mese prima, improvvisamente, le aveva detto che sarebbe potuta andare là dopo la sua morte, se avesse proprio voluto, e le aveva dato qualche indicazione. Lei si era un po' stupita al sentire suo marito parlare della propria morte, era una cosa che non faceva mai. Lo aveva tempestato di domande sulla sua salute, angosciata dal pensiero che avesse qualche grave malattia della quale non aveva voluto parlarle. Lui l'aveva rassicurata, aveva giurato di non avere nessun problema di salute, gli sembrava che passati i sessant'anni era un argomento che si poteva affrontare, poi aveva cambiato discorso.

65

Certo, si disse, doveva essere proprio lì, la casa rossa nella piazzetta con la bottega del barbiere, adesso entro e chiedo se qualcuno si ricorda del professor Diego Verona.

Il barbiere era seduto in fondo alla bottega vuota, intento alla lettura di una rivista. L'arredamento doveva avere più o meno l'età del titolare, cioè almeno un'ottantina d'anni, ma tutto brillava di una pulizia ineccepibile. Renata De Marinis in vita sua non era mai entrata nella bottega di un barbiere "da uomo" e si guardò attorno con curiosità. Di fianco alle due poltrone girevoli, dai braccioli in metallo smaltato di bianco, pendeva la correggia di cuoio per affilare i rasoi, che facevano bella vista di sé allineati con cura sul banco di marmo. Qualche boccetta di vetro sfaccettato con il soffietto di gomma per spruzzare lozioni e profumi, i lunghi pettini neri con la coda e, unica concessione alla modernità, un asciugacapelli elettrico completavano l'attrezzatura. Tra i due lavabi, su di un piatto, Renata De Marinis notò un mucchietto di bustine contenenti dei libretti provvisti di un fiocchetto rosa, e non riuscendo a capire di cosa si trattava li osservò a lungo. Il barbiere ripiegò il giornale e fece un sorrisetto. "Quelli non sono per le signore, sono per i signori, sa, siamo verso fine anno, è la stagione dei calendari…" Ah, i calendari con le donne nude, pensò Renata, e provò un improvviso desiderio di entrare in quel mondo di fantasie maschili a lei sconosciuto.

"Signora, in cosa posso servirla? Questa è la bottega di un barbiere, ma per anni io ho fatto il parrucchiere per signora, fino a quando mia moglie, che è gelosissima, non mi ha fatto tali e tante scenate da costringermi alla conversione a barbiere: ma se lo desidera, sono benissimo in grado di occuparmi di lei, anche se devo confessare di non essere molto aggiornato sulle acconciature moderne." Era un ometto mingherlino e raggrinzito dagli anni, ma si muoveva con un'agilità sorprendente.

"Veramente, sono qui per avere un'informazione. Io sono la moglie, anzi, la vedova del professor Luigi Verona, e volevo sapere se questa era veramente la casa in cui abitava con i suoi genitori prima della deportazione"

"Il povero professor Verona! Ho letto tutto sui giornali, che fine orribile! E che tragico destino, dopo essere riuscito a ritornare dal campo di concentramento, fortuna capitata a pochissimi, meno di una ventina se ben ricordo. Sì, ai due piani di sopra era la loro casa, non di loro proprietà, erano in affitto, poi è stata abitata dopo la guerra da un'altra famiglia ebrea, appunto tra i pochi che sono tornati, che verso la fine degli anni cinquanta se n'è andata in Israele. La casa è abbandonata da almeno trent'anni, ormai, non si sa nemmeno più chi sono i proprietari, nessuno può fare dei lavori di manutenzione e io ho paura che un giorno mi cada tutto sulla testa." Fece una pausa. "Se vuole, può salire, anche se è un po' pericoloso, ma non c'è più nulla che le possa ricordare la famiglia Verona, ormai, non c'è più assolutamente nulla, nulla di nulla."

Renata De Marinis ebbe un attimo di smarrimento, si sentì cadere e si aggrappò istintivamente al piccolo barbiere. Nella sua testa risuonava quella parola, nulla, e le sembrò che il nulla la risucchiasse facendola cadere in un pozzo senza fondo. Si ritrovò seduta su una delle poltrone, con il barbiere che le faceva aria con un camice bianco. Quando vide che aveva riaperto gli occhi e che si era ripresa, scosse il capo.

"Povera signora, che terribile colpo per lei! Non doveva venire subito qui, lei deve riposarsi, stare tranquilla, non deve cercare altre emozioni. Ritorni a primavera, farò un po' di pulizia e potrà salire, non le sarà passato il dolore ma il tempo guarisce tutto, poco alla volta, mi creda. Come si sente, adesso?"

Lei si alzò dalla poltrona, un po' barcollante. "Io…credo che seguirò il suo consiglio, sì, tornerò a primavera, sì, certo, a primavera." Si avviò da dove era venuta, verso la sinagoga. Avrebbe preso un taxi e sarebbe ritornata in aeroporto, un posto l'avrebbe trovato, e non sarebbe ritornata a casa, ma sarebbe andata a Corniglia, lì avrebbe riposato, e forse, poco alla volta, guardando il mare, dimenticato. Il mare, pensò, in autunno si confonde con il cielo, non c'è la linea dell'orizzonte, e tutto è come un nulla grigio azzurro.

67

Commissariato Torino centro, 30 Ottobre 1995, lunedì.

Sannazzaro era rientrato in ufficio, dopo aver smaltito la cena al *Veliero Azzurro* con una lunga corsa il mattino di domenica tra le vigne di Carrù, accompagnato dal genero, che aveva accusato un vago malessere per rallentare e tenersi al suo ritmo. Lui l'aveva capito benissimo, ma tra sé e sé non poteva fare a meno di dirsi che magari poteva ancora competere con un trentenne, perché no?

La gioia della domenica era svanita durante il ritorno a Torino, ed adesso, seduto alla sua scrivania, la rabbia per essere stato preso in giro da Renata De Marinis lo stava rendendo furioso contro il mondo intero. Il primo capro espiatorio che gli si parò davanti, ignaro, era Salviati, che, nonostante la stagione, era sempre più abbronzato.

"Oh, proprio lei, Salviati, esordì il commissario con voce esageratamente gentile, venga, venga nel mio ufficio, sono impaziente di sentire cos'ha da raccontarmi sulla bella bruna, che immagino lei abbia trovato, vero, Salviati?"

Salviati, ignaro, abboccò.

"No, commissario, non l'ho trovata, ma ho trovato uno che la conosce, un suo compagno di studi, ho il suo indirizzo, in giornata vado a trovarlo."

Il commissario fece un gran sorriso, lasciò passare un minuto, attese che Salviati, che si aspettava un complimento, gonfiasse il petto e si desse un'aggiustatina alla divisa, già di per sé impeccabile, e sibilò:

"Salviati, se lei entro cinque minuti non è ancora uscito da qui e non è in auto per andare a interrogare il compagno di studi della bella bruna, io le giuro sulla mummia di Tutankhamon che lei per tutta la vita farà servizio nei mercatini rionali; ma non quelli di Torino, no, sarebbe troppo comodo, no, in Val Venosta, dove non c'è neanche un cane che abbaia in italiano e dove per fare conoscenza con qualche essere di sesso femminile dovrà studiare tedesco per almeno cinque anni. E adesso vada, accidentaccio, è ancora qui?"

Il pensiero di come la vedova di Lugi Verona lo stesse prendendo in giro non gli dava pace. Aveva saputo da Pantosti, cui aveva ordinato di rintracciarla, che lei era introvabile, nella sterminata villa c'era soltanto suo padre, probabilmente quell'anziano signore che aveva visto nello specchietto retrovisore darle il braccio e costui non sapeva nulla di dove fosse sua figlia, salvo che se ne era andata il mattino con una piccola valigia e aveva detto che sarebbe tornata dopo qualche giorno. Dunque, non soltanto si era inventata una residenza a Corniglia, ma se ne era andata chissà dove, e l'ultima cosa che il commissario poteva fare era quella di diramare un avviso di ricerca, dopo quanto gli aveva detto il questore. Doveva stare al suo gioco, aspettare con pazienza che tornasse a casa e poi chiederle, con cortesia, come mai gli avesse mentito.

Mentre rimuginava cupamente tra sé e sé, arrivò Pantosti. Dall'espressione trionfante che aveva sul viso, il commissario capì subito che il suo collaboratore aveva una notizia importante. Era proprio così, frugando nel passato di tutto il personale del Museo, Pantosti aveva scoperto che Salvatore Rotunno, il primo ad accorrere alle urla di Rosa Seren, era in odore di mafia, anche se a suo carico, come normalmente avveniva in questi casi, non era mai emerso nulla di concreto. Il poliziotto, avuta l'informazione, aveva collegato questo fatto con il cambio dell'impresa di pulizia, cambio avvenuto dopo che la precedente, la *Pulital*, si era occupata di mummie e sarcofagi per un decina di anni, guarda caso, proprio da quando Salvatore Rotunno era arrivato a Torino proveniente da Palermo.

Sannazzaro ebbe un moto di sorpresa.

"Se è cambiata l'impresa di pulizia, perché Rotunno è ancora lì? E poiché è ancora lì, di che cosa avrebbe dovuto vendicarsi?"

"Commissario, mi sono informato. Nel contratto del personale di pulizia, è scritto che il personale ha diritto di conservare il suo posto di lavoro e il suo trattamento economico, anche nel cambio dell'impresa titolare. È una clausola che serve a tutelare i dipendenti."

69

"Continuo a non capire quale possa essere il movente di Salvatore Rotunno."

"Suo personale nessuno, ma del suo padrone sì, perdere il museo Egizio per la *Pulital* è stato come perdere il fiore all'occhiello, in un momento nel quale, oltretutto, la situazione finanziaria della società è molto critica. D'altra parte si sa che la lotta per gli appalti di pulizia si sta facendo sempre più serrata, meno aziende che producono significa meno spazi da pulire."

Il commissario non nascose il suo stupore.

"Ma in tutto questo, cosa c'entra il professor Verona? Non mi sembrava il tipo che si occupasse di questi dettagli, caso mai sarà stato il ragionier Degregori a occuparsene, e dunque avrebbe dovuto essere il suo cadavere dentro il sarcofago, non quello del noto egittologo."

"Ho interrogato il ragioniere su questo punto, sono andato a trovarlo domenica alla bocciofila, e lui mi ha detto che invece Verona se ne era sempre occupato personalmente, sembra per amicizia verso il padrone della *Pulital*, al punto di dare velatamente a Degregori l'ordine di... insomma, di favorire la *Pulital*, fino a quest'anno."

Sannazzaro si strinse nelle spalle.

"Truccavano l'appalto, che brave persone, ma cosa è successo quest'anno che ha fatto cambiare idea al chiarissimo professore, un rigurgito di coscienza?"

"È lì, il bello: Degregori non ne ha la più pallida idea, sa soltanto che il professore un mese fa l'ha chiamato e con tono perentorio gli ha ordinato di non favorire nessuno, e così la *Pulital*, convinta che i giochi fossero fatti come al solito, ha perso l'appalto in favore della *Perfetta*, che ha da parte sua sfoderato il marchio di qualità ISO 9000 allo stesso costo. Mi sembra che a carico del padrone della *Pulital* ci sia un bel movente, cosa ne pensa, commissario? Oltre a tutto, l'alibi di Rotunno non è dei migliori, una serata passata in famiglia non vale quasi niente, le famiglie dei mafiosi sono quasi sempre complici."

"Questo è vero, ma è anche vero che quando un mafioso commette un assassinio, ha un alibi inattaccabile, fornito da amici compiacenti." Sannazzaro fece una pausa.

70

"Chi è il padrone della *Pulital*? È già riuscito a raccogliere notizie su di lui?"

"È un certo Saporiti, ma non ho ancora notizie su di lui: se ritiene che sia una buona pista, vado avanti."

"In questo momento non possiamo trascurare niente, vada avanti, anche se, ripeto, mi sorprende che Rotunno, il supposto sicario mafioso, non si sia procurato un alibi più solido che una serata in famiglia. Quando arrivano gli egittologi?"

"Gli egittologi arrivano a minuti, ed è anche arrivato il rapporto della scientifica sui rilievi fatti al Museo, il dottor Trozzi ha detto che non può venire, non ce la fa."

"Sarà una giornata dedicata allo studio, Pantosti: mi può anticipare qualche cosa del rapporto?"

"Oh, sì, commissario, niente."

"Come niente, ha visto qualcosa oppure no?"

"Appunto, ho visto…niente"

"Senta Pantosti, oggi non sono in vena, non mi faccia questi giochetti, cosa c'è nel rapporto?"

"Nel rapporto, come vedrà, si dice che non hanno trovato niente, nessuna traccia dell'assassino, proprio niente, come le dicevo, commissario."

"No, accidenti, non è possibile che non abbia lasciato tracce, è incredibile, Pantosti, mi dia il rapporto, secondo me o lei non l'ha letto con attenzione o non hanno cercato abbastanza."

Gli egittologi, cioè i due assistenti del professor Verona, arrivarono un attimo dopo, mentre il commissario aveva cominciato a esaminare il rapporto della scientifica.

I due assistenti erano provvisti di abbondante materiale esplicativo, costituito da una decina di caricatori di diapositive e da un proiettore. Si sistemarono nella sala riunioni attigua all'ufficio di Giulio Sannazzaro e fecero una dettagliata esposizione della mummificazione nell'antico Egitto. Dopo un paio d'ore, mentre Pantosti, nell'oscurità necessaria alla proiezione, veniva colto da attacchi di sonno, il commissario cominciò a spazientirsi. Alzò la mano, facendo segno di interrompere la proiezione, fece un grande sorriso e disse:

"Cari signori, noi siamo molto grati per la vostra dotta spiegazione, credo che ci interesserebbe anche approfondire l'argomento, ma il nostro problema, come mi sembrava di aver spiegato, è quello di sapere se il rituale è stato rispettato oppure no, e questo per capire se l'assassino è un esperto egittologo oppure uno che ha visto il film *La mummia* o poco di più.

I due assistenti lo guardarono, un po' sorpresi. Poi uno di loro disse:

"Beh, se questa è la domanda, credo non sia facile rispondere. Noi non conosciamo nei dettagli come è stato trattato il corpo del povero professor Verona."

"Su questo non ci sono problemi, qui c'è il rapporto della scientifica e la prima pagina è appunto dedicata a questo argomento." Il commissario porse ai due assistenti il rapporto del dottor Trozzi. In silenzio, si misero a leggerlo con attenzione. Dopo una ventina di minuti, uno di loro disse:

"Certamente, tenendo conto del tempo a disposizione, poco più di qualche ora è evidente che il rituale, la cui durata era di settanta giorni, non può essere stato rispettato. La lunghezza delle bende ad esempio nell'antico Egitto poteva raggiungere qualche centinaio di metri, le dita delle mani e dei piedi venivano bendate ad una ad una, mentre il rapporto ci dice che nel nostro caso era di una ventina di metri; l'estrazione del cervello attraverso le narici non è stata fatta, difatti è un'operazione lunga e delicata. Il corpo non è stato trattato con il *natron*, il sale che serviva a disidratare le carni; gli organi molli depositati nel vaso canopo non sono stati immersi nella resina, e potremmo ancora continuare."

Fece una pausa, poi proseguì, con una leggera esitazione.

"C'è ancora una cosa da aggiungere, che mi sembra alquanto misteriosa, ovvero la sorte riservata agli occhi, che nell'antico egitto non venivano conservati, né messi sul cadavere né nel vaso canopo, caso mai si infilavano nelle orbite del defunto occhi finti, in giada o pietre dure."

A questo punto l'altro dei due assistenti, il dottor Santinelli, che fino ad allora aveva ascoltato in silenzio la dissertazione del collega, intervenne.

"Io non sono assolutamente d'accordo con lei, caro Piacentin, sul fatto che l'occhio messo nella bocca del defunto non abbia nessuna attinenza con il rituale della mummificazione. Mi permetto, caro collega, di ricordarle i testi delle Piramidi di Unas, in particolare quelli della camera funeraria, sul muro nord, dove si dice (cito a memoria): *Oh Re Unas! Prendete l'occhio di Horus, che se ne è andato: io ve l'ho portato per metterlo nella vostra bocca.* Tutti ben sappiamo che Horus perse il suo occhio nella battaglia contro Seth, ma che poi esso fu risanato, potenziato e dotato di poteri magici dal dio Toth. E appunto per questo, nei testi della piramide di Unas, l'occhio di Horus viene offerto al re defunto. Quanto poi all'altro occhio, quello messo nel vaso canopo, potrebbe semplicemente trattarsi di un modo per metterlo da qualche parte, per non portarselo via." Concluse con un tono molto soddisfatto di sé il dottor Santinelli.

Il dottor Piacentin ribatté, abbastanza seccato:

"Non ho bisogno che mi ricordi i testi delle piramidi, dottor Santinelli, credo di conoscerli almeno quanto lei."

"Noi magari li conosciamo un po' meno, intervenne Sannazzaro, anzi, non li conosciamo affatto, tanto meno sapevo dell'esistenza di una piramide di Unas, per me le piramidi sono sempre state tre, quelle di Cheope, Kefren e Micerino, se ben ricordo quello che mi hanno insegnato a scuola. Potreste magari darci qualche informazione in più, in un tempo non troppo lungo, se è possibile?"

Santinelli ebbe un'espressione infastidita.

"Signor commissario, andiamo, sono cose che hanno richiesto decenni di studi, come può pensare che si possano ridurre a quattro parole?"

Piacentin non era d'accordo.

"Io invece credo che le quattro parole si possano trovare, quattro parole che aiutino il commissario nelle sue

73

indagini, siamo tutti ben lieti di aiutare la polizia a trovare l'assassino del professor Verona, non pensa anche lei, Santinelli?"

Santinelli brontolò qualcosa, allargando le braccia con aria rassegnata, ed il suo collega proseguì.

"Le piramidi in Egitto sono tantissime, quelle che tutti conoscono sono semplicemente le più grandi. Ad un certo punto della loro storia, ed esattamente alla fine della V dinastia – la storia dell'antico Egitto è scandita dalle dinastie dei faraoni che si sono succedute - nelle piramidi gli antichi egizi cominciarono a scrivere dei testi religiosi, i più antichi che siano mai stati scritti. Il primo faraone che fece fare queste iscrizioni nella piramide destinata ad accoglierlo dopo la morte è stato Unas, vissuto intorno al 2300 avanti Cristo, altri hanno seguito il suo esempio arricchendo via via quella che molti chiamano la "Bibbia degli egizi". Tra l'altro, signor commissario, nel Museo di Torino è conservato il papiro che si considera la copia più completa di questi testi sacri, il cosiddetto *Libro dei morti*.

Cosa troviamo in questi testi religiosi? Per essere molto sintetici, come lei mi ha chiesto, risponderei che sono il manuale per aggiudicarsi la vita eterna. Il re morto, per avere l'immortalità, deve attraversare sulla nave di Ra (il Sole) il mondo delle tenebre superando una serie di prove e compiendo, o meglio facendo compiere ai sacerdoti dei rituali ben precisi, talmente precisi che tutti pensiamo che risalgano ad antichità molto remote, ben anteriori al re Unas. Inoltre ci sono delle formule di scongiuro per noi assolutamente incomprensibili, come quella che recita *Sputo di muro! Vomito di mattone! Ciò che esce dalla vostra bocca si ritorca contro di voi!* ed altre di questo tipo, che fanno pensare a riti sciamanici, più che ad una religione strutturata. Direi che, come in altri grandi testi sacri, c'è tutto, la superstizione, la speranza nell'immortalità, il viaggio cosparso di pericoli e di prove da superare, la purificazione e l'assunzione al cielo."

Fece una pausa per prendere fiato. Vide che il commissario lo stava ascoltando con grande interesse, e rincuorato riprese a parlare.

"Ha ragione il mio collega, quando afferma che il rituale dell'occhio di Horus fa parte integrante della mummificazione. Infatti Horus è il figlio di Osiride, che per invidia è stato ucciso dal fratello di Osiride, Seth. A Seth, nella divisione del mondo fatta da suo padre Geb, il dio terra, era toccata la terra sterile, il deserto, mentre a Osiride era stata assegnata la terra fecondata dal Nilo. Seth con un tranello riesce a chiudere Osiride in un cofano ed a buttarlo in acqua, dove annega. La moglie Isis lo seppellisce, ma Seth, per essere ben sicuro che il fratello non tornerà più in vita, esuma il cadavere e lo taglia in quattordici pezzi che sparge per tutto l'Egitto. Isis però ricompone il corpo di Osiride e lo risuscita. La rinascita di Osiride è il rituale ed il senso stesso della mummificazione, il dio risuscita nonostante il suo corpo sia stato tagliato a pezzi. Osiride è sempre raffigurato avvolto parzialmente nelle bende, come una mummia in fase, diciamo così, di lavorazione.

Osiride e Isis daranno vita al figlio Horus, che per vendicare il padre e riavere il trono che gli spetta combatterà contro Seth. Durante il combattimento Seth strappa l'occhio sinistro di Horus, che in seguito il dio Toth – dio della sapienza e della medicina, inventore della scrittura – guarisce. Secondo la leggenda, l'occhio sinistro di Horus è la luna, quello destro il sole, e l'alternanza delle fasi lunari corrisponde ai combattimenti tra i due, quando Seth strappa l'occhio di Horus è il novilunio, quando Toth lo guarisce il plenilunio. Gli egizi ponevano sui defunti un amuleto a forma di occhio, l'occhio di Horus appunto, considerato come un talismano potente, ma non conservavano mai gli occhi del defunto, ed è per questo che ho detto, e ribadisco, che l'occhio del povero professore messo nella sua bocca è qualcosa che mi stupisce, che mi fa pensare ad un messaggio lasciato dall'assassino."

Sannazzaro accolse la frase finale di Piacentin con molto interesse.

"Se si tratta di un messaggio, quale sarebbe il suo significato, secondo lei?"

Piacentin si scosse nelle spalle.

"Il combattimento tra i due dei simboleggia la lotta tra il bene (Horus) ed il male (Seth). Può far pensare a qualcuno che ha voluto fare giustizia."

Santinelli intervenne, con aria trionfante.

"E qui lei si sbaglia, caro collega!"

"Ah sì, e perché mai?"

"Perché lei non lo sa, ma io sì: la notte del delitto era il novilunio, quindi la notte della vittoria di Seth, ovvero della vittoria del male, esattamente il contrario di quanto lei ipotizza."

Il commissario interruppe la disputa, cominciava ad averne abbastanza.

"In conclusione, possiamo almeno dire sì o no che l'assassino è un esperto in egittologia?"

I due assistenti si guardarono, poi Piacentin sentenziò:

"Possiamo dire che conosce l'argomento abbastanza bene, non necessariamente che è un egittologo, diciamo che può essere chiunque tra i frequentatori assidui, gli amici del Museo o gli studenti."

Quindi, siamo al punto di prima, si disse il commissario, abbiamo perso tre ore di tempo. Forse non tutte, l'allusione ai testi delle piramidi poteva condurli nella direzione di un folle maniaco che voleva ripercorrere gli antichi riti, dunque che avrebbe potuto uccidere ancora. Ed il mito dell'occhio di Horus? La lotta tra il Bene e il Male, si trattava dunque di un giustiziere? No, se era vero quello che aveva detto Santinelli, si trattava del Male trionfante. Ma poteva anche essere una falsa pista fabbricata ad arte dal giustiziere misterioso.

Nessuno più del professor Damiani poteva meglio incarnare quel ruolo, ma a parte il suo carattere collerico, che lo rendeva poco credibile come autore di un delitto molto ben congegnato, era difficile pensare che avrebbe avuto per Verona il riguardo di non fargli provare alcun dolore, era molto più facile pensare che lo avrebbe sventrato vivo e cosciente.

In quel marasma di corpi tagliati a pezzi e di lotte tra Dei, l'ipotesi di un sano movente economico – mafioso, ovvero la pista degli appalti truccati, appariva a Sannazzaro come un porto tranquillo in un mare tempestoso. D'altra parte, non era forse vero che la mafia uccideva sovente seguendo, anch'essa, macabri rituali? L'occhio nella bocca poteva voler dire che aveva visto o parlato troppo, o tutte due le cose, perché no? Ed il resto una messa in scena per far incolpare qualche egittologo.

Congedò i due assistenti ringraziandoli per la preziosa collaborazione, e si immerse nella lettura del rapporto della squadra del dottor Trozzi.

Purtroppo, Pantosti aveva ragione. La sola cosa che avevano potuto rilevare erano state delle impronte di piedi, impronte lasciate da delle calzature di tipo non determinato sopra le quali erano stati indossati dei calzettoni. Ciò rendeva impossibile qualunque ricerca comparativa su impronte di suole, e rendeva anche molto problematica la determinazione precisa della misura delle scarpe, e quindi di quella del piede, perché i calzettoni a loro volta potevano essere stati riempiti di qualche cosa per simulare appunto un piede più grande. L'unica informazione era che al massimo il piede poteva avere la taglia 46, il che voleva dire che era compresa tra il 37 ed il 46, intervallo nel quale si situava grossomodo il 95 per cento della popolazione italiana adulta. Sempre di più il delitto appariva ordito da una mente diabolica, studiato e preparato con cura nei minimi dettagli.

Valchiusella, 14 Ottobre 1944

La notte era scesa, nessuna squadra nemica era salita a cercarli. Ettore e Marco decisero di partire. Nascosero le armi in fondo alla balma, coprendole con un mucchio di pietre. Le armi li avrebbero appesantiti, e nel caso di un incontro con una pattuglia tedesca o fascista avrebbero significato la morte certa. Senz'armi, potevano sempre dire di essere due ragazzi a zonzo per la montagna, non era molto credibile ma potevano provarci. Prima di partire, diedero uno sguardo al loro rifugio. Luigi prese la mano del suo compagno, la strinse, poi abbozzò un sorriso malizioso.

"Sei proprio sicuro di voler partire subito, immediatamente?"

Ettore lo abbracciò e gli sfiorò le labbra con le sue.

"Sì, sono sicuro. Verrà il tempo per noi, ma non è adesso. Andiamo."

In silenzio, cercando di fare il minor rumore possibile, s'inerpicarono per il sentiero che saliva a zig zag sul ripido pendio sovrastante la balma.

Commissariato Torino Centro, 30 Ottobre 1995, lunedì pomeriggio.

Dopo l'esame del rapporto della scientifica, Giulio Sannazzaro decise di farsi del male e cominciò ad aggredire la montagna di carta che giaceva sulla sua scrivania e che trascurava da qualche giorno, preso com'era dal caso Verona. La sua mente però era come un mulo testardo, come uno di quelli che gli avevano rifilato durante il servizio militare nelle truppe alpine, che con le orecchie abbassate e le zampe anteriori puntate al suolo si rifiutava di avanzare di un solo millimetro. Così i suoi pensieri continuavano a passare da Renata De Marinis al professor Damiani, mentre sfogliava le carte accumulate sulla sua scrivania senza riuscire a leggerle. Ma quando lo sguardo gli cadde sulla frase "rapporto sulla signora Renata De Marinis" i suoi sensi si risvegliarono di colpo.

Dunque, brontolò tra sé e sé scorrendo il rapporto, casellario giudiziario nulla, antiterrorismo nulla, antimafia neanche, nata a Biella il 24 Aprile 1951, figlia di Gerardo De Marinis e di Giosiana Donato, laureata in Lettere Classiche con tesi in Egittologia a Torino, nel 1975 con 110 su 110, lode e dignità di stampa, perbacco che genio, sposata a Luigi Verona nel 1976, ah ecco il perché di voti tanto alti, professione casalinga, membro del Lion's club, mi sembra ovvio, del club del golf della Mandria, anche questo è ovvio, seguiva un altro elenco di associazioni varie, infine il capitolo "proprietà immobiliari", ah, dunque, vediamo un po'...villa a San Mauro su tre ettari di terreno, accidenti, spero di non dover farci una perquisizione, uno stabile di cinque piani in corso Galileo Ferraris tutto affittato, uh che lavoro duro passare a prendere i soldi, la poverina avrà male ai piedi, oh, ma guarda, anche un condominio di nove piani di recente costruzione in corso Unione Sovietica, tutto affittato pure lui, un alloggio a Cervinia a Cielo Alto, una casa a Corniglia... Giulio Sannazzaro fece un salto sulla poltrona e gli venne un grido strozzato.

L'aveva preso in giro doppiamente, prima aveva dichiarato di avere una casa a Corniglia, poi aveva ordinato al gestore del bar di dire che lei non esisteva, non solo non si preoccupava di rendere credibile il proprio alibi ma, al contrario, faceva di tutto per complicargli la vita, nonostante la sua esperienza di poliziotto, una simile arroganza lo coglieva del tutto impreparato.

Il rapporto proseguiva con un elenco di altre proprietà immobiliari sparse un po' dappertutto ma in maggioranza in Piemonte; ormai il resto non aveva più alcun interesse per lui. Perché Renata De Marinis si comportava in quel modo? Decise di scoprirlo, afferrò il *loden*, disse al piantone che usciva per servizio, balzò sulla prima auto che trovò in cortile e con un grande stridore di gomme si diresse verso la Torino – Genova.

Arrivò a Corniglia che erano passate le otto di sera, nonostante avesse approfittato della sirena per infrangere tutti i divieti di velocità. Si precipitò al bar della piazzetta, che data l'ora e la stagione era chiuso, e si mise a battere con i pugni sulla serranda, fino a quando una finestra al primo piano si aperse, e il signore corpulento lo accolse con un'espressione infastidita.

"Ancora lei, ma cosa vuole adesso, non vede che siamo chiusi?"

"Sono il commissario di polizia Giulio Sannazzaro, lei adesso scende immediatamente e risponde alle mie domande, se non vuole una denuncia per falsa testimonianza, per avermi detto la volta scorsa che qui non abitava nessuna signora Verona."

"Oh Mio Dio, che guaio, la polizia, vengo, vengo subito." Il signore corpulento chiuse la finestra, e dopo un attimo sollevò la serranda del bar.

"Venga, venga, si accomodi, posso offrirle qualche cosa, mi dica." Il tono era spaventato, untuoso e deferente.

"No, grazie, sono in servizio, mi dica piuttosto lei, perché mi ha mentito venerdì scorso?"

"Ma sant'Iddio, perché non mi ha detto che era della polizia? Io ho l'ordine assoluto della signora Verona, ovvero della signora De Marinis di dire che lei non c'è, anzi che non esiste proprio, che non c'è mai stata. Lei viene qui da

80

sempre, da quando era ragazza, per stare tranquilla e indisturbata, è la casa dei suoi nonni, e suo marito, il povero professor Verona, non veniva volentieri, non gli piaceva il mare, diceva, quindi questo è sempre stato il suo rifugio, anche quando litigavano fra di loro…"

"Perché, litigavano?"

"Ma sì, può darsi, qualche volta, io non ne so molto, la signora non è incline alle confidenze, posso solo dirle che ultimamente era qui sempre più spesso, sa, magari, con il passare degli anni tutti i matrimoni possono essere in crisi."

"Quando è stata l'ultima volta che l'ha vista qui?"

"Adesso è qui, è arrivata Sabato sera."

"E prima, quando è stata qui?"

"Mi pare anche il week end prima."

"E quando è partita?"

"Non posso essere preciso, mi dispiace. Lei non mi dice quando arriva e quando parte, passa qui qualche volta, le preparo o pranzo o cena o colazione, io so soltanto che se qualcuno mi chiede di lei, devo dire che lei non esiste, punto." Giulio Sannazzaro non insistette. Era evidente che Renata De Marinis non teneva al corrente il barista dei suoi spostamenti, per la gran signora lui doveva eseguire gli ordini, come un qualsiasi sottoposto.

Giulio Sannazzaro doveva riflettere. Ritornò sulla propria decisione di non consumare nulla e chiese al padrone del locale qualcosa da mangiare, uno dei suoi principi era che non bisognava mai prendere decisioni importanti a stomaco vuoto, e quindi addentò con piacere una squisita focaccia al formaggio seguita da un ancor più squisito coniglio alle olive il tutto accompagnato dal vino locale, all'altezza della cena. Mentre mangiava, valutava i pro e i contro di una visita alla signora De Marinis nella sua villa di Corniglia. Prima di cena l'impulso era stato quello di andarci di corsa, farsi aprire gridando "aprite, polizia!" ammanettarla, trascinarla fino all'auto, portarla in commissariato e sbatterla in cella in stato di fermo per falsa testimonianza.

Dopo cena, i suoi propositi diventarono meno bellicosi. Si ricordò delle raccomandazioni del questore, si disse che andare da lei, a casa sua, se non era per arrestarla ma solo per interrogarla lo metteva comunque in posizione più debole che non farla venire in Commissariato, dove comunque poteva contare sulla presenza di testimoni. Già, perché nulla avrebbe impedito alla vedova di accusarlo di irruzione illegale, magari di intimidazione, e perché no di violenza. Per un attimo davanti i suoi occhi passò l'immagine di Renata De Marinis scarmigliata e seminuda, ammanettata e alla sua mercé, ma la cacciò immediatamente, chiese il conto che ovviamente gli venne rifiutato, ringraziò per l'ottima cena e, alzandosi dal tavolo, concluse:

"Visto che lei è un modello di discrezione, vorrei che nessuno, in particolare la signora De Marinis, sapesse di questa mia visita. Mi posso fidare di lei, signor?"

"Signor Anselmo Guerra, certo, sarò muto come un pesce, commissario, può fidarsi di me."

Giulio Sannazzaro sfoderò uno dei suoi migliori sorrisi: "Ne sono sicuro, signor Guerra, anche perché in caso contrario, sa, possono succedere tante cose sgradevoli, può arrivare l'ufficio di igiene, la finanza, insomma, ci siamo capiti."

Anselmo Guerra aveva capito benissimo, e il commissario prese la via del ritorno.

Quando arrivò a casa, trovò Irina Vassilieva che lo aspettava, sprofondata nella vecchia poltrona, immusonita. Come aperse la porta, lo investì con una valanga di espressioni russe, che non dovevano certo essere dei complimenti: era una sua simpatica abitudine, che non abbandonava, anche se varie volte Giulio Sannazzaro aveva spiegato alla sua amante che non ci capiva assolutamente nulla.

Poi Irina era passata all'italiano. Gli aveva ricordato i rischi che lei si accollava per venirlo ad incontrare, di come facesse i salti mortali per sistemare la figlia Tatiana e trovare delle scuse plausibili per il marito, e poi di come lei lo amasse e di quanto lui non si curasse di lei se non per fare sesso, e dunque di quanto lei fosse disgraziata, infelice e trascurata. A questo punto Irina si mise a singhiozzare rumorosamente, tanto forte che Pupa, credendo che fosse il latrato di un altro cane, si mise a sua volta ad abbaiare, fino a che il commissario non gridò: "Basta, silenzio!"

Fu ascoltato, e tutti, di colpo, tacquero. Siccome sapeva che dopo sarebbe venuto l'interrogatorio, Giulio Sannazzaro decise di tagliare la testa al toro.

"Sono stato a Corniglia, per verificare l'alibi di Renata De Marinis."

Irina si asciugò le lacrime con un piccolo fazzoletto ricamato e lo guardò sorpresa. "Non mi dirai che è sospettata?"

Il commissario ebbe un gesto di stizza.

"E perché non dovrei sospettarla, secondo te?"

"Ma, non so, una signora così elegante, così gentile, fare una cosa così orribile."

"Sapessi quante persone eleganti, raffinate e gentili, ho visto fare cose orribili... ma tu cosa ne sai, di Renata De Marinis?"

"Ma io la conosco benissimo, non te l'ho detto?"

"No, accidenti, le cose importanti non me le dici mai. Come e quando l'hai conosciuta?"

"Tu sai che per vendere le mie cosette russe io organizzo delle serate fra signore, che devono necessariamente essere ricche, per comprare quello che vendo, e una frequentatrice   assidua delle mie serate è appunto lei, che ha molto gusto e compra parecchio, sai, con tutte le case che abita, ne ha di spazio per icone e soprammobili." Fece una pausa, e proseguì:

"Una volta, alle mie serate, è venuta anche tua figlia, sarà qualche mese fa, non te l'ha detto?"

"Mia figlia non mi dice gran che, sono più io che le racconto tutto, adesso mi ricordo che te l'ho mandata, voleva fare un regalo un po' speciale a suo marito per il compleanno, ma non mi ha raccontato della De Marinis."

Giulio Sannazzaro cercò di avere da lei qualche notizia sulla vita privata di Renata De Marinis ma Irina era passata dalla gelosia alla tenerezza, dopo la scenata aveva un urgente desiderio di fare la pace, e cosi non gli diede molte notizie, tranne un "credo che ultimamente avesse problemi con il marito, ma dopo vent'anni, chi non ne ha…"

Museo Egizio di Torino, martedi 31 Ottobre 1995, mattino

Sannazzaro aveva deciso di ritornare sul luogo del delitto. Il rapporto del dottor Trozzi non lo soddisfaceva, era convinto che qualcosa gli fosse sfuggito. Conosceva bene gli agenti della scientifica, erano estremamente coscienziosi, ma come tutti coloro che hanno l'abitudine di guardare il dettaglio, potevano essersi lasciati sfuggire qualcosa di grosso. La leggenda di Horus e Seth poi, assieme alla complicatissima mitologia egizia, lo attirava e lo respingeva allo stesso tempo. Nell'attesa che la pista degli appalti di pulizia desse qualche risultato, valeva la pena continuare ad indagare su quella che appariva più logica, la pista del delitto a sfondo magico – religioso. Incaricò dunque Pantosti di cercargli il dottor Piacentin chiedendogli di trovarsi al Museo alle dieci.

Dopo un'accurata ispezione nella sala delle mummie, il commissario fu costretto ad ammettere che l'*equipe* di Trozzi non aveva tralasciato nulla, e cosí decise di andare, accompagnato dal dottor Piacentin, nella sala dove era esposta la famosa copia dei libro dei morti, orgoglio del Museo. Quando fu davanti al lunghissimo papiro, appeso in alto lungo tutta una parete e protetto da una spessa lastra di vetro, provò un senso di delusione. Che significato potevano avere, per un banale laureato in legge tutti quei segni misteriosi, terribilmente piccoli, in mezzo ai quali ogni tanto c'era qualche figura un po' più grande, figure umane con teste di animali, tutte rigorosamente messe di traverso, come appiattite da un rullo misterioso?
Piacentin colse la sua delusione e sorrise.
"La capisco, commissario, sembra una cosa assolutamente misteriosa e indecifrabile, ma mi creda, non è così. Certo, ci vuole tanta pazienza, ma alla fine se ne viene a capo, la scrittura egizia è perfettamente conosciuta. Cosa si aspettava di vedere, esattamente?"
Sannazzaro scosse il capo.

"In realtá, non lo so neanch'io. Cerco una traccia, qualcosa che ricolleghi la lotta tra Horus e Seth e l'assassino, o la sua vittima, che mi dia un movente, che spieghi il perché dell'occhio messo nella bocca. In questa specie di libro a fumetti, dov'è che trovo Horus e Seth? Che aspetto hanno?"

"Horus è un uomo con la testa di falco, mentre la testa di Seth non appartiene ad un animale preciso, sembra un miscuglio di piú animali, come a dire che il male ha molte facce, è sfuggente, misterioso. Il dio che gli somiglia maggiormente è Anubi, con la testa di sciacallo. Aspetti, vado a prendere un paio di scale, potremo vedere meglio."

Il commissario fece un cenno di diniego.

"Dottor Piacentin, io non credo che voi per fare i vostri studi vi arrampichiate sulla scala con una lente di ingrandimento: avrete ben delle copie su cui lavorare, spero."

"Si, certo, io credevo che lei volesse vedere l'originale, anzi, se andiamo in biblioteca posso farle vedere anche dei papiri con la raffigurazione di Seth, oltre alla psicostasia, che è quello che volevo farle vedere sui libro dei morti." *La psicostasia, la più antica raffigurazione del giudizio divino,* pensò ripescando nei suoi ricordi universitari, *il cuore del defunto viene messo sul piatto di una bilancia, mentre sull'altro piatto viene posata una piuma. Se il defunto ha avuto una vita onesta il suo cuore sarà leggero come una piuma e potrà meritare la vita eterna vivendo in una specie di paradiso, se no gli succederà qualcosa di terribile.*

Mentre si concedeva un piccolo spuntino in un bar di Piazza Castello prima di rientrare in ufficio, ripensò a quanto aveva appreso dal dottor Piacentin. Una cosa l'aveva particolarmente colpito: la teoria del professor Verona sull'animale misterioso scelto per raffigurare la testa del dio Seth, il malvagio.

Secondo Luigi Verona, l'animale era il lupo, animale non presente in Egitto nell'epoca dei faraoni, ma che poteva esserci stato durante il precedente periodo glaciale, quando al posto del deserto c'erano vaste distese

86

erbose, ricche di selvaggina. Il ricordo ancestrale di quel predatore sarebbe stata l'origine del mito di Seth, il dio della vita selvaggia, quella dei cacciatori, contrapposto al mito di Horus, il dio della vita agricola e cittadina, insomma, il caos primitivo contro l'ordine della civiltà. Piacentin aveva citato questa teoria con il rispetto dovuto al defunto, ma con l'aria molto poco convinta. Probabilmente, rimuginò Sannazzaro mentre finiva il suo piatto di insalata di riso, era una di quelle teorie poco ortodosse che avevano scandalizzato Damiani, e che invece erano tanto care sia agli studenti che ai giornalisti sempre a caccia di notizie sensazionali. *Se tutto questo aveva un qualsiasi legame con il delitto, dipanare una matassa così intricata sarà molto, molto duro,* si disse, mentre camminando sotto i portici arrivava in via Po, per attraversarla e raggiungere il Commissariato.

Commissariato Torino Centro, 2 Novembre 1995, giovedì mattina.

Sannazzaro entrò in ufficio con il giornale cittadino sottobraccio. Aveva chiesto ai suoi collaboratori di ignorare la festività dei defunti, l'indagine sul delitto Verona era seguita con molta attenzione da tutta la città e non poteva permettersi passi falsi.

Aprì il giornale, ed il titolo in prima pagina lo colpì come un pugno nello stomaco. Il titolo recitava: "Delitto Verona, la polizia, come al solito, brancola nel buio." Si sprofondò sulla sedia, chiuse gli occhi e costruì mentalmente una scena, nella quale un gruppo (branco?) di giornalisti bendati vagavano, o meglio, brancolavano in una specie di deserto, ove il terreno era perforato da una serie di pozzi, al fondo del quale si drizzavano lance acuminate, e ogni tanto uno di loro cadeva dentro uno di quei pozzi e urlava, urlava selvaggiamente prima di morire. Lo squillo del telefono interruppe bruscamente quella visione deliziosa. Era il dottor Gramaglia, con la voce più mielosa del solito.

"Giulio, mio caro, non so se ha letto il giornale..."

Il commissario disse che l'aveva letto. Poi cercando di mantenere la calma cominciò dalla mancanza di risorse, proseguì tessendo le lodi dell'intelligenza dell'assassino, gli disse che Renata De Marinis gli aveva mentito e che aveva ricevuto soltanto da un giorno il rapporto di autopsia. Di là del filo, ci fu un momento di silenzio. Poi la voce mielosa riprese:

"Ha tutte la ragioni, Giulio, io so benissimo che siete assolutamente insufficienti ma vede, Giulio, non è per criticare, io ho l'impressione che lei si stia muovendo, mi perdoni, anche in direzioni diciamo non prioritarie. Ad esempio, perché si accanisce contro la vedova ma lascia andare il professor Damiani? E che ne è della misteriosa ragazza bruna?" Quest'ultima domanda lo fece ammutolire. Stava per dare al questore una lezione di democrazia, spiegando l'uguaglianza davanti alla legge della ricca vedova e del povero assistente, ma si era ricordato che si era, appunto, dimenticato di chiedere conto a Salviati della ragazza bruna. Farfugliò un po' di scuse e qualche promessa di fare dei progressi, mise giù il telefono, chiamò il centralino e urlò di mandargli subito Salviati, vivo o morto.

Salviati fece il suo ingresso nell'ufficio del commissario, con l'aria soddisfatta di chi ha fatto il proprio dovere. Giulio Sannazzaro lo investì.

"Venerdì le avevo chiesto di trovarmi la misteriosa ragazza bruna, e lei che ha fatto? Eh? Che ha fatto? È andato a sciare, per rifarsi la tintarella?"

"Signor commissario, io ho fatto quanto mi ha chiesto, ho trovato chi è, cosa fa e dove abita, poi aspettavo che lei avesse tempo di ricevermi per sapere cosa dovevo fare dopo. E comunque, aggiunse, non avendo assolutamente capito l'ironia contenuta nella domanda del commissario, comunque non c'è proprio ancora neve, salvo che a Cervinia, naturalmente."

Il commissario prese fiato, per evitare di soffocare per l'ira. Poi, con calma, chiese:

"Va bene. Mi dica allora chi è, dov'è, eccetera."

"Si chiama Giuliana Croverio, abita più o meno vicino a lei, commissario, in via Saluzzo, ha ventidue anni e frequenta la facoltà di lettere…"

Giulio Sannazzaro l'interruppe bruscamente.

"Croverio, è il nome del padrone dell'impresa di pulizia che ha preso l'appalto del museo, lei si è informato su cosa fanno i suoi genitori, spero?"

"Ma certo, commissario, la madre è casalinga, il padre, il geometra Alessandro Croverio, è appunto il titolare dell'impresa di pulizia *La perfetta.*"

Giulio Sannazzaro cacciò un urlo di esultanza. "Ecco, è la pista della pulizia, è la *cleaning connection,* ha ragione Pantosti, grazie Salviati, lei ha fatto un ottimo lavoro, vada pure e mi chiami Pantosti, urgentemente."

No, non poteva essere una coincidenza. Il professor Verona, preso da un folle amore per la bella Giuliana, per conquistarla aveva deciso di troncare il rapporto mafioso con la *Pulital* e di dare l'appalto alla ditta di suo padre. Chi meglio di un addetto alle pulizie conosceva tutti i segreti

89

meandri dell'edificio nel quale lavorava da dieci anni? Chi meglio di lui, provvisto delle chiavi di tutte le porte, poteva far entrare e uscire inosservato bende, bisturi e tutto il necessario per squartare il Conservatore? Infine, dopo dieci anni al Museo, anche una persona non enormemente colta poteva aver imparato quel tanto che bastava a mettere in scena un simulacro di mummificazione.

Pantosti arrivò in pochi minuti. Il commissario era già in piedi con il *loden*.

"Mi ha convinto, Pantosti, la pista dell'appalto sembra sempre di più quella giusta, sopratutto dopo che ho saputo che il padrone de *La Perfetta* è il padre della misteriosa ragazza bruna, che passava notte e giorno nell'ufficio del professore. Andiamo nella tana del lupo, cioè nell'azienda di Saporiti, per prenderlo di sopresa. Immagino che lei, Pantosti, abbia già il suo indirizzo?"

"Certo che ho l'indirizzo, ma oggi è festa, che dice, ci sarà qualcuno?"

"Faccia una telefonata, inventi una scusa, dica che vuole un preventivo per la pulizia di un ufficio."

La *Pulital* era aperta, evidentemente la sua situazione finanziaria poco brillante la costringeva ad essere molto disponibile. Il commissario, convinto che a parte quelle di un omicidio sicuramente avrebbero almeno trovato numerose prove di appalti truccati, decise di fare le cose in grande, chiamò a raccolta i cinque agenti disponibili, e a bordo di due pantere partirono a sirene spiegate verso la sede della *Pulital*. Durante il tragitto, pensò per un attimo a quanto gli sarebbe piaciuto che la loro direzione, invece della sede della *Pulital*, fosse stata la grande villa di San Mauro, e si trovò di nuova a pensare a Renata De Marinis, discinta, scarmigliata e terrorizzata, ammanettata e portata a forza da due agenti di fronte a lui. Quella donna lo turbava, e non sapeva perché. Certo, era molto bella, ma di sicuro non era la prima bella donna che vedeva nella sua vita. La sua arroganza lo faceva uscira dai gangheri, si sentiva sfidato ed la voglia di renderle pan per focaccia si intrecciava con il desiderio che provava per lei. *Doveva essere questo che lo turbava*, si disse. La voce di Pantosti interruppe le sue

90

fantasticherie con uno squillante; *"Semo 'rivati, Commissa'"*

La sede della *Pulital* era situata in una vecchia villa in via Cigna, verso l'autostrada per Milano. Doveva trattarsi di una residenza signorile, che aveva conosciuto passati splendori. Un gigantesco cedro del libano nascondeva quasi interamente la costruzione, in stile *liberty*. Le auto della polizia entrarono per lo stretto cancello nel cortile inghiaiato, frenarono slittando rumorosamente e rischiando di fracassarsi una contro l'altra. Poi gli agenti, guidati dal commissario, balzarono a terra e si diressero correndo verso l'unica porta di ingresso. Dietro ad un banco una giovane donna magra, bionda e con il mento prominente stava parlando concitatamente al telefono. Come vide gli agenti impallidì e posò immediatamente il ricevitore. Giulio Sannazzaro afferrò al volo la situazione.

"Hanno avvertito il capo, presto, al primo piano!" Il suo occhio esperto aveva immediatamente individuato la scala a destra del banco. Salì i gradini a due a due, seguito dai suoi agenti e fecero irruzione nell'ufficio sulla cui porta spiccava una targa spropositata con scritto "dott. arch. Mariano Saporiti – Amministratore Delegato".

Quest'ultimo stava appunto spingendo furiosamente dei documenti dentro la macchina trita carta, ma l'aver voluto fare inghiottire alle pur robuste mascelle dell'apparecchio anche la copertina di cartone di un classificatore aveva ingolfato il tritatutto. Il commissario gridò:

"Mariano Saporiti, lei è in arresto, smetta immediatamente di distruggere documenti, tutto quanto si trova qui è sotto sequestro, ma mi ascolta, maledizione?"

Lui fece finta di non aver sentito e tentò di riattivare il tritadocumenti spingendo furiosamente sul bottone di avvio. Ci vollero due poliziotti per immobilizzarlo, era un uomo dalla corporatura molto robusta, ma alla fine riuscirono a staccarlo dall'apparecchio, ad ammanettarlo e a caricarlo su una delle pantere. Il commissario salì con lui, mentre gli altri poliziotti si misero a perquisire la sede della *Pulital* e i suoi impiegati.

Commissariato Torino Centro, sala degli interrogatori, 2 Novembre 1995, giovedì verso mezzogiorno.

Il dottor architetto Mariano Saporiti era seduto di fronte al commissario, nella sala degli interrogatori. Il mento e la fronte sfuggenti, assieme ad un naso spropositato gli davano l'aspetto di un gigantesco uccello.

"Perché sono qui?" Dopo l'arresto, aveva ripreso il controllo di se stesso.

Il commissario, che aveva davanti a sé una copertina portadocumenti gli rivolse il più radioso dei suoi sorrisi, aperse la copertina e cominciò a sfogliarne distrattamente il contenuto.

"Dunque, dottor architetto Mariano Saporiti, nato a Torino nel 1951, fermato e poi rilasciato più volte per adunata sediziosa, insulti e resistenza alle forze dell'ordine, membro attivo di numerosi gruppuscoli di estrema sinistra, laureato in architettura nel 1974, comincia la sua attività nel ramo delle pulizie organizzando cooperative incaricate di pulire sedi di partiti od organizzazioni di sinistra; nel 1980 si mette in proprio e aumenta la sua clientela, acquisendo, oltre alla pulizia di sedi di detti partiti e organizzazioni, anche le pulizie di strutture comunali, municipi, scuole e sedi amministrative.

È ormai talmente lontano dalle sue origini ideologiche, da beccarsi due denunce da parte di suoi collaboratori per comportamento antisindacale e mancato versamento dei contributi amministrativi, denunce misteriosamente ritirate dai detti collaboratori, si presume in seguito a ricatti e/o intimidazioni. Nel 1985 si aggiudica l'appalto per le pulizie del Muse Egizio, cosa che gli permette di presentarsi come specialista del ramo, e aggiudicarsi via via la Galleria d'arte moderna, il Museo di Palazzo Madama e il Palazzo Reale. È tutto giusto, fino qui?"

Mariano Saporiti scrollò le spalle, come se tutto quanto detto non lo riguardasse minimamente.

"Ripeto: perché sono qui?"

"Lei è qui per una serie di ragioni, Dottor? O Architetto? O entrambi? Mariano Saporiti. Un certo numero di ragioni sono in quei documenti che lei cercava disperatamente di distruggere, avvertito dalla sua segretaria – e si tratta di gare d'appalto truccate, e quindi di corruzione e quant'altro ad esse collegato – ma in più c'è una ragione ancora più grave, dottor Saporiti." Giulio Sannazzaro fece una lunga pausa a effetto. "Noi sospettiamo che lei sia coinvolto nell'omicidio del professor Luigi Verona."

"Questa è proprio bella! Io…io avrei ucciso il professor Verona? E perché l'avrei fatto?"

"Perché il professor Verona le ha tolto l'appalto, nel senso che ha smesso di truccare la gara per favorire la *Pulital* e dunque ha vinto il migliore, cioè *La Perfetta*, e lei questo non l'ha perdonato, al professore."

"Lei vaneggia, commissario. In questo periodo ho perso altri appalti, e se dovessi uccidere tutti, avrei già fatto una strage."

"Ma questo era il più prestigioso, era il suo fiore all'occhiello, era quello che le permetteva di presentarsi come lo specialista dei musei, e adesso sarà *La Perfetta* a presentarsi come tale, lei rischia di perdere anche tutti gli altri appalti nel ramo, per cui ha deciso di vendicarsi uccidendo il professore e accanendosi sul suo cadavere, mettendo in scena una specie di mummificazione per far cadere il sospetto su qualche egittologo."

"Commissario, ho un alibi inattaccabile per la sera del delitto." Qui Saporiti fece, come poco prima il commissario, una lunga pausa per dare più enfasi alla successiva dichiarazione. "Ero a cena dal dottor Ravasio, il sindaco di Torino - e se non ci crede, glielo chieda pure." Aggiunse trionfante, appoggiandosi allo schienale della sedia.

Giulio Sannazzaro non si scompose.

"Io non ho detto che l'ha ucciso lei, Saporiti. Ho detto, le ricordo, che la sospettiamo *implicato* nell'omicidio, che vuol dire complice, o meglio, *mandante,* ma, come lei sa, egualmente colpevole."

"E chi sarebbe il mio complice?"

94

"Troppo facile, Saporiti, le dico solo che sappiamo chi è e siamo sicuri che alla fine parlerà, magari in cambio di un patteggiamento… chi sa, vedremo. Intanto, lei rimane in stato di fermo per appalto truccato, reato sul quale abbiamo precise testimonianze oltre alle prove che sono sicuro troveremo nei suoi uffici, per non parlare di quello che potrà trovare la finanza, che passerà al setaccio tutta la contabilità della sua azienda. Portatelo via!"

Lo guardò con soddisfazione uscire dalla sala degli interrogatori a capo chino, il personaggio gli era enormemente antipatico, ma gli sembrava di più un meschino furbetto atto a navigare nel mare ormai divenuto tempestoso degli appalti e delle tangenti, piuttosto che un assassino feroce, abile e determinato. In ogni caso, meritava di passare un po' di tempo in galera, concluse tra sé e sé Giulio Sannazzaro.

Mentre lui era alle prese con l'amministratore delegato, Pantosti aveva messo sotto torchio Salvatore Rotunno. Lo chiamò per sapere come era andata. Come previsto, aveva negato ogni cosa, con molta determinazione. Quando però gli era stata proposta una riduzione di pena, in cambio della sua collaborazione, ovvero della confessione che il delitto gli era stato ordinato da Saporiti, si era ammutolito e da quel momento non aveva più aperto bocca.

"Cosa ne pensa, commissario, è una specie di confessione, non le sembra? Io credo che siamo sulla strada giusta, bisogna solo tenere duro, prima o poi crolleranno."

Sannazzaro rispose con qualche espressione di generico ottimismo, ma non era molto convinto di essere vicino alla soluzione del caso. Congedò Pantosti, si allungò sulla poltrona e si mise a fissare il soffitto, una posizione che lo aiutava a riflettere. *Giuliana Croverio, la misteriosa ragazza bruna. Che ruolo poteva avere nella vicenda, naturalmente, se l'aveva?* Se una delle ipotesi possibili era che il professore, la cui civetteria di tingersi i capelli lo faceva supporre attirato dalle giovani allieve, si fosse innamorato di Giuliana Croverio, e che sull'onda della passione senile avesse deciso di favorire l'azienda del padre, lei cosa c'entrava in tutto questo? Assolutamente nulla, si disse Sannazzaro, qualunque fosse il motivo della scelta di Luigi Verona, e posto che proprio quella scelta fosse stata la sua condanna a morte, non aveva alcun interesse.

Se, invece, la pista dell'appalto truccato fosse stata una falsa pista, e che fosse l'amore il movente del delitto, allora valeva la pena interrogare la ragazza, come sospettata di aver ucciso Luigi Verona di fronte ad un suo rifuto di divorziare dalla ricca moglie, che gli finanziava, secondo le dichiarazioni di Damiani, scavi e ricerche. Sannazzaro sospirò soddisfatto. Aveva trovato un motivo per appagare la sua curiosità nei confronti della ragazza bruna e di far contento il suo capo. Lo faccio contento e pure cornuto, pensò, e l'idea maligna gli mise allegria.

Commissariato Torino Centro, giovedì pomeriggio

Giuliana Croverio era seduta nella sala degli interrogatori visibilmente preoccupata per quella convocazione improvvisa fattale da un agente, che l'aveva invitata con cortesia ma con decisione a seguirlo in Commissariato. Era alta, bruna, il viso dall'ovale perfetto, aveva il corpo ben fatto e nello stesso tempo atletico, il che faceva pensare ad una pratica di qualche sport di armonia e di forza. L'ansia la faceva alzare e sedere continuamente, e la sua andatura era come quella di un grande felino, morbida e potente. Indossava un paio di jeans debitamente stinti e una maglietta chiara, ai piedi calzava scarpe da ginnastica. I capelli corti e l'assenza di trucco completavano il quadro di una ragazza sportiva e dai gusti semplici.

Il commissario, dopo averla osservata per un attimo dietro al vetro a specchio che lo nascondeva alla sua vista, entrò nella stanza degli interrogatori. Decise di metterla a suo agio.

"Signorina Giuliana Croverio, mi scuso per averla convocata qui con tanta urgenza, ma francamente le indagini che stiamo seguendo non ci consentono indugi. Io vorrei farle qualche domanda in merito al professor Luigi Verona."

Giuliana Croverio fece uno sguardo smarrito e scoppiò immediatamente in un pianto dirotto, mettendo il commissario, colto alla sprovvista, in grande imbarazzo. Andò a cercarle un bicchier d'acqua, lo posò sul tavolo di fronte a lei e attese che la ragazza finisse di piangere. Giuliana riuscì a soffocare i singhiozzi, si asciugò le lacrime con un grande fazzoletto colorato, bevve un sorso d'acqua e disse, con un filo di voce:

"Che cosa vuol sapere?"

"Vorrei sapere anzitutto quali erano i suoi rapporti con il professor Verona, quando è stato che l'ha visto l'ultima volta e dove era lei, tra le otto e le nove di Mercoledì sera "

"Dunque, io sono sospettata di omicidio, se ho capito bene."

"No, non ha capito bene, signorina. Quando si conducono delle indagini, che ci sia un sospetto o no, tutti sono interrogati, e a tutti vengono più o meno chieste le stesse cose, che rapporti avevano con la vittima, quando l'hanno vista l'ultima volta e dov'erano al momento del delitto. È la routine di questo nostro mestiere, su, signorina, non me lo faccia pesare ancora di più e mi risponda, se possibile senza rimettersi a piangere, per favore."

"Io adoravo il professor Verona, era il mio idolo, il mio modello. Cercavo di vederlo tutte le volte che potevo, alla facoltà e al museo, io... non so come farò senza di lui, niente sarà più come prima."

Il commissario rimase stupefatto da questa dichiarazione.

"Lei lo adorava, dunque. E lui, cosa provava per lei?"

"Non quello che pensavano tutti. Non mi ha mai portata a letto, non me l'ha mai chiesto neanche velatamente, e comunque io ho detto che l'adoravo, non che l'amavo. Non ho mai provato alcuna attrazione fisica per lui, io ho il mio ragazzo con il quale vivo e del quale sono innamoratissima. Credo di non aver mai conosciuto una persona di così alto livello intellettuale e nello stesso tempo così modesta, così disponibile. Se lei chiede ad altri studenti, le diranno tutti le stesse cose, non ci sono solo io ad ammirarlo."

"Ho chiesto ad altri studenti, e ho sentito le stesse cose che mi dice lei, tuttavia, mi scusi l'insistenza, mi risulta che per lei il professore avesse come dire? un'attenzione particolare, per esempio le chiavi dell'istituto non venivano date agli altri studenti, a meno che non fossero dei laureandi, e lei non è una laureanda, che mi risulti. Dunque non sarà stata un'attenzione sessuale, quella di Luigi Verona per lei, ma vorrei saperne qualche cosa di più."

Giuliana Croverio assunse un'espressione imbarazzata.

"In realtà, me lo sono chiesto anch'io più di una volta. Forse la spiegazione sta in quanto mi aveva confidato, mi aveva parlato della sua esperienza nel campo di concentramento e di come, a causa di questa, non aveva voluto avere figli, perché non voleva mettere al mondo delle creature il cui destino, secondo lui, era quello di essere o vittime o carnefici; e che adesso se ne pentiva, gli sembrava che il mondo fosse migliore e che valeva la pena che la specie umana sopravvivesse, ma che per lui ormai era tardi. Io penso che mi vedesse come una figlia, la figlia che avrebbe voluto avere."

Il commissario scosse il capo.

"Tutto quanto mi dice è molto bello, signorina, bello, puro e elevato. Ma trovo molto difficile conciliare il nobile sentimento che il professor Verona nutriva per lei, con il favore fatto alla ditta di suo padre."

Giuliana Croverio saltò sulla sedia, come punta da una vespa.

"La ditta di mio padre non ha avuto nessun favore, ha vinto l'appalto perché la sua offerta era la migliore, mio padre non ha mai accettato favori da nessuno!"

Giulio Sannazzaro non replicò, la ragazza sembrava sincera e lui non aveva nessun motivo per farle dubitare delle buona fede di suo padre.

"Signorina, se non le dispiace, dovrebbe ancora rispondere alle mie domande, cioè quando e dove ha visto il professore l'ultima volta e cosa faceva lei mercoledì 30 Ottobre tra le otto e mezzanotte."

"Io ho visto il professor Verona mercoledì sera, alle sei e mezza, nel suo ufficio. Mi ha parlato del suo progetto, un museo aperto, senza nessun guardiano, dove tutti potevano entrare gratuitamente, e anche toccare alcuni oggetti, non tutti naturalmente, ma abbastanza per poter avere l'impressione di vivere con gli antichi egizi."

"Dov'era prima di andare nell'ufficio del professor Verona?"

"Ero nel museo, davanti all'armadio dove sono raccolte le ceramiche predinastiche, l'argomento della mia tesi è appunto la catalogazione del vasellame Naqada I e II, in particolare la verifica della possibilità che per farle sia stato usato il tornio, cosa che farebbe arretrare di qualche millennio..."

99

"Va bene, ma mi risparmi i dettagli tecnici, per favore. Cosa ha fatto dopo aver esaminato le ceramiche?"

"Sono tornata in istituto appena prima dell'ora dell'appuntamento con il professor Verona. Mio Dio, se avessi saputo che stava per essere assassinato in quel modo così barbaro..." Non poté trattenere un'altra crisi di pianto. Giulio Sannazzaro aspettò pazientemente che le fosse passata e si fosse asciugata le lacrime, poi riprese.

"Come ha fatto per entrare in istituto?" La ragazza lo guardò, un po' sorpresa:

"Sono passata dalla tomba di *Ka*, forse lei non sa..."

Il commissario sospirò. "So tutto, so tutto, mi hanno spiegato e sono anche andato a vedere. A che ora è uscita dall'ufficio di Luigi Verona, e cosa ha fatto in seguito?"

"Verso le sette me ne sono andata a casa, nell'alloggio di via Saluzzo, dove vivo con il mio ragazzo."

"Il suo ragazzo era con lei?"

"No, era in piscina, alla comunale, siamo entrambi istruttori di nuoto, io come ex nazionale di nuoto sincronizzato, lui come ex nazionale di nuoto a farfalla. Abbiamo lezione la sera, io il lunedì, il martedì e il giovedì, lui il martedì, il mercoledì e il venerdì, e finiamo a mezzanotte, non prima."

Dunque, pensò Giulio Sannazzaro, anche lei non ha veramente un alibi, ma a questo punto un altro sospettato poteva essere il suo ragazzo, che magari non credeva più di tanto alla edificante storia di un amore platonico tra la sua ragazza e il vecchio professore, e aveva deciso di eliminare il rivale.

"Che cosa fa il suo ragazzo, oltre che insegnare nuoto, studia anche lui egittologia?"

"Oh no, assolutamente, lui è all'ultimo anno di medicina, vuole diventare chirurgo."

L'angoscia, come una mano gelida, afferrò di nuovo il commissario allo stomaco. *Qui i potenziali colpevoli sono un esercito, un universo sterminato, pensò, non ne verremo a capo mai, mai e poi mai. Ultimo anno di medicina, un giochetto sezionare un corpo umano, chissà quante volte l'ha già fatto.* Poi, un pensiero gli diede speranza: era in

100

piscina ad insegnare nuoto, l'avranno visto in cinquanta, basta controllare. Congedò bruscamente Giuliana Croverio, raccomandandole di non allontanarsi da Torino, e chiamò Salviati. Gli affidò l'incarico di verificare urgentemente l'alibi del fidanzato della Croverio, ripeté due volte la parola *urgentemente,* gli raccomandò di comunicargli il risultato senza aspettare di essere chiamato, si infilò il *loden* e uscì. Ebbe qualche difficoltà a destreggiarsi tra le automobili parcheggiate nonostante il divieto di fronte al Commissariato, poi si ricordò che c'era una serata importante al Teatro Regio, a pochi metri da lì, cantava Pavarotti nella Tosca, e il pubblico era arrivato per tempo.

Mentre era fermo a uno degli innumerevoli semafori di corso Massimo d'Azeglio, si chiese coma mai, dieci anni prima, il professor Verona avesse affidato l'appalto delle pulizie alla *Pulital.* Saporiti non era sposato e non aveva una figlia avvenente della quale il professore poteva innamorarsi, quindi non doveva essere stato questo il prezzo del favore; e neanche, si disse, il denaro, con tutti i soldi della moglie era possibile, ma improbabile. *Che domande mi sto facendo, prosegui ta sé, sarà stato ricattato dalla mafia, è ovvio. E* quale poteva essere stato l'oggetto del ricatto? Se continuo così divento matto, bisogna darci un taglio ed agire, non posso passare il tempo a correre dietro a tutte le ipotesi possibili, il possibile è infinito, il ricordo di questa frase che il suo professore di criminologia ripeteva spesso acquetò il ribollire dei suoi pensieri. Si disse ancora che tutti siamo ricattabili, finalmente l'auto che lo precedeva si mosse, dopo qualche altro imbottigliamento approdò a casa sua. Udì il furioso latrato di Pupa, e si rese conto con una certa delusione che nessuno lo aspettava, quella sera.

Torino, 3 Novembre 1995, venerdì mattina

Giulio Sannazzaro si svegliò di colpo nel cuore della notte, disturbato da un rumore improvviso proveniente dal balcone che aveva fatto latrare Pupa selvaggiamente. In realtà non era stato il rumore a svegliarlo, ma la fedele cagnolina, che svolgeva con rigore inflessibile il compito affidatole da Madre Natura di avvertire il padrone di ogni pericolo, vero o presunto che fosse.

Aveva buttato lo sguardo fuori dalla porta, sapeva benissimo che non era in corso un'aggressione a mano armata, infatti non c'era proprio nessuno, probabilmente si trattava di uno dei tanti gatti che transitavano sul balcone. Era rientrato imprecando contro la sua guardiana e improvvisamente si era reso conto di essersi svegliato, purtroppo in maniera definitiva. Purtroppo, perché erano solo le cinque e mezzo, ma si disse che una volta tanto poteva anche arrivare in ufficio prima delle sette e stupire tutti con il suo stacanovismo. Si fece una lunga e accurata toeletta, si preparò il caffè con la napoletana, cosa che normalmente non faceva perché richiedeva troppo tempo, attraversò Torino deserta, si prese lo sfizio di girare attorno a piazza Castello facendo stridere le gomme sull'asfalto per poi passare sotto i portici e imboccare via Verdi in velocità. Con notevole disappunto, trovò Pantosti che, aiutato da un altro agente, stava trascinando un grosso scatolone proprio nel suo ufficio. Pantosti lo guardò, sorpreso e deluso pure lui.

"Commissario, pensavo che lei arrivasse alla solita ora e voleva farle un'improvvisata..."

"Cosa c'è in quella scatola, Pantosti? È già Natale?" Il tono del commissario non era molto amichevole, Pantosti gli aveva guastato l'ingresso a sorpresa.

"No, ma che Natale, guardi cosa abbiamo trovato alla *Pulital*" Tirò fuori dallo scatolone una specie di tuta da astronauta.

Erano, spiegò Pantosti, tute per fare i lavori di ripulitura dell'amianto. La loro caratteristica principale stava nel fatto che, per proteggere chi faceva quel lavoro da ogni traccia della pericolosa polvere di amianto, la loro tenuta doveva essere perfetta. Se dunque nessuna particella, pur se minima, di polvere poteva entrare, doveva essere vero anche il contrario, ovvero che niente poteva uscire, dunque quale equipaggiamento migliore per non lasciare tracce sul luogo del delitto? Non finiva qui, aggiunse trionfante Pantosti, esaminando i documenti amministrativi della *Pulital*, la finanza aveva trovato la fattura di dieci tute, mentre nello scatolone ce n'erano solo nove, e nessuno sapeva che fine avesse fatto la decima.

Sannazzaro si sentì sollevato, il malumore per non essere stato il primo a entrare in ufficio aveva lasciato il posto ad una grande esultanza. Ci siamo, pensò, questa è la volta buona, posso dimenticarmi la vedova, la nuotatrice, il nuotatore e tutto il resto, Pantosti è un drago, lo proporrò per una promozione, se lo merita. Basta trovare la tuta, se ha impedito di lasciare tracce all'esterno, all'interno ce ne saranno, eccome, capelli, sudore e quindi DNA, abbastanza da inchiodare il colpevole. *Bastava trovare la tuta...* l'esultanza del commissario fu breve. Non era una cosa difficile da nascondere, e tantomeno da bruciare.

"Pantosti, mi dica: si possono bruciare queste tute?"

"Con molta difficoltà, commissario, sono in materiale ignifugo come ormai quasi tutte le tute da lavoro, qualunque sia il loro uso. Certo, se fosse stata gettata in un inceneritore..."

E che difficoltà avrebbe avuto, chi lavorava in un'impresa di pulizia, a fare in modo che qualche cosa finisse nell'inceneritore dei rifiuti? Nessuna, si rispose Giulio Sannazzaro. Valeva la pena tentare. Ordinò che si perquisissero le residenze di tutti i dipendenti della *Pulital*, a partire naturalmente da quello di Saporiti e di Rotunno, per passare poi agli impiegati della sede di via Cigna. Erano appena le sette del mattino. Con sadico piacere fece il numero di casa del dottor Gramaglia, che dopo una nutrita serie di squilli con la voce impastata dal sonno riuscì a spiccicare un "Pronto, chi parla?", sentì la voce di Irina che diceva "Ma chi è a quest'ora?", prese fiato, urlò nel microfono "Ci siamo, dottor Gramaglia, ce l'abbiamo in

103

pugno!" e immediatamente pretese l'aiuto di tutti gli agenti disponibili per una serie di perquisizioni a tappeto che dovevano, pena la probabile sparizione delle prove, essere fatte nello stesso tempo in una decina di case diverse. Sommerso da quella valanga di parole urlate nel telefono, assillato dalla moglie che continuava a chiedergli chi era a quell'ora, Severino Gramaglia giurò che avrebbe dato al commissario tutto quello che chiedeva, gli lasciasse solo il tempo di avvertire gli altri commissari, gli fece i complimenti, chiuse la comunicazione, si girò verso Irina e gli disse "È quel pazzo di Sannazzaro, quello lavora anche di notte, hanno trovato l'assassino, o almeno sono sulla buona pista, adesso vado nello studio e faccio un po' di telefonate, così puoi continuare a dormire."

Giulio Sannazzaro rimase un attimo soprapensiero, dopo aver appoggiato il ricevitore. L'aver sentito la voce assonnata della sua amante provenire dal letto ove dormiva con il marito, l'aveva turbato. Con molto sforzo, era riuscito da tempo a far sparire la gelosia dai suoi pensieri, non aveva avuto scelta, se voleva continuare. Ma non si era mai trovato nella situazione di vederla, o di percepirla, nella sua intimità con lui, o l'altro, con il rivale, insomma, e la cosa non gli era piaciuta per niente. Decise di concentrarsi sulle perquisizioni, l'operazione si annunciava complicata, anche per l'arrivo degli altri agenti, che dovevano essere informati del punto al quale si trovavano le indagini, inviati ai giusti indirizzi che peraltro ancora mancavano, valutare se aveva un senso l'utilizzo delle squadre cinofile cui potevano essere fatte odorare solo delle tute appena uscite dal loro imballaggio, insomma, la giornata sarebbe stata pesante. Pesante, si disse, ma concreta, e questo non gli dispiaceva.

Commissariato Torino Centro, venerdì sera

Erano le otto passate, quando Giulio Sannazzaro si alzò dalla sua poltrona, prese il *loden* dall'attaccapanni e uscì, chiudendo la porta dell'ufficio dietro di sé. Secondo le sue peggiori previsioni, era stata una giornata pesante ed infruttuosa: dopo la mobilitazione di un buon numero di agenti ed una ventina di perquisizioni, della tuta nessuna traccia. Sì, si disse, bisognava ancora controllare se veramente il dott. arch. Mariano Saporiti, cui non mancavano certo i mezzi, non avesse avuto, come dichiarava, nessuna residenza secondaria, ma al momento, alle ore venti e trenta di venerdì 3 Novembre 1995, nove giorni dopo il delitto la tuta non rispondeva all'appello, ed erano anche scaduti i termini per il fermo di polizia del padrone della *Pulital*, che quindi era stato rimesso in libertà, naturalmente sotto stretta sorveglianza. Non che fosse sorpreso, il mattino si era appunto detto che sarebbe stato facilissimo farla sparire. Mentre organizzava le squadre di ricerca aveva pensato che, una volta tanto, dopo tutto quel lavoro, si meritava un po' di fortuna – fortuna che non era arrivata.

Ho bisogno di rilassarmi, di fare sport all'aria pura, pensò, mentre era come al solito imbottigliato in corso Massimo d'Azeglio, intasato in parte dai lavoratori indefessi e attardati come lui, e in parte dai clienti delle prostitute che passeggiavano numerose sul marciapiede. Prese il radiotelefono, chiamò il centralino e chiese di essere messo in comunicazione con la figlia Adriana.

"Ciao bimba, come va? Sei libera domani?"

"Sì, domani siamo chiusi e Mario va da sua nonna, da quando si è rotta il femore ha bisogno di assistenza. Dove andiamo, di nuovo a Corniglia?"

"No, questa volta no, voglio fare un po' di sport e prendere aria buona. Com'è il Tanaro?"

"Bello, ha piovuto fino e ieri ma adesso è calato, la corrente è ancora forte ma non è più in piena. Vieni a farti una discesa? E' una buona occasione, la FIPS ha deciso di fare un ripopolamento e così la pesca è chiusa, non avrai neanche da scansare i pescatori. Parti dal solito posto?"

"Sì, hai indovinato, partirò dallo sbarramento di Niella, e come sempre ho bisogno di te."

"Per recuperarti alla fine della discesa, alla confluenza con il Pesio, come sempre, vero, papà? "

"Proprio così. Arriverò verso le dieci domani mattina, ti va bene?"

Andava tutto bene. Tirò un sospiro di sollievo, arrivò a casa e cominciò a preparare l'equipaggiamento per la discesa in *kayak*. Mentre tirava fuori quanto gli occorreva dall'armadio, la muta, il giubbotto salvagente con l'imbragatura di sicurezza, il grembiule di neoprene per rendere stagno il *kayak* , gli sembrava di essere già là, in mezzo alle rapide. Pupa accompagnava questi preparativi con grande eccitazione, sapeva che avrebbe avuto una scampagnata, che mentre Adriana aspettava il padre sulla riva lei poteva scorrazzare qua e là e inebriarsi di tutti gli odori del bosco.

Aveva appena finito di riempire la grande borsa blu che usava in queste occasioni, che sentì un rumore di passi sul balcone. Era Irina Vassilieva.

"Ecco quel pazzo di Giulio Sannazzaro, che lavora giorno e notte, che mi sveglia all'alba, il mio Maigret, quello di cui parlano tutti i giornali, il commissario senza paura che getta luce nel mondo corrotto degli appalti, che fa pulizia nella pulizia, insomma, il mio eroe!" Gli gettò le braccia al collo e lo baciò appassionatamente. Giulio Sannazzaro si lasciò fare, senza ricambiare. In quel momento, non aveva nessuna voglia di pensare all'indagine, voleva pensare soltanto al suo *week end* di sport e natura.

"Pulizia nella pulizia? Ma chi è che dice queste stronzate?"

"Ma i giornali, anzi, il giornale cittadino, mi sembra una bella trovata, pulizia nella pulizia, a te no?"

Il commissario si strinse nelle spalle. Si ricordò di aver dato lui stesso l'ordine a Pantosti di fare la soffiata ai giornali, e la cosa aveva dato i suoi frutti. In quel momento

Irina Vassilieva scorse la borsa con l'equipaggiamento da *kayak*.

"Ma dove vai, con questo freddo? Ti ha dato di volta il cervello? Con tutti i reumatismi che ti ritrovi, e all'età che hai, vai a buttarti in acqua? Ha ragione Severino, tu sei matto, matto da legare!" Poi, con tono malizioso, aggiunse: "Non è stata così male l'idea di svegliarlo a quell'ora di mattina, dopo aver fatto un po' di telefonate, il mio caro maritino è arrivato nel letto, eccitato come un ventenne, era tanto tempo che non mi faceva più niente, dovresti telefonargli più spesso all'alba."

Questo è troppo, si disse Giulio Sannazzaro, è veramente troppo. Con aria torva, sibilò:

"E allora torna dal signor questore, m'impegno a telefonare domani mattina alle sette così può farti contenta, ma adesso vattene, via, sparisci."

Ad Irina Vassilieva si riempirono gli occhi di lacrime.

"Ma perché mi tratti così? Io... scherzavo, l'ho detto per eccitarti, una volta ti piaceva che ti raccontassi quello che facevo con gli altri uomini, poi potresti anche capirlo, sono sposata, è ovvio devo fare l'amore con mio marito!"

Sì, era vero, nei primi tempi della loro relazione Giulio Sannazzaro trovava divertente e anche eccitante che Irina gli raccontasse le sue precedenti esperienze sessuali, ma era diverso, si trattava del passato, non del presente; e la voce assonnata udita al mattino, che veniva dalla complicità del letto coniugale, complicità che lui non aveva con lei, l'aveva infastidito parecchio. Decise di non farne una tragedia, non voleva rovinarsi il *week end* che aveva preparato con tanta cura, accampò come scusa la giornata molto stressante che aveva passato, rassicurò Irina sulla sua esperienza di canoista e su quanto il suo equipaggiamento, all'ultimo grido della tecnica, l'avrebbe protetto dalle gelide acque autunnali, la baciò con trasporto, la prese per mano e l'accompagnò in camera da letto, promettendole che si sarebbe fatto perdonare.

107

Io vidi il cobra sulla nave delle tenebre

Piramide di Unas, anticamera, muro sud, 178, 262

Riva destra del Tanaro, 4 Novembre 1995, sabato mattina.

Giulio Sannazzaro stava osservando con attenzione l'onda di ritorno sotto il grande scivolo di cemento che alimentava un canale d'irrigazione. Valutò che non era un ritorno pericoloso, e decise di imbarcarsi a monte dello sbarramento, per godersi il facile brivido che gli avrebbe provocato l'immersione nel ricciolo di schiuma, alto poco più di un metro. *Avrei potuto farmi la discesa in compagnia,* pensò, *se fossi arrivato una mezz'ora prima.* Appena sceso dall'auto di sua figlia, aveva visto un *kayak* rosso sottile e allungato perdersi nella rapida a valle dello scivolo, aveva gridato e fatto grandi cenni con le mani, ma il *kayak* era sparito dietro una grande falesia bianca. Non aveva alcuna speranza di raggiungerlo, ci voleva almeno una mezz'ora per indossare tutto l'equipaggiamento, e la sua canoa, una *Prijon* modello "Colorado" era una comoda, sicura ma lenta canoa da turismo, mentre quella dello sconosciuto era un *kayak* da discesa, che fendeva le acque come la lama di un coltello, e che come la lama di un coltello era instabile e difficile da manovrare. Questo significava che il canoista era piuttosto bravo, e Giulio si convinse che era meglio che se ne fosse andato, odiava scendere con gente molto più brava e veloce, si sentiva continuamente in difficoltà e l'essere atteso, anche con un sorriso, gli rovinava assolutamente la discesa.

Decise di mettere più tempo possibile tra lui e il campione, e si preparò con cura meticolosa, sotto gli occhi un po' annoiati di sua figlia Adriana e eccitatissimi di Pupa. Dopo una quarantina di minuti abbondanti, finalmente prese con una mano il *kayak* e con l'altra la pagaia, Prijon anche lei, appena acquistata, asimmetrica e superleggera in fibra al carbonio. Scivolò nelle acque tranquille della ritenuta, diede un paio di colpi decisi di pagaia e diresse la prua verso lo scivolo, scese dritto nel ricciolo di schiuma che lo coperse interamente e si fermò subito a valle, facendo girare la canoa su se stessa, per salutare la figlia agitando la pagaia, poi girò di nuovo la prua verso valle e imboccò uno stretto ramo del fiume, che correva veloce tra due rive erbose, e infine sparì anche lui dietro la candida falesia di tufo.

Giulio Sannazzaro se la godeva un mondo, ad ogni immersione della pagaia in acqua l'indagine si allontanava sempre di più, svaniva tra gli spruzzi scintillanti sollevati dalla prua della sua imbarcazione. Il tempo era splendido, una tiepida giornata degna dell'estate di San Martino, aveva quasi caldo nella sua muta di neoprene da tre millimetri. Un airone cinerino si alzò in volo davanti a lui, indispettito dalla sua intrusione. A Sannazzaro piaceva moltissimo quel tratto di fiume, era abbastanza veloce e ondoso per divertirsi, ma non presentava pericoli di nessun genere, raramente raggiungeva difficoltà di terzo grado.

Il Tanaro scorreva in un ambiente naturale intatto e selvaggio, pochissimi erano i punti dove lo fiancheggiava una strada, in particolare nel primo tratto. Il tufo, scavato dall'acqua del fiume, lo circondava di candidi strapiombi, talvolta modellati dall'erosione a guisa di mura turrite. Le sagome contorte degli alberi strappati alla riva dalle piene si ergevano come animali mostruosi, i cui piedi si perdevano nelle acque scure.

Tratti di calma si alternavano alle rapide, permettendo a Giulio Sannazzaro di osservare un paesaggio che conosceva a memoria ma che ogni volta gli presentava qualche scorcio inaspettato. Dopo una stretta del fiume, seguita da un dislivello che costringeva le acque a curvarsi come vetro fuso in una lingua apparentemente immobile seguita da un ritorno spumeggiante, imboccò un lungo tratto rettilineo con delle belle onde che battevano contro il fondo della canoa. Tra un'ondata e l'altra, scorse, in piedi su di un gabbione il canoista che l'aveva preceduto, almeno pensò che fosse lui, dato che a riva era posato un *kayak* da discesa rosso. Giulio Sannazzaro sollevò in alto la pagaia facendo il segno di saluto universale di tutti i canoisti. Lo sconosciuto restò immobile sul gabbione, e improvvisamente il commissario notò che teneva nelle mani qualche cosa di strano, *ma sì, accidenti, era un'arma quello che lo sconosciuto imbracciava,* e mentre questo pensiero attraversava la sua mente lo vide puntare l'arma verso di lui,

110

d'istinto si abbassò e si buttò di lato, in *eskimo*. Prima che l'acqua gli entrasse nelle orecchie, ebbe il tempo di udire il crepitio di una raffica, e gli parve un rumore strano, diverso da tutti i crepitii di raffica delle armi automatiche che conosceva.

Un colpo sordo seguito da un lancinante dolore al piede sinistro gli fece capire che era stato colpito. Tenne il fiato più che poté, l'acqua era bassa e il caschetto raschiava di tanto in tanto sulle pietre del fondo. Finalmente dovette raddrizzarsi, lo fece con un deciso colpo di pagaia e appena emerso cominciò a remare con tutte le sue forze, tenendo il busto piegato sul *kayak,* in modo da offrire il minore bersaglio possibile. Voleva raggiungere il meandro del fiume e mettersi fuori tiro. Quando si voltò indietro prima della curva, lo sconosciuto era scomparso.

Approdò su una spiaggetta, scese zoppicando dal *kayak* e esaminò la ferita. Perdeva molto sangue, ma la pallottola aveva solo colpito di striscio la caviglia, non era grave. Decise di terminare la discesa, ormai non ci voleva molto per la confluenza con il Pesio, dove lo aspettava Adriana, mezz'ora al massimo. Aveva con sé, in una borsa stagna, una confezione di pronto soccorso. Si fasciò stretta la caviglia, con il nastro adesivo turò alla meglio i fori della pallottola, che aveva attraversato la punta del *kayak* da parte a parte e rimise la sua imbarcazione in acqua. A ogni colpo di pagaia il piede sinistro premeva contro la barra poggiapiedi e gli procurava un dolore acuto, rendendo penosa la discesa che sembrava non finire mai. Infine sentì l'abbaiare festoso di Pupa, vide l'acqua azzurra del Pesio che si mescolava a quella limosa e giallastra del Tanaro, meno male che sono arrivato, si disse. Adriana scese sulla riva per tirare il *kayak* in secca, lo guardò in viso e esclamò:

"Che ti è capitato, papà? Hai incontrato Moby Dick? Hai una faccia!"

Giulio Sannazzaro si sfilò il grembiule, si appoggiò con le mani ai bordi del pozzetto e uscì dal *kayak*, pieno a metà d'acqua, la riparazione con il nastro adesivo fatta di fretta aveva tenuto solo in parte. Appena appoggiò il piede sinistro a terra, il dolore lo costrinse ad appoggiarsi alla

111

pagaia. Adriana cacciò un urlo, il sangue colava abbondante attraverso la fasciatura sulla sabbia bianca della spiaggetta.

"Non è niente, bimba, è solo una ferita di striscio, mi hanno sparato, devi portarmi al pronto soccorso, o anche alla tua farmacia, credo che basti, adesso portami subito alla mia auto che devo chiamare Pantosti via radio, è urgente, forse facciamo in tempo a trovare che mi ha colpito, non può essere andato molto lontano in mezz'ora."

Nel retrobottega della farmacia, suo genero provvide a medicare la ferita del commissario. Fermata l'emorragia, e verificato che l'osso non fosse stato offeso, il dottor Acutis confermò che non si trattava di una cosa grave, gli somministrò un antidolorifico e un antibiotico per prevenire eventuali infezioni, la ferita era stata abbastanza a lungo a contatto con l'acqua del Tanaro per poter essere stata infettata da qualche batterio. Si ripromise di farsi ricoverare il giorno dopo, nel frattempo voleva seguire le operazioni di ricerca, Pantosti aveva dato l'allarme e tutte le forze di polizia della Provincia di Cuneo si erano messe a caccia dell'attentatore. Nonostante le dettagliate indicazioni del commissario, le ricerche non avevano dato alcun esito. Se si poteva capire che l'uomo potesse nascondersi con facilità, più difficile era comprendere come un'imbarcazione lunga quattro metri e mezzo, per giunta di colore rosso, potesse essere svanita nel nulla. All'arrivo del buio, le ricerche erano state sospese.

Dopo la cena in casa Acutis, davanti ad un bicchierino di grappa distillata in casa dai genitori di Mario, Giulio espresse la sua meraviglia per la sparizione dell'assassino e del *kayak* rosso. Il farmacista, che conosceva perfettamente la zona, disse con la sua voce tranquilla:

"Se è uno di qui, o che conosce i posti, non lo troverà mai nessuno, neanche in dieci anni. Tra una collina e l'altra, quelle belle colline rotonde con le viti, ci sono degli anfratti boscosi, sovente percorsi da torrentelli, difficilmente praticabili e anche pericolosi, con un po' di pioggia l'acqua ti può trascinare via in pochi minuti. Alcuni hanno delle piccole grotte scavate nel tufo, chi le conosce ci si può riparare, e se ha previsto una fuga e ci ha messo un po' di provviste può resistere giorni, anche settimane. Mica per niente la lotta partigiana, qui, è stata particolarmente accanita." Giulio Sannazzaro non ascoltava più, il sedativo ed il bicchierino di grappa stavano per avere la meglio. Riuscì a raggiungere il letto, si svestì e piombò in un sonno profondo.

113

Carrù, 5 Novembre 1995, domenica mattina.

Giulio Sannazzaro si svegliò presto, si era addormentato intorno alle nove e alle otto aveva totalizzato undici ore di sonno, ben quattro in più delle sue sette abituali. Si sentiva bene, la spalla destra un po' indolenzita dall'eskimo fatto con particolare violenza, un leggero bruciore alla caviglia ma niente di più. Uno strano formicolio alla punta delle dita delle mani lo infastidiva, ma andava e veniva e decise di non dargli importanza. Posò cautamente il piede ferito a terra, poi l'altro, si mise in piedi e constatò che il dolore c'era ma era sopportabile, poteva camminare. Non vedeva l'ora di ritornare sul luogo dell'agguato, continuava ad avere nelle orecchie quello strano crepitio che non somigliava a quello di nessuna altra arma automatica che conosceva. Poi, era impaziente di trovare almeno un bossolo per capire di che tipo di arma si trattava. Anche il pensiero della sparizione della canoa continuava a tormentarlo, non riusciva a trovare una spiegazione plausibile.

Aprì il rubinetto del bagno per riempire la vasca dove aveva versato un'abbondante razione di sali e si sedette sul bordo posando distrattamente lo sguardo sulla schiuma. La corrente creata dal flusso d'acqua divideva la schiuma in due parti, che risalivano verso il rubinetto, girando in tondo. *Proprio come la corrente di una rapida,* pensò, *che crea attorno a sé due zone di ritorno d'acqua, due zone dove l'acqua, appunto, risale.* Risale. Ecco dove era sparito l'assassino, ecco come li aveva giocati. Che stupido a non averci pensato prima. Si era chiesto come mai il misterioso canoista avesse un *kayak* da discesa, era partito ben prima di lui e certamente avrebbe potuto mantenere il vantaggio. Sì, certo, con quella imbarcazione era ancora più sicuro di precederlo del tempo necessario per preparare l'agguato, ma la vera ragione doveva essere un'altra. Quel tipo di *kayak* non soltanto scendeva più veloce ma soprattutto *risaliva* rapide che un normale *kayak* non avrebbe assolutamente potuto superare. Dunque l'attentatore, subito dopo la raffica si era potuto reimbarcare, risalire il Tanaro – ecco perché non lo aveva più visto, quando si era voltato a guardare dietro di sé - in qualche tratto sarebbe stato costretto a scendere e a camminare, ma nelle ore che erano passate prima che la polizia arrivasse sul posto, ne poteva aver fatta di strada sul fiume. Le ricerche erano state condotte *a valle* del luogo dell'attentato, quindi lo sconosciuto aveva avuto parecchie ore di tempo per risalire. Poi, arrivato in qualche ansa nascosta e irraggiungibile, si era tranquillamente messo ad aspettare l'oscurità per accedere a qualche rifugio sicuro, una piccola grotta nel tufo, ad esempio, dove poteva aver anche trovato posto per il *kayak*.

Giulio si diresse verso la cucina, attirato da un intenso odore di caffè, Adriana e Mario erano intenti a far colazione. Il commissario ebbe non poche difficoltà a convincerli che poteva uscire, prendere l'auto e ritornare sul luogo dell'agguato. Alla fine Adriana, per impedirgli di fare delle pazzie, acconsentì ad accompagnarlo. Finì di prepararsi in un batter d'occhio, Mario gli aveva procurato una stampella per appoggiarsi. Uscirono sulla piazza, e si trovarono immediatamente circondati da un nugolo di giornalisti che li accecarono con una poderosa salva di *flash*.

La cosa lo colse di sorpresa. Capì immediatamente che il suo programma non aveva senso, non poteva certo cercare con calma i bossoli circondato da quegli scalmanati. Rientrarono precipitosamente in farmacia, sprangarono la porta e il commissario cercò di elaborare un piano. Meditò qualche minuto, poi si avviò verso il telefono, che era sistemato in fondo alla farmacia, e fece il numero del dottor Gramaglia. Mentre attendeva la comunicazione, guardò l'ora, erano le nove. Si chiese se dormiva ancora, e se Irina era a letto accanto a lui, dopo quanto lei gli aveva raccontato l'ultima volta quel pensiero gli era particolarmente sgradevole e cercò di cacciarlo via. La voce del dottor Gramaglia, perfettamente sveglia, risuonò nel ricevitore.

Il commissario, dove un breve resoconto dei fatti, chiese un po' di agenti per tenere lontani i giornalisti dal luogo dell'agguato, in modo da poterci tornare con calma e fare le ricerche che durante la giornata di sabato non erano state fatte, tutti gli uomini disponibili si erano messi a

115

cercare l'attentatore. Naturalmente, aggiunse, sarebbe stato meglio avere degli agenti del luogo, magari gli stessi che avevano partecipato alle ricerche, se non erano troppo stanchi. Concluse dicendo che sarebbe rimasto nella farmacia di Carrù fino al loro arrivo.

Gramaglia gli garantì che avrebbe avuto tutto quanto richiesto nel più breve tempo possibile, gli fece i complimenti per aver visto giusto nell'individuare la mafia degli appalti come mandante dell'omicidio del professor Verona, il questore era convinto che questa sua intuizione fosse la causa dell'attentato. Concluse esortandolo a curarsi seriamente.

"Non è che io non abbia fiducia nel suo genero, sarà bravissimo, ma è pur sempre un farmacista, Giulio, lei deve andare da un medico, meglio in un ospedale, mi raccomando, non faccia pazzie."

Dopo un'ora arrivò una pattuglia, si trattava di cinque carabinieri su due *Land Rover* con il colore blu dell'Arma. Due carabinieri erano dei *sub*, provvisti di mute e respiratori. Perfetto, si disse il commissario, così potremo veramente cercare tutte le possibili tracce dell'attentatore. Come lo videro salire sul primo dei due fuoristrada, i giornalisti si precipitarono a prendere le loro auto per buttarsi all'inseguimento.

Senza scomporsi, il maresciallo Montorsi, che comandava il drappello, tirò fuori un megafono.

"Avverto tutti i presenti che il luogo ove siamo diretti è di accesso riservato agli inquirenti, e che chiunque sarà visto sul posto verrà immediatamente arrestato per intralcio alle indagini."

I giornalisti accolsero questa dichiarazione con proteste di vario genere, la più frequente era quella di attentato alla libertà di stampa, ma non osarono correre rischi e si dispersero, con grande sollievo del commissario.

Purtroppo le ricerche di bossoli o proiettili non avevano dato alcun risultato, in quel tratto il Tanaro correva veloce, l'acqua era torbida e neanche i *sub* erano riusciti a venirne a capo. Mentre i carabinieri cercavano i bossoli Giulio aveva ripercorso mentalmente il fiume, fino al punto

116

da dov'era partito, lo sbarramento di Niella Tanaro. Gliene venne in mente un altro, che era stato fatto per alimentare una centrale elettrica da tempo in disuso, forse poteva essere interessante darci un'occhiata. Finita la ricerca infruttuosa dei bossoli, il commissario vi accompagnò la pattuglia.

A monte dello sbarramento, l'acqua si incanalava tra uno strapiombo di tufo leggermente aggettante ed il muro della centrale elettrica. La massa d'acqua costretta in uno spazio esiguo formava dei ribollimenti che il buio dell'anfratto rendeva paurosi all'occhio di chi percorreva lo stretto marciapiede fatto per permettere la pulizia delle griglie di protezione. Contro di esse, schiacciato dalla forza della corrente i carabinieri sommozzatori trovarono *il kayak* rosso. Nel suo pozzetto era infilata una vecchia pagaia di legno.

L'attentatore era arrivato in canoa fin sotto lo sbarramento, era sbarcato ed aveva risalito la riva scoscesa ma praticabile tirandosi dietro di sé la sua imbarcazione con la corda di salvataggio, poi all'imbocco del canale aveva buttato in acqua canoa e pagaia, che la forte corrente aveva immediatamente mandato contro la griglia. Si era buttato a nuoto nelle acque tranquille del bacino – aveva una muta, Sannazzaro l'aveva vista, e nella canoa poteva aver messo un paio di pinne - e aveva risalito il fiume ancora un bel po', a nuoto e a piedi, in un tratto completamente privo di ponti e di strade di accesso per diversi chilometri, approfittando del divieto di pesca per il ripopolamento e la conseguente assenza dei pescatori. Mentre lui risaliva il fiume, con il fucile mitragliatore al sicuro in una sacca stagna, le pattuglie setacciavano inutilmente il Tanaro e i boschi a valle del luogo dell'attentato.

Giulio Sannazzaro provò un sentimento di ammirazione e d'invidia per il suo attentatore. Lo ammirava per la perfetta strategia dell'agguato, e lo invidiava per quella sua fuga selvaggia nella natura, *avrà pagaiato rasentando le rive scoscese,* pensò, *tenendosi sotto gli alberi, attento a non essere visto, avrà immerso il remo senza far rumore lanciando il kayak nella corrente, sfruttandone la spinta contro la fiancata, come quella del*

117

vento contro la vela quando si va di bolina; e poi a nuoto, tirandosi dietro la canoa con la corda; avrà evitato i greti ghiaiosi per non essere notato, vestito di scuro contro le pietre bianche; si sarà infilato nelle intricate boschine di salici che ricoprono gli isolotti in mezzo al fiume, guardandosi attorno prima di uscire allo scoperto e ributtarsi in acqua.

Il commissario si rivide ragazzo, quando al cinema della Barriera di Nizza, il Colosseo, andava con gli amici a vedere i film sugli indiani, che facevano proprio così per fuggire dai visi pallidi dalla lingua biforcuta, pagaiavano sulle loro canoe in pelle e poi correvano chini nella foresta, tenendo nelle mani l'arco infallibile. Il suo indiano l'aveva mancato, ma Sannazzaro era convinto che non volesse ucciderlo, a quella distanza non poteva sbagliare. Il suo era stato probabilmente un avvertimento, aveva sparato davanti alla canoa, soltanto che la velocità della corrente mal calcolata aveva fatto sì che un proiettile lo colpisse. Chi gli avrebbe impedito di crivellare la sua canoa di colpi, mentre era rovesciato?

Aveva visto poco o nulla di lui: gli era sembrato di statura media, di corporatura robusta, portava un casco con la gabbia di protezione facciale, quindi come avesse avuto una maschera, nessuna descrizione più precisa era possibile.

"Commissario, che facciamo con questa canoa? Si direbbe nuova di zecca, non dovrebbe essere difficile trovare chi l'ha venduta, è un modello abbastanza particolare, per quello che ne posso capire."

Il maresciallo Montorsi teneva in mano il *kayak* rosso, appena tirato sull'argine dai sub. Giulio Sannazzaro si avvicinò per esaminarlo. Ebbe un moto di sorpresa. *In questa faccenda,* pensò, *tutto è sorprendente.* Non lo stupiva che il maresciallo non avesse mai visto un'imbarcazione simile: era una canoa da discesa di un modello vecchio di almeno vent'anni, e precisamente una Valzolger, il nome era quello di un piccolo artigiano piemontese che fabbricava canoe in fibra di vetro. L'artigiano era morto alla fine degli anni settanta malato di un cancro che si era procurato lavorando le resine, e nessuno aveva proseguito la sua

118

attività. Ciò significava che non c'era nessuno a cui si potesse chiedere chi aveva comprato quella canoa, oltre a tutto il modello aveva incontratto un certo successo e ne erano state fabbricate parecchie. Giulio non aveva alcuna idea del numero, ma certo erano tante, decine, forse un centinaio.

E che dire dei *kayak* dello stesso modello costruite in proprio da chi ne era capace affittando lo stampo, pratica diffusa in quegli anni, quando la canoa era uno sport per pochi appassionati? Le società sportive mettevano a disposizione gli stampi dei modelli più richiesti ed il locale, dove il canoista, provvisto dei necessari rotoli di lana di vetro e dei bidoncini di resina provvedeva alla fabbricazione. Era un lavoro non enormemente impegnativo, il commissario l'aveva visto fare, quando aveva appreso la tecnica del *kayak* al Canoa Club di Ivrea. Era stato tentato anche lui di costruirsene una, poi i troppi impegni l'avevano convinto a desistere.

Scrollò le spalle, l'assassino li aveva giocati, non aveva lasciato nessuna traccia significativa dietro di sé. La canoa era un vecchio modello, fabbricata in chissà quanti esemplari da un artigiano scomparso oppure da degli canoisti sconosciuti, la pagaia di legno era dello stesso periodo, non aveva nessuna marca di fabbrica e comunque anche ci fosse stata, come risalire ad un acquisto fatto tanti anni prima? Di nuovo lo scosse la voce di Montorsi.

"Ecco, commissario, volevo chiederle, secondo lei, come faceva quel tizio a sapere esattamente quello che lei avrebbe fatto sabato? Ne ha parlato con qualcuno?"

"Oh, quello si spiega. Sì, ho chiamato mia figlia per dirglielo con la radio dell'auto, sappiamo tutti che non è difficile intercettarla, difatti non la uso mai per le cose serie, ma chi poteva pensare che la notizia della mia discesa in canoa potesse interessare qualcuno?"

Sospirò. Che strano, nonostante la sparatoria e la ferita, tornava a casa malvolentieri. Domani, in ufficio, lo attendeva la sarabanda delle ipotesi, degli interrogatori, delle telefonate, dei giornalisti in agguato. Sì, invidiava proprio tanto l'attentatore misterioso, che aveva fatto una bellissima

119

discesa e poi una emozionante fuga tra il fiume e la boscaglia, e che adesso, solo, tranquillo, si faceva scaldare il caffè su di un fornelletto da campo, al sicuro in qualche grotta di tufo, al sicuro e sopratutto nella solitudine e nel silenzio. Forse il mio capo ha ragione, pensò, dovrei andare da un medico, farmi ricoverare, mettermi a riposo per qualche giorno.

Una folata di vento, violenta e improvvisa, increspò le acque del bacino e scompigliò le cime dei pioppi, facendo cadere sull'acqua le poche foglie rimaste. Altro che estate di San Martino, si disse Giulio Sannazzaro tirandosi su il bavero del *loden*, tra poco arriva la neve.

Commissariato Torino Centro, 6 Novembre 1995, lunedì mattina.

Giulio Sannazzaro si appoggiò allo schienale della sua poltrona, sospirando. Sfogliò distrattamente i giornali del mattino, che riportavano grandi titoli su di lui, il coraggioso commissario che era sfuggito al vile attentato, ordito dalla mafia degli appalti di pulizia, le prime pagine erano zeppe di aggettivi e luoghi comuni.

Mariano Saporiti appariva sempre di più come il *deus ex machina* dell'omicidio del professor Verona e dell'attentato a Giulio Sannazzaro, e la procura della repubblica di Torino aveva spiccato mandato di cattura contro di lui, per omicidio, tentato omicidio, associazione a delinquere di stampo mafioso e così Saporiti era stato prontamente riincarcerato.

Avrebbe dovuto godersi il trionfo, ma non ci riusciva, troppe erano le domande senza risposta e sopratutto, in un mare di indizi, *non c'era nessuna prova*. Sannazzaro elencò sul suo quadernetto nero tutte le ragioni per le quali l'indagine era ancora in alto mare:

- per la giornata di sabato, tutti i dipendenti *Pulital*, Saporiti compreso, avevano un alibi di ferro;
- non si trovava la tuta per l'amianto;
- non si erano trovati né bossoli né proiettili sul luogo dell'attentato;
- il *kayak*, di fabbricazione artigianale, di un modello vecchio di una ventina di anni non avrebbe sicuramente portato da nessuna parte, e per la stessa ragione neanche la pagaia;
- Sannazzaro era sicuro che non avrebbero trovato né sull'imbarcazione né sulla pagaia nessuna traccia, lo sparatore indossava una muta integrale e avrà certamente indossato dei guanti in neoprene, come lui, per proteggersi le mani dalle fredde acque autunnali.

Mentre si gingillava con i propri tristi pensieri, squillò il telefono. Non aveva nessuna voglia di rispondere, sollevò il ricevitore – il fastidioso formicolio alle dita non l'aveva abbandonato, anzi, si era accentuato - e ringhiò un

121

"avevo detto che non c'ero per nessuno" ma nel momento in cui abbassava il braccio per posare il telefono udì il centralinista pronunciare il nome della De Marinis. Rimase di stucco, riportò il telefono all'orecchio e farfugliò un "me la passi pure, grazie".

"Sono la signora De Marinis, parlo con il commissario Giulio Sannazzaro?"

Non ricambiò il tono amichevole della sua interlocutrice e rispose con un gelido: "Sono io, cosa desidera?"

"Commissario, volevo sapere come stava, dopo quello che le è successo, francamente non credevo di trovarla già al lavoro, ma non avendo il suo numero di telefono ho pensato di chiamarla in ufficio, pensavo di lasciarle un messaggio, ma dato che è li, posso dirle di persona quanto mi dispiace che abbiano tentato di ucciderla, e che l'abbiano ferito, spero non si tratti di una cosa grave."

Con lo stesso tono gelido che aveva usato prima, e con una punta di acrimonia, ribatté:

"Cosa vuole, signora, il mio mestiere comporta anche dei rischi, oltre al dover fare domande spiacevoli io e tutti i miei collaboratori rischiamo la pelle ogni giorno, e sovente non abbiamo neanche l'onore di finire sulle prima pagine dei giornali."

Ci fu un attimo di silenzio. Poi lei disse, con voce leggermente esitante:

"Credo... credo di essermi comportata in maniera piuttosto scortese, con lei ed il suo collega, quando siete venuti a casa mia. Ero sconvolta, se questa può essere considerata una scusa, ma sono pronta a riparare rispondendo alle sue domande, anche adesso, se vuole, posso essere da lei in meno di un'ora."

Il commissario fu sorpreso da questa improvvisa disponibilità e decise subito di approfittarne. Rispose dicendo che l'avrebbe ricevuta al suo arrivo, e chiamò immediatamente Pantosti al telefono.

"Pantosti, sua altezza Renata De Marinis, ci concede il privilegio di un colloquio qui, in commissariato, tra un'ora, si tenga pronto a partecipare appena la chiamo."

122

Posò il ricevitore e si rese conto che le dita della mano destra erano diventate per un attimo quasi insensibili, poi si erano rimesse a formicolare. La cosa cominciava a preoccuparlo, come molti figli di medici era un terribile ipocondriaco, tanto poco si curava delle proprie eventuali ferite, quanto invece lo angosciavano i malesseri misteriosi. Dopo un'ora esatta, il piantone lo avvertì che Renata De Marinis era all'ingresso. Chiamò Pantosti e la fece salire.

Lei fece il suo ingresso con una corta giacca di visone selvaggio su un paio di pantaloni neri di taglio classico. La morbida lucentezza di quella pelliccia indispose ancora di più Giulio Sannazzaro, difensore convinto dei diritti degli animali e fiero nemico dei cacciatori, così come delle signore adorne di quelli che lui considerava macabri trofei. Le disse con tono brusco di sedersi, aprì il cassetto per prendere il blocco di appunti, ed in quel momento si rese conto che la mano destra non stava per nulla eseguendo gli ordini che il suo cervello le impartiva, ma rimaneva inerte, appoggiata sullo scrittoio. Una gelida paura lo attanagliò, vide tutto girare attorno a sé e crollò sulla scrivania, svenuto.

Riprese i sensi dopo pochi minuti, lo avevano sdraiato sulla scrivania ed il dottor Trozzi era intento ad auscultargli il cuore con lo stetoscopio. Quando vide che si era svegliato, scosse il capo con palese disapprovazione.

"Commissario, lei deve andare immediatamente in ospedale, non venire al lavoro, dopo quello che le è successo. Non è mica più un ragazzino, non faccia l'eroe, accidenti!"

La voce della signora De Marinis arrivò alle sue orecchie, come da una distanza immensa.

"Se nessuno ha qualcosa in contrario, lo posso far ricoverare alla clinica *Villa Salus*, conosco bene il primario."

"Credo non ci sia posto migliore a Torino, certamente, se lei ha questa possibilità." Questa volta era la voce di Trozzi, si accorse che il suo udito era ridiventato normale, la sua mano destra formicolava ma poteva muoverla, cercò di togliersi da quella posizione che gli sembrava assolutamente ridicola, la parte superiore del suo corpo stesa sulla scrivania e le gambe troppo lunghe che ciondolavano, ma Trozzi e Pantosti glielo impedirono bloccandolo uno su una spalla e l'altro sull'altra.

"Stia calmo, *commissà, nun se mova,* adesso arrivano gli infermieri."

"Ma non ho niente, porca miseria, è solo stanchezza, sto bene, fatemi alzare, perdio!"

"Non sappiamo se non ha niente, lo sapremo quando avrà fatto tutti gli esami necessari, intanto si calmi e, le ripeto, non faccia i capricci come un bambino!" replicò con tono seccatissimo il dottor Trozzi. Sannazzaro tirò un sospiro e lasciò perdere, rassegnato. Forse avevano ragione, si disse, forse sono proprio malmesso, che facciano di me quello che vogliono.

Torino, Clinica Villa Salus, 7 Novembre 1995, martedì mattina.

Intorno al letto di Sannazzaro uno stuolo di persone in camice bianco attendeva, in un silenzio quasi religioso, che il più alto di loro, un bell'uomo biondo, abbronzato, parlasse. Anche il commissario attendeva, e con molta inquietudine. Era sicuro che la ferita fosse una sciocchezza, ma era molto preoccupato per la perdita di sensibilità alla mano destra e per lo svenimento. Lo spettro di qualche tumore, in agguato da anni nel suo corpo. e che aveva aspettato quella ferita per palesarsi, lo angosciava sempre più. Aveva invano interrogato i vari medici che lo avevano sottoposto a radiografie, TAC, ecografie, prelievi di liquidi organici, ma la risposta era sempre stata, inesorabile: "Domani ne sapremo di più". Quel *di più* rimbombava nella sua mente come un tuono presago di sventura, aveva dormito malissimo e adesso aspettava, atterrito, l'oracolo.

Il bellissimo uomo abbronzato scorreva, con studiata lentezza, il suo voluminoso incartamento. Giulio Sannazzaro spiava il suo viso, come un giocatore di poker spia gli avversari, cercando disperatamente di anticipare la sentenza. Il primario chiuse finalmente la cartella con un colpo secco, la passò a una donna di fianco a lui, che la prese nelle sue mani come si fosse trattato di un incunabolo, e disse: "Lei è fortunato, commissario!" *Fortunato? Io? e perché? Forse il cancro che ho mi lascerà vivere qualche mese, naturalmente tra atroci dolori?* Pensò Giulio Sannazzaro. Il primario proseguì:

"Lei è fortunato, perché la lesione che ha alla terza vertebra cervicale è molto ridotta, e basterà portare un collare per un paio di settimane per risolvere la cosa. Immagino che lei avrà avuto formicolio alle mani, o mi sbaglio?"

Giulio Sannazzaro aveva voglia di scoppiare in una risata, dunque non era il cancro, ma allora cos'era?

"Non mi aveva detto che aveva battuto la testa, quando le è successo?"

Improvvisamente, si ricordò. L'*eskimo,* la raffica, e poi il casco che strisciava contro le pietre del fondo, ecco cosa era successo, il peso del *kayak* nell'acqua bassa si era scaricato sulle sue cervicali.

"Per quanto riguarda la ferita al piede, nessuna lesione al malleolo, anche qui è stato fortunato, era una questione di millimetri per avere la caviglia fratturata dal proiettile. E poi, commissario, lei è fortunato perché ha una salute di ferro, nessun valore ematico fuori dai limiti, le faremo preparare il collare in giornata, la terremo in osservazione fino a Giovedì poi lei potrà uscire. E... naturalmente, congratulazioni per il suo coraggio."

Seguito da un turbinio di camici bianchi, il medico usci dalla sua stanza. Immediatamente, entrò Renata De Marinis.

Si era sovente chiesto cosa avrebbe fatto se si fosse trovato solo con lei. Dopo aver sognato di umiliarla e trascinarla in catene nella sala degli interrogatori, adesso, a tu per tu, non sapeva che pesci pigliare. Era tutt'altro che un conquistatore. Le donne della sua vita erano state pochissime: qualche filarino al liceo e nei primi anni dell'Università, poi era venuto l'amore serio e il matrimonio. Il matrimonio, apparentemente felice, era durato sedici anni. Una sera d'inizio Aprile, sua moglie gli aveva detto "Giulio, io me ne vado." Lui, sconvolto, gli aveva chiesto, meccanicamente: "E dove vai?"

"A vivere con la mia amante"

"La tua...amante?"

"Si, la mia amante. Hai qualcosa contro l'omosessualità femminile?"

"No, per carità, ho sempre sostenuto che ognuno è libero di fare quello che vuole..."

"Purché la cosa non ti riguardi direttamente, vero?"

"Ma no, non è questo il problema."

126

"E allora qual è il problema?"

"Il problema è che mi sembrava che tutto andasse bene, tra di noi, anche in quel senso là."

"Si, non andava male. Ma con Francesca va meglio, molto meglio."

Mentre Giulio era al lavoro, aveva preparato i suoi bagagli. Giulio Sannazzaro era sbigottito, incapace di parlare.

Sulla porta, sua moglie si fermò un attimo.

"Non ti preoccupare per Adriana, sa già tutto, ci metteremo d'accordo su come gestirla, non credo sia un problema."

"E... Pupa, non te la prendi? Sei stata tu a volerla, io non volevo un cane, preferisco di gran lunga i gatti."

"Oh no, non posso, scusa, te la devi proprio tenere, Francesca ha due gatti, e poi Adriana le è così affezionata, non me lo perdonerebbe, te la lascio."

Aveva chiuso la porta ed era sparita.

Giulio Sannazzaro aveva impiegato qualche anno a rimettersi dallo *choc*. Vedeva in ogni donna che avvicinava una lesbica potenziale, e a letto l'ansia di fare felice la sua *partner* l'aveva rapidamente portato all'impotenza. Si accontentava di qualche rapporto mercenario, che non lo soddisfaceva e lo faceva sentire orribilmente in colpa, fino a quando non aveva incontrato Irina Vassilieva. Irina aveva un carattere solare, era allegra e ottimista, tanto quanto piangeva facilmente cosi dopo un attimo passava ad allegre risate. Grazie a lei, Giulio Sannazzaro si era riconciliato con il genere femminile.

Renata De Marinis si fermò sulla porta, in silenzio. Lui la guardò con attenzione. Era veramente una donna bellissima. Nello stesso tempo qualcosa di gelido e di scostante emanava da lei, forse una difesa, una tattica per tenere a bada i numerosi ammiratori, attirati da quell'inconsueto insieme di danaro e di beltà.

"La disturbo, commissario? Volevo chiederle cosa le ha detto il professor Anselmi."

"Il Professor Anselmi è quella specie di Apollo abbronzato?"

Lei scoppiò in una risata.

"Vedo che non ha perso il buonumore, è incredibile, dopo quello che le è successo. Ne deduco quindi che lei ha avuto buone notizie."

Giulio Sannazzaro le fece un succinto resoconto della sua cartella clinica, e la invitò a sedersi sulla poltroncina che si trovava accanto al letto. Lo schermo di difesa sembrava abbassato, ma il commissario aveva deciso di mantenere la relazione con lei su di un piano strettamente professionale, non aveva nessuna voglia di imbarcarsi in un'altra avventura sentimentale.

"Signora De Marinis, disse dolcemente, perché mi ha preso in giro?"

Renata abbassò gli occhi, imbarazzata.

"Lei non ha idea di quanto mi dispiaccia. L'idea di essere braccata, interrogata, seguita, dopo l'orribile morte di mio marito mi ha convinto a...sì, lo ammetto, a sfruttare la mia posizione sociale per stare tranquilla. Ma quando ho saputo del rischio che ha corso, mi sono resa conto un po' meglio di quanto il suo mestiere sia difficile e pericoloso, e ho deciso di farmi perdonare." Fece una pausa e lo guardò dritto negli occhi. "Ci sono riuscita?"

Giulio Sannazzaro le fece uno dei suoi grandi sorrisi.

"Sì, certamente. Soprattutto se mi dice dove diavolo è andata nel *week-end* successivo al delitto." Risero entrambi, il gelo si era dileguato. Renata De Marinis gli raccontò del viaggio a Roma e della strana atmosfera che circondava la casa dei genitori di Luigi Verona.

"Non mi sembra sorprendente che l'atmosfera nel ghetto di Roma sia strana, dopo quello che è successo nella famosa notte del 1943, un intero quartiere cancellato, annullato dal rastrellamento tedesco, non le pare?"

"Sì, ha ragione. Ma quella casa vuota, quel vecchissimo barbiere, sembrava un film, non sembrava vero, non so come spiegarmi, si tratta di una sensazione, nient'altro" Fece una pausa. "Senta commissario, perché non ci viene con me, e mi dice cosa ne pensa?"

"Magari se mi chiama col mio nome, potrebbe anche darsi. Ma è una cosa maledettamente complicata, devo mettermi in contatto con il collega di Roma della zona dove si trova il ghetto, dirgli cosa vado a fare, invitarlo a venire con me, insomma, un pasticcio."

"Ma no, Giulio, non andiamo in missione ufficiale, andiamo così, lei e io, a dare un'occhiata."

"Anche questa è una cosa complicata, cosa dico al mio capo, il dottor Gramaglia?"

"Oh, al dottor Gramaglia ci penso io, mi faccio fare dal professor Adriani un documento che la invia per ulteriori analisi ad un suo collega di Roma, e siamo a posto. Tanto lei è in mutua, o mi sbaglio?"

"Da più di vent'anni di questo mestiere, se ben ricordo non ho mai fatto un giorno di quella che lei chiama mutua. E poi, perché il professor Adriani dovrebbe farle un falso documento?"

"Per la buona ragione che sono io a pagargli lo stipendio."

Il giovedì, con il collare nuovo di zecca che lo faceva somigliare, magro a allampanato com'era, ad una raffigurazione del Don Chisciotte, Giulio Sannazzaro partì per Roma accompagnato dalla signora De Marinis. Scesero dal taxi davanti a Santa Maria del Pianto, lui era curioso di fare la conoscenza del vecchio barbiere, la descrizione fattagli gli ricordava il personaggio di Charlie Chaplin nel film "Il Dittatore".

Una sorpresa li attendeva: nella casa rossa dalle finestre vuote, non si vedeva al piano terra nessuna bottega, soltanto una serranda abbassata. Un pezzo di carta sgualcito, appiccicato sull'avvolgibile, portava vergate con inchiostro rosso queste parole: "Chiuso per decesso." Mentre contemplavano, desolati, il triste messaggio, un passante li rassicurò:

"Riapre la prossima settimana, gli è morta la moglie, poveretto, ma ha detto che continua, dovrebbe riaprire martedì prossimo."

Si guardarono, delusi. Mancava poco a mezzogiorno, ed il volo di ritorno era alle otto di sera. Sannazzaro non amava Roma. Ci aveva passato qualche settimana, per un corso di aggiornamento alla Scuola Superiore di Polizia, e la città, al di fuori delle sue innumerevoli opere d'arte, non gli era piaciuta. La trovava sporca, rumorosa e affollata, l'antitesi di quanto apprezzava di più, la pulizia, il silenzio e la solitudine. Amava invece i romani per la loro capacità di prendere la vita con allegra indolenza, capacità che a lui mancava totalmente. Se fosse stato solo, si sarebbe precipitato in aeroporto per trovare un posto su un volo del pomeriggio. Qualcosa gli diceva che questo non sarebbe piaciuto alla sua compagna di viaggio, così fece la sua proposta.

"Visto che siamo a due passi dal Tevere, e che è una bella giornata, possiamo risalire il Lungo Tevere fino a Castel Sant'Angelo, proseguire per piazza San Pietro e magari farci un giro, nel frattempo mangiare da qualche parte e poi prendere un taxi per l'areoporto, cosa ne dice?"

Così fecero. Passarono una buona giornata. Lei scoprì con stupore che un commissario di polizia poteva

130

essere una persona colta e amante dell'arte, e lui con lo stesso stupore scoprì che una donna bella e ricca poteva non essere né arrogante né frivola. Quando salirono sull'aereo che li avrebbe riportati a Torino, entrambi avevano eliminato dalla loro mente qualche preconcetto.

Valle di Champorcher, 15 Ottobre 1944, domenica mattina.

Marco si lasciò sfuggire un'imprecazione. Lui ed Ettore si trovavano su di uno sperone roccioso che sovrastava un piccolo villaggio, era quasi mezzogiorno ed erano in marcia dalla sera prima, quando avevano lasciato la balma e raggiunto il colle, dove si erano riposati qualche ora e avevano mangiato un po' di pane e un po' di toma, le sole cose che avevano, e che dovevano durare. All'alba erano scesi al santuario di Retempio, poi da lì avevano proseguito per una ripida mulattiera. Giunti prima dell'ultima discesa, Ettore aveva pensato che era meglio dare un'occhiata, Marco aveva tirato fuori dallo zaino il binocolo di suo padre, era un trofeo della prima guerra mondiale, suo padre lo aveva preso ad un soldato austriaco. Si era sdraiato sul roccione e l'aveva puntato verso il basso. Due soldati tedeschi si trovavano sul vecchio ponte di pietra che scavalcava il torrente.

"Siamo perduti, stanno risalendo tutte le valli, siamo in trappola, Ettore."

Lui non rispose, stava cercando una buona ragione per rincuorare il suo compagno, ma non la stava trovando. Marco era sfinito. Contrariamente a Ettore allenato ad andare su e giù per i monti, lui non aveva mai fatto niente del genere, e aveva conosciuto Ettore casualmente durante le vacanze che suo padre, vedovo da diversi anni, aveva deciso di passare in Valchiusella, ma per stare al fresco e giocare a bocce, non per fare delle escursioni.

"Mussolini ha promesso l'amnistia per chi si consegna." La frase di Marco lo colpì come un pugno nello stomaco.

"Io non mi arrenderò mai, ma non posso e non voglio impedirti di farlo, va, se tu lo ritieni giusto." Pronunciò queste parole lentamente, pesandole ad una ad una, con tono grave.

"No, non è giusto, lo so, ma non so cos'altro possiamo fare per evitare di essere catturati, che sarà certo peggio che non arrendersi"

"Dammi un po' di tempo per pensarci, magari troverò una soluzione" Marco lo guardò, ammirato. Si, lo ammirava tantissimo, non voleva lasciarlo, voleva stare con lui perché lo amava, sapeva che avrebbe trovato una soluzione. Lo attirò su di se e lo strinse con forza, sussurrandogli che non l'avrebbe mai lasciato.

Commissariato Torino Centro, 10 Novembre 1995,
venerdì mattina.

"*Nessun maggior dolore che ricordare il tempo
felice nella tempesta*" si recitò tra sé e sé Giulio Sannazzaro,
ripescando nei suoi lontani ricordi liceali, mentre una torma
di scalmanati (cosi apparivano ai suoi occhi) ovvero di
colleghi, di querelanti, di sottoposti lo attendeva a piè fermo
davanti alla porta del suo ufficio. Dispensò a tutti una salva
di sorrisi, seguiti da un "datemi un attimo, sono subito da
voi" mentre apriva la porta, la richiudeva e si lasciava
crollare sulla poltrona, appena in tempo per sentire lo squillo
del telefono cui si guardò bene dal rispondere. Odiava essere
atteso, lo metteva di malumore, lo faceva sentire in colpa,
era come cadere in un agguato. Che differenza c'era, in
fondo, tra quegli scalmanati e l'assassino? La differenza, si
disse, stava nel fatto che lui dopo aver tirato la sua raffica
era scomparso, mentre quelli non sarebbero scomparsi, no,
fino a quando non avesse dato loro udienza sarebbero rimasti
lì, ad aspettarlo, per l'eternità.

Con un sospiro, si disse che non era giusto fare il
difficile con chi aveva lavorato per lui, e decise di chiamare
Pantosti.

Pantosti arrivò in un attimo, e lo mise al corrente
dello stato delle indagini, che, come il commissario aveva
previsto, segnavano il passo.

"L'unica novità, conclude sconsolato Pantosti, è che
la *Pulital* non è un'azienda come tutte le altre, ma un
consorzio, e che vol dì, Commissà?" Il Consorzio era una
struttura d'imprese, costituita in particolare per fornire
servizi agli enti pubblici, la capogruppo cercava gli appalti,
assegnandoli via via ai membri che avevano le risorse e le
caratteristiche necessarie, e tra di loro i membri della
struttura consortile evitavano di farsi concorrenza. Se la
Pulital era la capogruppo, altre imprese operavano sotto il
suo nome, e quindi voleva dire che le ricerche dovevano
allargarsi ulteriormente.

134

"Pantosti, chieda alla Finanza di procurarci il più presto possibile la lista dei soci del Consorzio, sperando che non siano centinaia, e poi sarà lì che cercheremo"

La Finanza – che conosceva la natura della *Pulital* – aveva il documento in grande evidenza. I consorzi di servizi erano stati creati, con apposita legge, alla fine degli anni '70, e lo scopo della loro istituzione era stato quello di lottare contro la piaga del subappalto, che permetteva ad imprese dal nome prestigioso ed immacolato di prendersi il lavoro ed a affidarlo a altre imprese, che evadevano tutte le leggi e utilizzavano mano d'opera sottopagata e supersfruttata. In realtà, alcuni consorzi avevano trovato il modo di fare la stessa cosa, mettendo in opera strutture così complesse da rendere in pratica impossibile ogni controllo.

Tra le imprese appartenenti al consorzio *Pulital*, una attirò immediatamente l'attenzione del commissario, mentre esaminava l'elenco appena ricevuto via *facs* dalla Finanza: l'impresa di pulizia *La lucente*, con sede a Mondovì, in provincia di Cuneo, a poca distanza dal luogo dell'attentato. Sospirò e si appoggiò allo schienale della poltrona, sconsolato. Per continuare le indagini in un'altra provincia, doveva parlarne a Gramaglia, che ne avrebbe parlato al prefetto Raso della provincia di Torino, che a sua volta avrebbe telefonato al suo collega Stocco, prefetto della provincia di Cuneo, la *Pruvincia Granda*. Lui a sua volta avrebbe parlato al questore di Cuneo, il dottor Einaudi, parente dell'ex Presidente della Repubblica Luigi Einaudi, che per paura di non essere degno del nome che portava, prendeva le sue decisoni con enorme lentezza. Tutto questo poteva richiedere giorni, forse settimane.

In quel momento, gli venne in mente l'efficientissimo maresciallo dei Carabinieri Andrea Montorsi, che la domenica precedente lo aveva salvato dai giornalisti ed aveva condotto le ricerche sul Tanaro. Era appunto il comandante della stazione di Carabinieri di Mondovì, che poteva chiedere di meglio? E chi meglio di lui poteva dargli indicazioni sull'impresa di pulizia? *Attenzione Giulio*, si disse il commissario, *qui stai calpestando terreno minato, se Gramaglia viene a sapere che mi metto*

135

d'accordo con la concorrenza, è niente in confronto al fatto di venire a sapere che faccio l'amore con sua moglie, è capace di mandarmi a controllare le auto al casello di Cosenza Sud, devi stare attento, pensaci bene, Giulio". La mano, che non aveva ascoltato le sagge raccomandazioni della sua mente, aveva già composto il numero di telefono della stazione di Carabinieri di Mondovì, e si era fatto passare Montorsi. Quando udì la sua voce all'altro capo del filo, sussurrò:

"Maresciallo, sono Sannazzaro, devo chiederle un favore molto, molto riservato..."

L'accoglienza che Irina Vassilieva gli riservò al suo rientro a casa venerdì sera, non fu delle migliori. Irina sapeva benissimo, grazie alle sue serate d'antiquariato russo, che Renata De Marinis era una delle maggiori azioniste della lussuosa clinica torinese, e quando Giulio Sannazzaro le aveva telefonato dal suo letto di dolore, aveva cominciato ad insospettirsi; il suo sospetto si era ingigantito, quando giovedì si era recata in clinica a cercarlo, e le era stato detto che era partito per Roma, per una visita di controllo – ed alla sua obiezione, come poteva nelle sue condizioni fare il viaggio da solo, le era stato risposto che non era solo, ma era accompagnato dalla signora De Marinis e che appunto per questo il primario aveva dato il suo consenso.

Sannazzaro si era preparato coscenziosamente, aveva tutte le coordinate necessarie della clinica romana per sostenere un interrogatorio, non poteva dire la verità a Irina non tanto perchè avesse qualcosa da nascondere sulla natura della relazione tra lui e la De Marinis, ma perchè non voleva che Irina mettesse il marito al corrente della sua indagine diciamo così, piuttosto informale. Irina ascoltò le sue spiegazioni senza lagrime e senza il solito fiume di parolacce russe e ciò preoccupò non poco il commissario.

Al racconto di Sannazzaro, seguì un lungo silenzio. Poi Irina parlò, con voce grave e l'accento russo fortissimo, segno in lei di grande emozione.

"Tu ami quella donna, Giulio?"

"No, assolutamente. E' tuttora sulla lista delle persone che sospetto. Ma appunto per questo, ho ritenuto utile passare del tempo con lei."

"E hai deciso che è colpevole o innocente?"

"Non ho deciso nulla, tu sai benissimo che non sono io che decido una cosa del genere. Ho capito però che alcune cose del passato di suo marito non le sono chiare, e questo può essere importante per le indagini."

Irina lo guardò dritto negli occhi, e l'azzurro dei suoi era diventato di ghiaccio.

"Provaci solo a tradirmi, Maigret, e qualcuno si troverà ad indagare sul misterioso omicidio di un commissario, omicidio con taglio degli attributi, *da*?" La sua mano destra sforbiciò per aria, inequivocabile. Giulio si sentì sollevato, capì che il peggio era passato.

"Non ho nessuna intenziona di tradirti, non ho nessuno da stuzzicare il mattino, nel letto, io!"

"Oh, ancora questa storia, come ti devo ripetere che sono sposata? E poi, se proprio vuoi saperlo, da allora non ho più fatto l'amore con lui e non lo farò mai più. Ma tu non mi devi tradire, *pagniatno*?"

"Ho capito, *da*, *pagniatno*. Puoi... fermarti, stasera?"

137

Mondovi piazza, 11 Novembre 1995, sabato mattina.

Giulio Sannazzaro e Andrea Montorsi si trovarono, come due congiurati, in un bar di Mondovì piazza. Erano entrambi in borghese, e Montorsi aveva chiesto al padrone del bar una saletta riservata, al riparo da occhi indiscreti. Il maresciallo Montorsi era un abbruzzese di quarant'anni, non molto alto, tarchiato, la barba nera e folta ed i capelli spruzzati di grigio.

Il commissario aveva messo Montorsi al corrente delle indagini sul delitto Verona, fin nei minimi dettagli. Il maresciallo, dal canto suo, aveva portato a Sannazzaro una notizia preziosa: uno dei dipendenti dell'impresa di pulizia *La Lucente* era un canoista di buon livello, Giovanni Cagliero, campione regionale di discesa, gloria del Canoa Club di Cuneo. Il maresciallo lo conosceva bene, i carabinieri erano di servizio durante le gare di canoa, con il loro nucleo di sommozzatori. Era un uomo di venticinque anni, di statura media, robusto, poteva sicuramente essere l'autore dell'attentato. Passava tutti i *week end* al Club, per allenarsi o per tenere corsi agli esordienti. Il sabato della sparatoria, però, non era in sede, aveva telefonato per dire che non poteva andarci, non si sentiva bene. Montorsi aveva avuto questa notizia del presidente del Club, cui aveva fatto una telefonata con la scusa di avere notizie sugli allenamenti del campione locale.

"Potremmo andare al club oggi, aggiunse Montorsi, io potrei dire che sei un canoista di passaggio, magari un milanese, ne vengono parecchi. Naturalmente dato che la tua foto è apparsa su tutti i giornali, provvederemo a truccarti in modo adeguato."

"No, non è possibile, conosco il presidente, sono dieci anni che vengo qui a fare canoa, anche truccato mi riconoscerebbe di sicuro, la voce non posso cambiarla."

"Forse tu conoscevi il presidente che c'era prima, Mansuino."

"Si, certo, perché, non è più lui?"

"No, non è più lui da un paio d'anni, si è trasferito per lavoro a Genova, quello che c'è adesso è un italo-

138

americano, un ex emigrato negli Sati Uniti. Quando è andato in pensione ha voluto rientrare nelle terre dei suoi avi. È un appassionato di canoa che per problemi di salute non ce la fa più a praticare questo sport ma che si è messo a disposizione del club anima e corpo."

"La tua mi sembra un'ottima idea, dato che oggi Cagliero, come mi hai detto, dovrebbe essere lì. Sei sicuro che non riuscirà a riconoscermi?"

"Sicurissimo, quando lo vedrai capirai perché. Vieni, facciamo un salto nel mio ufficio, ho quello che ci serve per il trucco, è roba che usiamo per i pedinamenti. Naturalmente, dovrai fare a meno del collare per qualche ora."

Poco prima di mezzogiorno Montorsi e Sannazzaro – quest'ultimo provvisto di barba e baffi finti, il commissario aveva l'impressione che tutti lo guardassero e indovinassero che si trattava di un travestimento, ma il maresciallo era molto convinto della sua opera – erano nella sede del Cuneo Canoa Club, posta sulle rive del Gesso, che in quel punto scorreva impetuoso. Il presidente li ricevette nel suo ufficio, una stanzetta tappezzata di manifesti d'annuncio di gare di canoa e con una mensola appesa al muro dietro la scrivania piena di trofei. Era un uomo di una sessantina d'anni con una folta barba grigia ed un paio di occhiali dalle lenti spessissime sul naso, talmente spesse da far capire immediatamente al commissario l'allusione di Montorsi. Il suo accento americano era piuttosto marcato. Si dimostrò felice di ricevere un ospite accompagnato dal maresciallo. Cominciò con il raccontare la storia di ognuno dei trofei posti sulla mensola, poi li accompagnò nella visita della sede, spiegando con orgoglio quanti lavori di miglioramento erano stati fatti sotto la sua presidenza.

Erano appena giunti nello stanzone dove venivano custodite le canoe, che tre persone equipaggiate di tutto punto fecero il loro ingresso nel locale e si misero a prendere le imbarcazioni dalle rastrelliere. Il Presidente posò la mano sulla spalla di uno di loro, un giovane con -una corta barba scura.

"Ecco il nostro campione, Giovanni Cagliero, sta partendo per la discesa del Gesso e della Stura fino a Cherasco dove io andrò a recuperarli, accompagna due canoisti tedeschi, sa, la Stura di Demonte è molto nota anche all'estero, è il fiume più veloce d'Italia, dovrebbe farla anche lei questa discesa, signor?"

"Avvocato Perotti, Giulio Perotti. Potrebbe essere un'idea, magari quando sarò un po' più allenato, da quanto mi dice deve trattarsi di una discesa piuttosto impegnativa."

"Meno di quello che si può immaginare, è veloce ma scorre su di un letto ghiaioso, grandi onde ma nessun punto veramente difficile, venga e vedrà che si divertirà un mondo."

Il commissario non gli prestava più molta attenzione. Ne era sicuro: il canoista che l'aveva mitragliato sul Tanaro era lui, Giovanni Cagliero. Il casco metallizzato con il paracolpi, la muta nera ed il salvagente rosso scuro non potevano essere, tutti e tre, una coincidenza.

Si accomiatò frettolosamente dal presidente del Club, che non la finiva più di inondarlo con un mare di parole sulla Stura di Demonte e su tutti i fiumi circostanti, perfettamente noti al commissario. Inventò un impegno a pranzo con un cliente, si sentì invitare a cena la prossima volta che fosse venuto da quelle parti dal presidente che sembrava preso da una simpatia travolgente nei suoi confronti, e finalmente riuscirono a raggiungere l'auto, posteggiata nel viale soprastante il fiume. Giulio Sannazzaro si strappò dal volto i baffi e la barba finta e comunicò le sue conclusioni su Giovanni Cagliero al maresciallo Montorsi. Decisero entrambi che era venuto il momento di un'azione ufficiale, ovvero di una perquisizione a casa del sospettato. Per questo era necessario avere l'autorizzazione dei propri rispettivi superiori. Nel frattempo, Montorsi avrebbe posto Cagliero sotto sorveglianza, con molta discrezione.

San Mauro, 12 Novembre 1995, domenica mattina.

Renata De Marinis era seduta nello studio del marito, alla sua scrivania. Davanti a lei stava una grande scatola di cartone contenente gli effetti personali di Luigi Verona che la polizia le aveva dato dopo il suo funerale. L'assassino lo aveva spogliato nell'ufficio del Museo, ed aveva lasciato lì tutto quanto. Era venuto il momento tanto temuto, quello di frugare nella vita del defunto, un modo di farlo o rivivere o morire per sempre, secondo quanto avesse scoperto. Non era obbligata a farlo, poteva lasciare tutto esattamente dov'era, chiudere la porta, murarla e non pensarci più. Avrebbe fatto sicuramente così, se suo marito non fosse morto assassinato.

Sospirando, tagliò con le forbici il nastro adesivo ricoperto di timbri che chiudeva lo scatolone e lo aprì con cautela. Sopra ai vestiti erano posati un portafogli di pelle nera, una penna stilografica - un'*Aurora* dal cappuccio in acciaio ed un orologio da polso, un *Omega Seamaster* meccanico che Renata aveva regalato al marito il giorno del loro fidanzamento. Prese il portafogli, lo rigirò tra le mani senza aprirlo, non l'aveva mai fatto. Finalmente si decise, lo aperse e cominciò a frugare nei vari scomparti. Trovò una fotografia scattata in Egitto, lei e suo marito abbracciati davanti alla Sfinge, e la commozione la travolse. Non aveva ancora pianto dopo l'assassinio, non ci era riuscita. L'ondata di ricordi finalmente le salì agli occhi e alla gola, le lacrime cominciarono a colarle sul viso ed i singhiozzi a scuoterla convulsamente. Piangeva così forte che suo padre la udì dal giardino, si precipitò nello studio, le passò un braccio intorno alla spalla e la tenne così, a lungo, appoggiata al suo petto, in silenzio, lasciando che il pianto disperato cedesse il posto ad un lamento sempre più flebile, accompagnato da frasi smozzicate e sensa senso.

Dopo una buona mezz'ora Renata De Marinis si staccò da suo padre e decise che doveva continuare a fare quello che stava facendo, non era donna da lasciare le cose a metà. Stava per riporre in una scatola la fotografia che l'aveva tanto commossa, quando si accorse che, appiccicata

141

sul dorso si trovava un'altra fotografia, questa volta di una donna, sola, a mezzo busto. Si trattava di una giovane donna bruna, dai capelli lunghi e ondulati che le ricadevano sulle spalle, dall'ovale perfetto e dal naso leggermente aquilino, un naso, si disse, decisamente ebreo, lo stesso naso di Luigi, anzi, anche se la foto, piccola e ingiallita dal tempo non era perfettamente leggibile, la somiglianza della donna con suo marito era evidente.

Chi era quella donna? Renata De Marinis aveva chiesto a Luigi, quando avevano deciso di sposarsi, una fotografia dei suoi genitori, ma suo marito le aveva spiegato che i deportati venivano spogliati di tutto, non potevano tenere nulla con sé, la loro identità, i loro ricordi dovevano essere cancellati, in modo che, anche se fossero sopravvissuti, la loro dignità di esseri umani sarebbe stata distrutta. Dunque non poteva essere sua madre, la signora Verona, e d'altra parte non poteva essere la foto di qualche sua amante, la carta spessa e ingiallita la situava assai lontano negli anni. La fece esaminare a suo padre, che aveva deciso di stare con lei per confortarla, e Gerardo De Marinis aveva confermato trattarsi di una foto molto vecchia, certamente scattata prima degli anni'50, ma forse anche prima della guerra.

Chi poteva essere dunque quella donna, così importante per Luigi Verona da avere l'effige religiosamente conservata nel suo portafoglio, assieme a quella che li ritraeva durante i loro anni più felici? Renata sapeva che in Egitto Luigi aveva uno zio, fratello di suo madre, che l'aveva alloggiato, nutrito e che gli aveva pagato gli studi, consentendogli di laurearsi in egittologia al Cairo. Lo zio era morto poco prima che si conoscessero, lei e Luigi.

Ormai il dolore aveva lasciato posto alla divorante curiosità femminile, e Renata De Marinis non si sarebbe più data pace fino a quando non fosse venuta a capo della faccenda. Non sarebbe stato facile: l'unica cosa che Renata De Marinis sapeva di sua suocera era che si chiamava Miriam e che il nome di suo zio, il fratello, era Elia. Il loro cognome le era assolutamente sconosciuto, suo marito non lo aveva mai pronunciato e lei non aveva mai pensato che le

142

servisse saperlo. Elia e Miriam erano due nomi molto comuni tra gli ebrei, solo con quelle informazioni non sarebbe andata tanto lontano. A meno che... sì, ecco da chi poteva sapere qualche cosa di più, il piccolo barbiere, il novello vedovo, magari adesso che la gelosissima moglie era morta avrebbe trasformato la sua bottega con i calendarietti profumati in un salone di *coiffure pour dames.* Si vergognò subito di aver avuto questo pensiero irriverente, se il suo dolore era così forte dopo vent'anni di matrimonio, chissà come doveva essere quello del barbiere, dopo una cinquantina di anni di vita in comune. "Devo andare lo stesso, si disse, ci avevano detto che riapriva martedì, dopodomani, andrò e farò finta di niente, se apre il negozio vuol dire che il dolore non l'ha distrutto, magari gli fa bene parlare con qualcuno, così non pensa a sua moglie."

143

Roma, 14 Novembre 1995, martedì mattina.

Il piccolo barbiere, che si chiamava Isaac Levi, aveva accolto con molta cortesia Renata De Marinis. La morte della moglie non sembrava averlo sconvolto, sull'immacolato camice bianco portava una banda nera, e nulla più. Alle condoglianze della signora De Marinis, che aveva deciso di non ignorare il suo lutto, aveva risposto che la moglie un anno prima era stata colpita da un *ictus* che l'aveva messa in uno stato di vita vegetativa, e che dunque aveva avuto tempo di abituarsi all'idea della sua scomparsa.

Renata De Marinis tirò fuori dalla borsa la fotografia della donna misteriosa e gliela porse. Isaac Levi si munì di una lente di ingrandimento e la esaminò con attenzione. Scosse il capo più volte, e la restituì a Renata De Marinis.

"Tutto quello che posso dirle, signora, è che non si tratta sicuramente della madre di suo marito, ma che le somiglia moltissimo. Io credo che si tratti della sorella maledetta di Miriam."

"La sorella maledetta? Di che si tratta?"

"Non ne so molto. Quello che so è che, dopo il suo allontanamento dall'Università a causa delle leggi razziali, Diego Verona, mentre gli facevo la barba, era sbottato in una frase che mi aveva molto colpito, aveva detto che tutto questo capitava a causa degli amici di quella maledetta di sua cognata. Poi, non aveva aggiunto altro e non aveva voluto darmi ulteriori spiegazioni. È stata l'unica volta che me ne ha parlato, ma evidentemente Miriam aveva una sorella della quale si vergognava e che suo marito odiava, per qualche motivo che ignoro.." Fece una breve pausa. "Certo che è strano che suo marito portasse, tra i suoi ricordi più cari, una foto di sua zia, oltre tutto di una zia diciamo così, rinnegata."

Renata De Marinis non sapeva cosa pensare. Avesse trovato nel portafoglio di suo marito la foto di una delle sue studentesse, si sarebbe stupita molto di meno.

"Per caso lei conosce il nome da signorina di Miriam?"

"Oh sì certo, si chiamava Miriam Pugliese."

144

"Pugliese? Credevo che fosse un'egiziana."

"Era un'egiziana, nel senso che era nata in Egitto da un padre italiano e da una madre egiziana, molti italiani sono emigrati in Egitto, sopratutto ai tempi della carboneria, risorgimentali perseguitati, liberi pensatori, anarchici e ebrei romani, stufi di come li trattava lo stato pontificio."

C'era un'altra domanda che Renata voleva fare a Isaac Levi, ma non osava, cominciava ad avere paura di quello che avrebbe scoperto. Alla fine si decise e chiese se gli risultava che Miriam avesse un fratello. La risposta fu che sì, esisteva un fratello che si chiamava David.

Renata non fece commenti. Non voleva far capire a Isaac che suo marito le aveva raccontato delle frottole, se ne vergognava, chissà perché, come fosse stata colpa sua. Luigi Verona le aveva detto di avere uno zio che si chiamava Elia, e non le aveva mai parlato di una zia.

Decise che doveva parlarne al commissario, ringraziò il piccolo barbiere per le sue spiegazioni, si fece chiamare un taxi e se ne andò.

Commissariato Torino centro, 15 Novembre 1995, mercoledi mattina.

Giulio Sannazzaro stava mordendo il freno, in attesa che il dottor Gramaglia si mettesse d'accordo con il questore di Cuneo, il dottor Einaudi. Per non dire al suo superiore che aveva preso accordi segreti con la concorrenza, ovvero i Carabinieri, si era inventato una storia che probabilmente Gramaglia non aveva bevuto - storia che concerneva una visita solitaria del commissario al Canoa Club di Cuneo per improbabili motivi sportivi, visita che casualmente l'aveva messo a tu per tu con il possibile attentatore dandogli l'opportunità di riconoscerlo. Il dottor Gramaglia aveva ascoltato in silenzio, aveva emesso un sospiro e aveva brontolato che si sarebbe messo in contatto con il collega di Cuneo, ed aveva concluso:
"Speriamo che non mi abbia combinato un pasticcio, Giulio, come al suo solito, se Einaudi sospetta che lei ha preso delle iniziative non proprio ortodosse, mi farà trovare lungo." Aveva messo giù il telefono, era lunedì mattina alle nove, dopo di che, nessuna notizia.
Mentre meditava cupamente su quanto gli alti papaveri fossero inutili ed ipocriti, ricordando i roboanti richiami del Prefetto Raso alla collaborazione tra le varie forze di polizia, squillò il telefono ed il centralinista gli chiese se voleva parlare alla signora De Marinis. Certo che le voleva parlare, aveva proprio bisogno di sentire una voce amica per tirarsi su il morale. Dopo il viaggio a Roma non si erano più sentiti. Sannazzaro aveva un bel ricordo di quella giornata passata assieme, era stato bene con lei, gli sembrava che la loro conoscenza poteva trasformarsi in una buona amicizia.

146

Cascina La Fonda, riva sinistra del Pesio, mercoledi sera.

Giovanni Cagliero ebbe appena il tempo di sbucare nell'aia della vecchia cascina in riva al Pesio dove abitava, che ebbe di colpo l'impressione di trovarsi sul *set* di un film di guerra. Un numero imprecisato di uomini vestiti di scuro, muniti di elmetto e armati fino ai denti aveva invaso il cortile. Ebbe appena il tempo di chiedersi cosa facevano e come mai erano lì che la luce accecante di un riflettore fu puntata contro il parabrezza della sua *Panda*. Una voce stentorea gridò, attraverso un megafono: "Giovanni Cagliero, metta subito le mani sul volante, poi esca lentamente dalla sua auto con le mani alzate, non faccia movimenti bruschi se no apriamo il fuoco."

Cagliero, terrorizzato, mise le mani sul volante e poi alzò immediatamente le braccia cercando di uscire dalla *Panda*, ma siccome le mani alzate si scontravano contro il tettuccio, non riusciva ad uscire dall'auto. Finalmente un paio di quegli strani soldati gli si erano buttati addosso trascinandolo fuori, lo avevano sbattuto contro il muro del fienile e l'avevano ammanettato, mentre un terzo sventolava come un trofeo una strana tuta spaziale di color verde pisello, gridando "Ecco, l'abbiamo trovata, è lei!" Caricato su un auto tra i due che l'avevano ammanettato, fece in tempo a vedere qualcuno che brandiva un'arma, sembrava un fucile mitragliatore, per un attimo pensò che lo avrebbero giustiziato lì, sul posto e chinò la testa, rassegnato. Nulla accadde, e l'auto che lo trasportava infilò la stretta stradina sterrata che finiva a casa sua, facendo ululare la sirena e terrorizzando un gruppo di innocenti galline, che si dispersero starnazzando.

147

Commissariato Torino centro, mercoledì notte.

Cagliero era seduto nella sala degli interrogatori. Davanti a lui, il commissario. Sul tavolo, la strana tuta spaziale color verde pisello, una mitraglietta *Scorpion* ed una grande busta gialla semiaperta in modo da lasciar vedere il contenuto, un pacco di biglietti da centomila lire. Il campione regionale di *kayak* era palesemente sconvolto, la sua gamba destra sussultava in preda ad un tremito continuo, le mani giunte appoggiate sul tavolo erano quasi bluastre tanto forte era la pressione sulle dita, il sudore colava abbondantemente dalla nuca nel colletto della camicia.

Il commissario, con studiata lentezza, prese la busta gialla per un angolo, la sollevò e ne versò il contenuto sul tavolo, spargendo le banconote un po' dappertutto. Fece una lunga pausa per aumentare la *suspence* e finalmente sibilò:

"Questi sono quattro milioni di lire, lei ha cercato di uccidermi per quattro miserabili milioni, per lei valgo dunque così poco?"

Giovanni Cagliero deglutì, aperse la bocca, cercò di parlare, non ci riuscì, si schiarì la voce e finalmente riuscì a sillabare:

"Io...non ho mai visto quella busta, commissario, lo giuro!"

"Ma come fa a non averla vista, lei mi sta prendendo in giro, Caglieris – Giulio Sannazzaro aveva storpiato apposta il cognome del campione regionale, per umiliarlo – questa busta era nascosta nella cassetta degli attrezzi del suo trattore, la mitraglietta nel fienile, dove si trovava anche la tuta, che lei ha usato per uccidere e mummificare il professor Luigi Verona, su mandato del dottor architetto Mariano Saporiti, che per questo servizio spero le abbia dato ben di più di quattro miserabili milioni, vero Cagliostro?"

"Io non ho mai visto Mariano Saporiti, conosco solo il suo nome ma non l'ho mai visto, lo giuro! E poi il mercoledì sera dell'assassinio del professor Verona, io ero a cena con degli amici a Mondovì, eravamo una ventina, potete chiedere a chi volete, ve lo confermeranno."

"Allora perché abbiamo trovato quella tuta a casa sua?"

"E io cosa ne so? Io non l'ho mai vista, quella tuta."

"Allora, ammettiamo che lei abbia un alibi per la sera nella quale il professor Verona è stato ucciso, qual'è il suo alibi per il sabato di due settimane fa, verso le undici di mattina, quando qualcuno con la *sua* muta ed il *suo* caschetto mi ha sparato addosso una raffica di mitra per ammazzarmi?"

Il campione di canoa impallidì. Con un filo di voce sussurrò:

"Quel sabato avevo l'influenza, per questa ragione non sono andato al Club, ho telefonato al Presidente e glie l'ho detto."

"Sì, ma lei dov'era sabato, e chi può confermare il suo alibi? Sempre gli stessi amici del mercoledì sera?"

Giovanni Cagliero non rispose. Il commissario si alzò in piedi, si mise dietro di lui, si chinò gridandogli nell'orecchio destro:

"Le ho chiesto dov'era sabato alle undici di mattina, e chi può confermare il suo alibi."

Giovanni Cagliero cercò di mettere un po' di distanza fra l'orecchio e la bocca del commissario. Si prese la testa fra le mani e disse:

"Sabato sono stato a letto tutto il giorno, avevo l'influenza, era a casa mia, da solo."

Il commissario alzò le braccia in segno d'esultanza.

"Finalmente! Dunque nessuno può dire dove lei era veramente, sabato! E perché non su un gabbione lungo il Tanaro, con in mano questo fucile mitragliatore che doveva uccidermi, ma che fortunatamente mi ha soltanto ferito?"

"Io le ripeto, signor commissario, che non ho mai visto quel coso, quella specie di mitra, che non l'ho mai visto e non ho la più pallida idea di come si usa."

Giulio Sannazzaro urlò, spazientito:

"Lei mente, lei mi prende in giro, ma le giuro che anche se dovessimo star qui per tutta la notte, lei confesserà, perdio, o come confesserà!"

Si girò di scatto e uscì.

149

Nel corridoio, gli venne incontro Pantosti, che aveva seguito l'interrogatorio attraverso il vetro. Pantosti lo guardò, un po' preoccupato.

"Tutto bene, commissario? La vedo un po' stanco, si prenda una pausa, intanto lo lavoro io, eh, che ne dice?"

Sannazzaro si asciugò la fronte, imperlata di sudore. Assentì col capo e si diresse verso la macchinetta del caffé. Sì, aveva bisogno di una pausa, ma non per la stanchezza, si sentiva strano. Era conosciuto come il più calmo dei poliziotti, la sua capacità di far confessare con un bel sorriso era leggendaria, cosa gli stava succedendo?

Ecco cosa gli stava succedendo: *Giovanni Cagliero lo aveva deluso.* La domenica sul Tanaro, intento a cercare le sue tracce, aveva pensato agli indiani, Sioux o Cheyenne, dai lunghi capelli corvini, con la fascia che teneva la penna d'aquila, scuri, fieri e muscolosi. Si trovava invece di fronte un giovanotto impaurito, muscoloso sì, ma pallido, con una ridicola barbetta nera, del tutto diverso dal tipo che il commissario si aspettava, certo non un indiano, ma un uomo dalla barba e i capelli fluenti, abbronzato, selvaggio, magari con un orecchino all'orecchio destro, che arrestato avrebbe tenuto un atteggiamento spavaldo, proprio come gli indiani. Non aveva dubbi sulla colpevolezza di Cagliero, ed il fatto che avesse un alibi per la sera dell'assassinio non lo turbava: il mandante poteva benissimo aver arruolato qualcuno per uccidere Luigi Verona ed un altro per l'attentato, con gli interessi economici che si intravedevano dietro gli appalti di pulizia, non era strano che si potesse pagare più di un sicario.

Giulio Sannazzaro scelse un thé al limone, si disse che non sarebbe stata una cattiva idea far mettere la camomilla tra le bevande calde che, quando non era guasta, la macchinetta dispensava alle forze di Polizia. Ritornò dietro al vetro, ed osservò con sollievo Pantosti al lavoro, stava battendo i pugni sul tavolo e brandendo la mitraglietta, come avesse voluto usarla contro Cagliero. *Entro qualche ora confesserà, non resisterà molto, si disse, poi dovremo capire chi l'ha pagato e perché, non è poi così ovvio che dietro tutto questo ci sia la mafia, in Piemonte non è ancora arrivata ad uccidere dei commissari.*

Si mise seduto davanti al vetro sorseggiando il suo thè al limone, e attese.

Villa De Marinis a San Mauro Torinese, 16 Novembre 1995, giovedì mattina sul tardi.

Renata non sapeva che pesci pigliare. Aveva telefonato a Sannazzaro per parlargli delle fotografia misteriosa, ma il suo tono non era stato particolarmente incoraggiante, l'aveva sentito lontano, immerso in altri pensieri, poco convinto che la storia della sorella maledetta avesse qualche importanza per l'indagine sull'assassinio di suo marito. Il commissario aveva frettolosamente chiuso la telefonata dicendole di portargli la fotografia per farla esaminare in laboratorio, ma a lei la cosa non piaceva affatto. Temeva che l'affidare quella fotografia a qualche anonimo funzionario significasse perderla, attendere invano una risposta, e intanto non averla più a disposizione. Ne parlò a suo padre, che le suggerì di rivolgersi ad un noto fotografo torinese, Sergio Giaccaglia, che lui conosceva bene ma che conosceva anche lei, perché era il fotografo ufficiale di famiglia, quello delle grandi occasioni, del battesimo e della prima comunione, con il suo enorme apparecchio in legno con il soffietto di tela nera montato su di un grande treppiede.

Fece telefonare da suo padre al fotografo e, appena saputo che poteva andare quando voleva, si precipitò nel suo studio in piazza Castello. Sergio Giaccaglia era un appassionato collezionista di libri antichi e rari, che ricoprivano tutte le superfici disponibili dell'appartamento tranne che nello studio, dove troneggiava sul suo alto treppiede sempre la stessa, enorme macchina fotografica in legno con il soffietto di tela nera. Il fotografo le fece strada, guidandola lungo uno stretto sentiero ricavato tra i volumi, fino ad arrivare in un salotto dove nel mare librario emergevano un divano e due poltrone. La fece sedere, si fece dare la foto e la esaminò con cura, poi si mise a grattarne leggermente il dorso. Prese una lente di ingrandimento per esaminare la parte dove aveva fatto la grattatina, ed esclamò:

"Questa sì, che è una rarità, una fotografia stampata a Francoforte negli anni '30, non ne capitano tutti i giorni."

Renata sbarrò gli occhi, sorpresa.

152

"A Francoforte? Negli anni '30? Ma ne è sicuro?"

"Sicurissimo. Vede questa scritta dove ho tolto la colla? È il marchio di uno studio fotografico di Francoforte, appunto, lo studio *"Grüneburg"* – il nome è quello del più grande parco della città, lo studio si trova nelle sue vicinanze - che ha sempre lavorato per clienti molto danarosi almeno fino al 1935, non so oltre. Il titolare era un ebreo, e qualcuno non molto gentilmente deve avergli chiesto di cessare ogni attività, ma può darsi che l'abbia rilevata un tedesco di pura razza ariana. Scusami la curiosità, Renata, ma di chi è questa foto?"

Lei gli raccontò la storia della fotografia, e Giaccaglia scosse il capo, perplesso. Aveva fatto le sue condoglianze nell'accogliere la vedova, e non sapeva cosa dire. Renata lasciò lo studio del fotografo, uscì sotto i portici e si fermò, indecisa. Il *pavé* di Piazza Castello era lucido per la pioggia, le due torri romane sembravano più rosse del solito, Giove pluvio aveva provveduto alla loro pulizia. Il commissariato era a due passi, non resistette. Imboccò via Verdi, entrò e disse al piantone che voleva parlare al commissario Giulio Sannazzaro. Il piantone fece una telefonata, poi le disse di salire.

153

Commissariato Torino centro, 16 Novembre 1995,
giovedì pomeriggio.

L'interrogatorio di Cagliero non aveva dato alcun risultato, lui si era ostinato a negare e mano a mano che il tempo passava, invece di crollare il campione di canoa sembrava aver trovato delle energie riposte da qualche parte nel suo fisico sportivo. Un campione di *kayak*, anche se dilettante, si deve sottoporre ad allenamenti molto pesanti, superiori di gran lunga, in intensità e durata, a quelli di qualunque altro sport praticato a livello amatoriale. Non c'era dunque da stupirsi se Cagliero, una volta passato lo *choc* per l'arresto, tenesse duro. Era stato arrestato mercoledì sera, sottoposto a interrogatorio fino alle quattro di giovedì mattina, Pantosti aveva gettato la spugna, lo aveva sotituito Salviati, poi era ritornato Sannazzaro, niente da fare, Cagliero negava tutto e sosteneva di essere vittima di una macchinazione, chiunque avrebbe potuto nascondere nel fienile di casa sua, abbandonata tutto il giorno e completamente isolata, tutta quella roba, tuta, mitra, denaro e volendo chissà cos'altro.

Non restava che attendere i responsi della scientifica, che avrebbe tentato di trovare nella tuta abbastanza materia organica per identificare un DNA, mentre nessuna impronta digitale era stata trovata né sulla busta con i quattro milioni né sulla mitraglietta. Anche la mitraglietta, invece di portare elementi utili all'indagine, non faceva che imbrogliare le carte. Gli esperti di balistica avevano constatato che era stata usata di recente, ma quando Sannazzaro era andato nella sala di tiro per assistere alle prove, si era accorto che il suo crepitio non era quello che aveva udito, era più stridulo, più rapido - nelle sue orecchie il ricordo era quello di un cantilenante *ra-ta..-ta..ta..* piuttosto che non il veloce e stridulo *rititititi* della mitraglietta trovata nel fienile.

Era giovedì pomeriggio 16 Novembre, l'indagine era di nuovo in alto mare, anche se tutti erano convinti di essere ormai al traguardo, giornalisti compresi, che mettevano in grande risalto il connubio fra mafia della

154

pulizia, assassini e canoisti. Quando avvertirono Sannazzaro della presenza di Renata, lui ebbe un moto di fastidio. Sapeva che era venuta per via di quella strana foto della zia di suo marito e non aveva nessuna voglia di parlare di una cosa che secondo lui era assolutamente priva d'importanza, ma non se la sentì di non farla salire, dopo tutto le doveva un soggiorno gratuito nella più costosa clinica di Torino.

"Giulio, guardi questa foto: è quella della quale le ho parlato al telefono. E lo sa? È stata stampata a Francoforte, prima del 1935, ma cosa se ne faceva mio marito della foto di una zia nel portafoglio, e perché una zia egiziana avrebbe dovuto farsi fotografare a Francoforte? A Francoforte, Giulio, mi segue?"

Come avevo previsto, pensò Sannazzaro, *è qui per la foto della zia, come è indisponente quando ha quel tono autoritario da gran signora.* Prese in mano la fotografia, finse di osservarla con attenzione, si informò con sufficienza su chi aveva fatto la diagnosi e saputolo alzò leggermente il sopracciglio destro, con l'aria che assumono i medici quando un paziente commette l'errore di comunicar loro il parere di un altro medico, e alla fine sentenziò:

"Renata, andiamo, che importanza può avere, per la nostra indagine, la foto di una zia nel portafoglio di suo marito, una foto poi così vecchia? Immaginiamo – qui il commissario fece una pausa, per far capire che non ci credeva - immaginiamo che il fotografo che lei ha interpellato abbia ragione, si tratta di sessanta anni fa, almeno, è preistoria, poi una ragione ci sarà stata, magari non avendo più nessuna foto di sua madre avrà messo nel portafoglio quelle della sorella tanto per avere almeno un ritratto di famiglia, e perché poi la zia non avrebbe dovuto fare un viaggio a Francoforte? Come mi ha detto lei, si tratta di uno studio fotografico che probabilmente ha cessato le attività dopo le leggi razziali del 1935, ma prima gli ebrei si potevano muovere liberamente in Germania, nulla impediva a questa zia di farsi un giretto a Francoforte, d'altra parte

155

come lei mi ha raccontato si trattava ben di una famiglia ricca, o no?"

Renata De Marinis lo ascoltava in silenzio, delusa. Lo aveva creduto, chissà perché, diverso dagli altri poliziotti, lo aveva pensato fantasioso, brillante, pronto ad accogliere le novità al volo, e lo vedeva invece burocratico, piatto e diffidente. Riprese la foto e se la mise nella borsetta.

"Forse non lo è per le indagini, ma per me è molto importante capire chi era la zia di Luigi e perché gli era così cara. Andrò a Francoforte, e poi in Egitto, fino a quando non verrò a capo di questa storia, commissario." Volutamente, non l'aveva chiamato per nome, in quel momento lo vedeva non più come un possibile amico, ma come un ottuso burocrate.

"Certamente, fa bene, è giusto togliersi questi dubbi, mi faccia sapere, sono curioso anch'io, soltanto che in questo momento siamo tutti un po' presi dall'interrogatorio di un probabile colpevole, o almeno complice dell'assassinio, certamente quello che mi ha sparato mentre ero in canoa. A presto, signora De Marinis." Si alzò dalla poltrona, le strinse la mano e l'accompagnò alla porta, leggermente turbato, ebbe per un attimo l'impressione di aver sbagliato qualcosa, ma cacciò via subito quel pensiero. Non aveva tempo di occuparsi delle opinioni di Renata De Marinis, l'indagine non progrediva, questo era il problema.

Valle di Champorcher, domenica 15 Ottobre 1944, notte.

Erano discesi a buio dal loro punto di osservazione, cercando di fare meno rumore possibile. Avevano sacrificato la camicia di Ettore per avvolgerla attorno agli scarponi ed in questo modo erano riusciti ad arrivare sul bordo del torrente a valle del ponte, dove due soldati tedeschi andavano su e giù senza mai fermarsi. Rimasero acquattati dietro ad un roccione, senza perderli d'occhio. Ad un certo punto, il loro passo cominciò a rallentare, fino a che uno dei due disse qualche cosa all'altro, e sparì. Evidentemente erano stanchi, uno di loro aveva deciso di andare a riposare, dovevano pensare che in quel posto sperduto, dopo aver setacciato tutta la valle, non doveva esserci alcun pericolo.

La sentinella rimasta ricominciò a camminare, con passo sempre più stanco e con numerose soste, da un capo e l'altro del ponte. Ettore decise che quello era il momento propizio, e fece un cenno a Marco. Il torrente era in secca, ormai in alto aveva nevicato, ed uno stretto rivolo d'acqua, largo non più di una trentina di centimetri, si faceva strada in mezzo alle foglie cadute dagli alberi che crescevano lungo le rive. Una sottile falce di luna forniva quella poca luce che sarebbe bastata senza che i loro corpi gettassero ombre troppo nette sulle roccie lisce di granito chiaro del torrente.

Si mossero cautamente, carponi, metro dopo metro. Soffocarono il gemito che salì alle loro gole quando immersero mani e piedi nel rivolo di acqua gelida, avenzarono ancora, le rocce dell'altra riva erano ormai a un metro dalle loro mani, quando, improvvisamente Ettore che avanzava per primo, scivolò. Un sottile strato di ghiaccio aveva ricoperto le foglie, facendogli perdere la presa. Marco lo vide partire verso il basso e gridò. Una voce urlò qualcosa di incomprensibile, una raffica partì dal ponte nella loro direzione, un riflettore si accese. I due ragazzi alzarono le mani.

157

Io non diventerò cieco anche se tu, Ra, mi getterai nelle tenebre.

Piramide di Unas, anticamera, muro Nord, 195, 311

*Offenbach, sobborgo di Francoforte sul Meno, 16
Novembre 1995, giovedì sera.*

Renata De Marinis si trovava in un alloggio posto al
secondo piano di un elegante complesso residenziale
immerso in una foresta di abeti. Non aveva assolutamente
capito dove il taxi l'aveva portata. Era una gigantesca
Mercedes bianca guidata da un autista corpulento il cui collo
taurino avvolto nelle pieghe del grasso sembrava uscito da
un disegno di *Grosz.* Lei gli aveva dato un biglietto con
l'indirizzo dove c'era il nome della via, il numero e
"Offenbach", mormorando un timido *"bitte"*, una delle
poche parole tedesche che conosceva.

L'indirizzo glielo aveva procurato un'agenzia
investigativa internazionale, cui Renata De Marinis aveva
affidato il compito di ritrovare la o le persone collegate allo
studio fotografico "Grüneburg" che poteva aver cessato
ogni attività nel 1935, dopo la notte degli specchi, la notte
nella quale i nazisti avevano spaccato tutte le vetrine dei
negozi appartenenti agli ebrei. L'agenzia aveva trovato, a
tempo record ed in cambio di un assegno cospicuo, un
fotografo tedesco che aveva rilevato lo studio dopo la
cacciata del padrone ebreo. L'uomo era ormai a riposo data
la sua età, 83 anni, ma godeva di perfetta salute ed era
disponibile a raccontare tutto quanto sapeva sulle attività
anteriori al 1935. Parlava solo tedesco ed il genero, che nella
sua veste di dirigente di una importante azienda di
informatica parlava inglese, sarebbe stato felice di farle da
interprete.

Tutta questa disponibilità aveva stupito non poco
Renata De Marinis, che non era mai stata in Germania e non
riusciva a dissociare le brutalità naziste delle quali suo
marito aveva un così tremendo ricordo, dal popolo tedesco
nel suo insieme. Erano circa le sei di sera, il vento
scaraventava la pioggia contro gli abeti con il rumore
fragoroso di una cascata. Davanti a lei c'era Otto Baltabol,
il fotografo, un vecchio dai capelli bianchissimi, lisci e
cadenti attorno al viso, gli occhi azzurri scintillanti in una
marea di rughe che coprivano il lungo volto scavato, seduto

159

su una poltrona. Di fianco al vecchio era seduta la figlia, una bella donna di mezza età, alta e formosa, con una lunga treccia bionda posata sulla spalla destra, una *walkiria* perfetta, entrambi sembravano usciti dal manifesto della razza ariana. Karl Dombrowski, il genero, invece pareva capitato lì per sbaglio: piccolo, rotondo, bruno di capelli e sorridente, non faceva parte di quella cupa atmosfera wagneriana.

Otto Baltabol prese in mano la fotografia e la esaminò con attenzione, tenendola tra le lunghe dita nodose. Si fece dare una lente di ingrandimento, con la quale si mise ad osservare il retro della foto. Finalmente, annuì con il capo. Sì, tradusse il genero, si ricordava di quella donna, era un'ebrea egiziana ed era venuta dal più famoso fotografo di Francoforte per immortalare le sue seconde nozze con un professore tedesco, un professore o un archeologo, Otto non ricordava bene, ma ricordava che quel professore era un lontano parente del barone Von Opel, avevano fatto un matrimonio in grande stile.

Oltre al marchio dello studio, Otto, che sapeva dove cercare, aveva anche trovato sul retro della fotografia, una data, il 1934. Poi Otto chiese a Renata se intendeva partire subito. Alla sua risposta negativa - Renata aveva già prenotato l'albergo dato che non sapeva quanto sarebbe durato il suo incontro con il fotografo - Otto le disse che il giorno dopo si sarebbe messo a cercare con calma nel suo archivio, aveva tenuto le lastre più importanti ed era sicuro che tra queste si trovavano le foto del matrimonio del professore con l'egiziana. Alla fine, Otto chiese, con molta cortesia, quali erano gli eventi che l'avevano portata a frugare in quei lontani ricordi.

Renata ebbe un attimo di imbarazzo. Con tutto il male che pensava del nazismo, aveva difficoltà a pronunciare in presenza di quel vecchio le parole *campo di concentramento*, quel vecchio poteva benissimo essere stato un SS, un torturatore, anzi, poteva addirittura essere stato colui che aveva mandato nella camera a gas i genitori di suo marito. Alla fine pronunciò quelle parole terribili, e vide che Otto Baltabol le aveva capite benissimo, anche prima che il

160

genero gliele traducesse. Il suo volto aveva avuto un'espressione al tempo stesso dispiaciuta e rassegnata, ma non fece alcun commento. Si alzò con difficoltà dalla poltrona, disse qualche parola a suo genero e si accomiatò con un leggero inchino. Quando uscì dalla stanza, Dombrowski si rivolse a Renata.

"Il signor Baltabol mi ha chiesto di scusarlo, se non può fare la ricerca delle lastre questa sera, la farà domani con l'aiuto di mia moglie Gertrud. A mio suocero sono state amputate tutte le dita dei piedi, ha subito un congelamento sul fronte russo, a Stalingrado. Questa disgrazia gli ha permesso di ritornare vivo da quell'inferno, un privilegio toccato a pochissimi soldati tedeschi. Le chiamo subito un taxi, ci vedremo domani sera alla stessa ora."

Durante il tragitto verso l'albergo, un hotel modesto ma confortevole consigliatole dall'agenzia investigativa, Renata De Marinis riflettè sul passato di Otto Baltabol e su quello che aveva dubitato di lui. Si ricordò di aver visto delle fotografie dell'armata sconfitta di Von Paulus a Stalingrado, volti pallidi stremati dalla fame e dal freddo, non molto diversi dai volti dei superstiti dei campi di sterminio, e provò un sentimento di pietà e simpatia per quel vecchio, travolto come altri milioni di persone dalla follia della guerra.

Il giorno dopo, Otto l'attendeva seduto sulla poltrona con in mano un pacco di fotografie, che mostrò con orgoglio a Renata. Aveva trovato tutte le lastre del matrimonio, e le aveva stampate. Davanti agli occhi incuriositi della vedova del professor Verona, sfilavano le immagini del matrimonio della zia di Luigi, non particolarmente originali ma affascinanti. La sposa, probabilmente in seconde nozze, dato che non era vestita di bianco, portava un sobrio *tailleur* dal colletto guarnito di pelliccia, secondo la moda del tempo. Un cappello a tesa con la *veletta* le conferiva un aspetto esageratamente serio date le circostanze. Di fianco a lei il marito, molto più alto di lei, biondo con gli occhi chiarissimi. Nelle foto collettive, una folla di biondi e di bionde, i parenti e gli amici di lui. Venivano infine le fotografie di entrambi gli sposi da soli, e

161

tra di loro quella trovata nel portafoglio di Luigi Verona. Un vecchio foglio ingiallito recava scritti i nomi degli sposi, Rachel Pugliese e Erik Wolfram e la data, 3 Febbraio 1934.

Era commossa. La gentilezza e la disponibilità di quel vecchio invalido, che aveva passato la giornata a stampare delle vecchie lastre riattivando probabilmente con fatica la sua attrezzatura, l'aveva molto colpita. Gli consegnò il regalo che aveva portato per lui, una bottiglia di Barolo del 1964, gli raccomandò di lasciarla riposare almeno un paio di giorni prima di aprirla e si congedò.

Sul taxi che la riconduceva in aereoporto, guidata questa volta da un turco dalla folta capigliatura scura e ricciuta, Renata De Marinis riflettè sulle foto di quel matrimonio, dove la piccola ebrea bruna spiccava come una macchia nera in quel mare di biondi. Quanti morti erano costate all'umanità le guerre tra gli alti biondi e i piccoli bruni? Dalla conquista di Roma da parte dei Galli, alla conquista della Gallia e della Germania da parte dei romani, poi al ritorno dei biondi per far crollare l'impero, e così via fino alla criminale follia hitleriana, era questa la chiave per capire tremila anni di storia? Si spaventò del suo stesso pensiero, e rabbrividì, nonostante il riscaldamento della gigantesca *Mercedes* nella quale si trovava, si raggomitolò nel sedile e chiuse gli occhi, smettendo di fissare i fari che si perdevano in un nulla lattiginoso.

Perché da quando frugava nel passato di suo marito aveva questa sensazione, di cadere nel nulla? Si trattava forse dell'influenza della religiosità dell'antico Egitto, era l'immagine del *Nun* quella che la turbava? Il *Nun,* la distesa d'acqua immota e primordiale, dove le anime dei morti si immergevano per rigenerarsi ed accedere all'eternità? Oppure, era la paura? Sì, era la paura. *Paura di quello che avrebbe scoperto.*

Sentì improvvisamente il desiderio di vedere Giulio Sannazzaro. Nonostante il suo atteggiamento scostante durante il loro ultimo incontro, o forse, proprio per quello. In quel momento lui le sembrava rassicurante, nel suo grigiore un po' burocratico, nel suo rispetto per le regole e per la gerarchia, così lontano dalla follia anarcoide di Luigi

162

Verona, era come un approdo sicuro nel mare del nulla. Voleva vederlo, assolutamente. L'apparente mancanza di interesse che lui aveva nei suoi confronti non la spaventava, al contrario, la stimolava ancora di più. Aveva passato una buona parte della sua vita a scoraggiare i numerosi corteggiatori attirati dalla sua bellezza e dalla sua ricchezza, adesso voleva essere lei ad avere l'iniziativa. Un modo di rompere con il passato, di cominciare una nuova vita.

Il problema era che Renata De Marinis non aveva la più pallida idea di come fare per conquistare un uomo. O meglio, qualche idea ce l'aveva, di quelle che ci si può fare leggendo i giornali femminili, ma le mancava assolutamente l'esperienza pratica. Aveva conosciuto suo marito nel primo anno di Università, dopo qualche flirt, pochissimi, i suoi genitori erano molto esigenti e la controllavano costantemente, dunque il professore era stato il suo primo (e ultimo) grande amore. Amore contrastato ferocemente da sua madre, un po' meno da sua padre, cui non piaceva affatto che sua figlia avesse come fidanzato un uomo tanto più vecchio di lei, per giunta piccolo e bruttino, ma che come tutti i padri non voleva far dispiacere alla figlia.

Alla fine la fama crescente di brillante egittologo di Luigi Verona aveva avuto la meglio, ed il matrimonio era stato celebrato in pompa magna alla chiesa della Gran Madre di Dio. Non aveva mai cercato altro, era impegnata a tempo pieno nell'amministrazione del proprio patrimonio che, già cospicuo, era riuscita ad accrescere considerevolmente. Renata De Marinis era una donna d'affari, scaltra e, quando occorreva, spietata. Risparmiatrice fino alla taccagneria, si concedeva ben poche distrazioni.

Su una cosa non aveva lesinato tempo e denaro: sulle campagne di scavo in Egitto, che seguiva con passione e che le permettevano di passare del tempo con il marito. Gli affari e gli scavi nel deserto, questa era stata, per una ventina di anni, la sua vita. Una vita felice, almeno fino a circa sei mesi prima. L'umore di Luigi Verona era cambiato, improvvisamente. Era diventato scontroso, irritabile. Aveva cominciato a dimenticare le loro piccole ricorrenze, il giorno in cui si erano incontrati la prima volta, quello in cui si erano dichiarati, il loro fidanzamento, ricorrenze ogni volta festeggiate con qualche tenero regalo, un mazzo di fiori, un invito a cena, niente di troppo costoso o di troppo vistoso, come piaceva a lei. Aveva cercato di capire, di avere delle spiegazioni, ma non aveva avuto altra risposta che non c'era nulla, che tutto andava bene, che era tanto impegnato con il Museo e nient'altro. Così Renata aveva cominciato ad infittire i suoi soggiorni a Corniglia, il suo atteggiamento la metteva talmente in crisi da farle preferire la solitudine.

Qualcosa era successo, nella vita di Luigi Verona: e Renata cominciava a dubitare che quel misterioso qualcosa avesse a che fare con la sua ancor più misteriosa e atroce morte. Forse, se fosse riuscita a cominciare un'altra vita, il dubbioso ricordo di quella appena passata avrebbe cessato di tormentarla. Decise, mentre l'aereo che l'avrebbe portata a Torino si staccava dal suolo, che avrebbe chiesto consiglio a suo padre, per lui non aveva mai avuto segreti.

Commissariato di Torino centro, 17 Novembre 1995, venerdì mattina.

Giulio Sannazzaro era sull'orlo di un grave esaurimento nervoso. Non gli funzionava più l'intestino, un continuo bruciore di stomaco lo tormentava giorno e notte, strani dolori gli percorrevano il corpo risvegliando in lui tutte le angosce possibili. Durante il sonno aveva incubi terribili e balzava a sedere sul letto, risvegliato dalle proprie urla, che scatenavano i furiosi latrati di Pupa, convinta che il suo padrone fosse in grave pericolo e gridasse per chiedere il suo aiuto.

La cosa più tragica era che non soltanto le sue urla ed il conseguente latrato stavano per convincere i suoi vicini di casa a raccogliere le firme per farlo sloggiare, ma che tutto ciò era capitato anche la prima notte che Irina Vassilieva era riuscita a passare in casa sua, approfittando dell'assenza di qualche giorno di suo marito, partito con la figlia Tatiana alla volta di Como, dove risiedeva la vecchia madre del dottor Gramaglia. Alle prime urla, Irina lo aveva abbracciato teneramente mormorandogli parole di conforto, alle seconde lo aveva scrollato dolcemente ma con una certa impazienza, la terza volta era sbottata nella solita litania di imprecazioni russe, seguita da un "se questo è l'effetto che ti fa dormire con me, forse è meglio lasciar perdere."

L'indagine sull'omicidio del professor Verona era di nuovo a un punto morto, e i giornali, che avevano tessuto all'inizio le lodi del coraggioso e sagace commissario, avevano ripescato dall'inesauribile stupidario giornalistico le frasi più viete. Giulio Sannazzaro si sentiva un Sìsifo, condannato per l'eternità a far risalire il pesante macigno. Gli sembrava che ogni volta il macigno fosse più pesante e la salita più impervia, mano a mano che le soluzioni del caso si rivelavano illusorie. Nessuna prova seria era stata trovata a carico di Giovanni Cagliero, ed anche se era evidente che c'era del marcio – il solo fatto che qualcuno si fosse preso il disturbo di mettere insieme quattro milioni in biglietti da diecimila, rubare la tuta nella sede centrale della *Pulital* e trovare una mitraglietta, cosa non proprio facilissima, voleva

166

dire che c'era chi muoveva le fila di quella tragedia, un *deus ex machina*, un burattinaio nascosto, ma, appunto come nel tormento di Sìsifo, ogni volta che la soluzione sembrava a portata di mano, essa si riallontanava di nuovo, e l'ipocondria di Giulio Sannazzaro ingigantiva sempre di più.

Sospirando, tirò fuori dalla tasca del *loden* un sacchetto e ne versò il contenuto sulla scrivania. Un bel numero di tubetti colorati si mise a rotolare dappertutto. Aveva cambiato medico, si era deciso a passare all'omeopatia, Irina ne era una fanatica convinta e l'aveva mandato dal suo omeopata, dicendogli che se non avesse seguito le sue prescrizioni ed avesse continuato ad urlare di notte l'avrebbe lasciato per sempre. Prese in mano la ricetta e si chiese se non fosse stato necessario avere una laurea in matematica piuttosto che in legge per riuscire a seguire la prescrizione, che recitava: "5 arnica alle 8.30, 3 calendula ore 12, 5 nox vomica ore 20.30." Rassegnato, si mise a roteare i coperchi dei tubetti per fare cadere le microscopiche pastiglie nel palmo della mano, le mise in bocca e le tenne sotto la lingua, come da istruzioni ricevute.

In quel momento suonò il telefono. Macchinalmente afferrò il ricevitore, disse "Pronto" dimenticandosi le pastiglie, che caddero nella trachea rischiando di soffocarlo. Ebbe il tempo di sentire la voce di Montorsi, venne preso da un accesso di tosse, riuscì a spiccicare un "richiamo subito", si precipitò alla *toilette* dove bevve un sorso d'acqua e si riprese. Tornò in ufficio per richiamare il maresciallo, sapeva che aveva qualche cosa di importante da dirgli, non era tipo da telefonare per una sciocchezza. Aveva ragione. Montorsi voleva parlargli delle conclusioni del reparto scientifico sulla canoa rossa e sulla pagaia dell'attentatore.

Le conclusioni erano le seguenti: la canoa era stata riverniciata di recente con una vernice epossidica a due componenti, di quelle normalmente usate per le auto. La vernice, spalmata a grande spessore, aveva ricoperto le tracce di numerose striature, procurate dal ripetuto sfregamento contro le pietre e la sabbia dei fiumi e dei torrenti. Quattro lievi rigonfiamenti erano il risultato di altrettante riparazioni, realizzate con pezze di tessuto in lana

167

di vetro e resina. Apparentemente il lavoro non era stato fatto da un esperto – un esperto avrebbe fatto le riparazioni all'interno della canoa e non all'esterno per evitare i rigonfiamenti che potevano rallentare il *kayak*. Poteva anche darsi che chi aveva fatto il lavoro fosse troppo corpulento per infilarsi nel *kayak* con in mano il pennello inzuppato di resina. Le riparazioni erano state eseguite da tempo, mentre la verniciatura era recentissima, si sarebbe detto fatta poche ore prima dell'uso, il tempo minimo necessario ad una tenuta delle resine per evitare che colassero in acqua, qualche ora dunque, non di più.

Dunque l'attentatore, appena saputo che il commissario avrebbe fatto la discesa del Tanaro, ovvero verso le otto di venerdi sera, si era messo al lavoro, aveva preso la vecchia canoa e l'aveva riverniciata, per imbarcarsi verso le dieci e mezza del mattino seguente, mezz'ora prima di lui, se aveva finito il lavoro a mezzanotte aveva avuto a disposizione una decina di ore per l'asciugatura. L'esperto che aveva fatto le analisi aveva sottolineato che la vernice utilizzata seccava al tatto in due ore, e che per avere un risultato duraturo bisognava aspettarne almeno altre quarantotto, ma all'attentatore il risultato duraturo evidentemente non importava affatto – quello che importava era togliere alla canoa l'aspetto vetusto, dare l'impressione che si trattasse di un'imbarcazione nuova di zecca e cancellare eventuali tracce che potessero far risalire ai precedenti proprietari.

Per fare tutto questo, doveva avere lo spazio, l'attrezzatura, la resina e la vernice già disponibili, non poteva certo averle acquistate alle otto di sera del Venerdì, non erano cose che si trovavano nei supermercati. Doveva trattarsi dunque di un artigiano, un carrozziere, ma poteva anche trattarsi di un fabbricante di mobili, un laboratorio di lavorazione del ferro, insomma, qualunque attività dove si verniciasse o metallo o plastica, non dovevano poi essere tantissime. Inoltre il titolare o uno dei suoi lavoranti doveva essere un buon, anzi ottimo canoista, e la lista poteva ridursi ulteriormente.

Stava per chiedere a Montorsi una serie di perquisizioni nei laboratori della zona che ripondessero ai requisiti, ma non lo fece. All'improvviso, gli venne in mente che alla prima o meglio alle seconda carrozzeria visitata avrebbero trovato una bella latta di vernice rossa, il pennello ancora umido, pezze di *matt* ed infine una latta di resina con il relativo catalizzatore, proprio quella usata per riparare le canoe, e naturalmente si sarebbe trattato di un artigiano canoista, dunque un sospetto ideale, che alle prime serie indagini si sarebbe rivelato assolutamente estraneo ai fatti.

L'assassino non soltanto aveva organizzato l'omicidio con abilità diabolica, ma *li stava portando a spasso, era sempre lui ad avere l'iniziativa.* Non gli aveva mai lasciato il tempo di riflettere, gli eventi si erano succeduti a ritmo incalzante, via uno l'altro, non soltanto l'attenzione dei giornali, ma anche la sua, quella del commissario, era stata continuamente distolta. Tutte le altre piste erano state trascurate. Che ne era dell'alibi del fidanzato della Croverio, lo studente in medicina che insegnava nuoto? Sannazzaro si era dimenticato di chiederne notizie a Salviati. Perché Renata De Marinis non era più sospettata di omicidio, dopo che il suo alibi rimaneva, di fatto, inesistente? Perché il professor Damiani, uomo meschino ed invidioso, era stato anch'egli depennato dalla lista? Si, era vero, un tipo così collerico certo avrebbe avuto delle difficoltà ad organizzare un delitto perfetto, ma l'invidia era, dagli albori della storia, un movente formidabile.

Era tempo di fermarsi, pensò, *di riprendere tutto da capo, rianalizzare tutte le piste seguite, e sopratutto quelle non seguite, abbandonate per farsi menare per il naso da un fuoco d'artificio di false prove, di falsi attentati, tutto era falso, costruito ad arte.* Ringraziò Montorsi per le informazioni, ed alla sua domanda se riteneva procedere a delle perquisizioni, rispose che non gli sembrava ancora il momento, che intanto raccogliesse dei dati e poi ne avrebbero parlato. Decise di chiamare Pantosti, che arrivò immediatamente.

169

"Pantosti, mi rinfreschi la memoria: quale è stato il motivo per il quale ci siamo messi a seguire la pista delle imprese di pulizia?"

"Perché ci è stato detto che Salvatore Rotunno era sospettato di connivenza mafiosa."

"E da che ci è arrivata questa informazione?"

"Dall'antimafia, naturalmente, hanno un archivio, noi diamo nome e cognome e loro ci dicono se una persona è sospettata, o condannata, oppure se è stata mandata a confino."

"Pantosti, bisogna sapere perché Salvatore Rotunno è sospettato di connivenza mafiosa. Immagino che lei abbia un contatto con una persona specifica dell'antimafia, no?"

Dopo gli assassinii di Della Chiesa e di Falcone, la polizia italiana si faceva inviare regolarmente da tutte le polizie con le quali aveva dei contatti la lista delle persone sospette di appartenere ad organizzazioni mafiose, ed in questo modo il nome di Salvatore Rotunno era arrivato all'antimafia. La segnalazione della presunta mafiosità di Salvatore Rotunno era recente, risaliva al Novembre del 1994. Veniva dagli Stati Uniti, e precisamente da San Francisco, dove i genitori di Salvatore era andati a vivere nel 1956, quando lui aveva tre anni. Secondo le informazioni dello FBI, tra il 1977 ed il 1983 Rotunno aveva avuto frequenti contatti con membri importanti di Cosa Nostra, ma nulla di concreto era mai emerso a suo carico. Rotunno era ritornato in Italia nel 1984, un anno prima di essere assunto alla *Pulital*, che subito dopo avrebbe preso l'appalto del Museo.

Dunque, si trattava di un'ulteriore conferma della pista mafiosa, il mafioso Salvatore Rotunno era arrivato da San Francisco ed aveva imposto a Lugi Verona la società di Mariano Saporiti, sotto minaccia di morte, minaccia messa in pratica dieci anni dopo quando, per ragioni ancora non chiare, il professore aveva fatto in modo che la *Pulital* perdesse l'appalto. Ancora una concomitanza di fatti talmente perfetta da apparire falsa, *costruita ad arte, come tutto fino a quel momento.*

Un'idea attraversò il cervello di Giulio Sannazzaro. Perché un gruppo mafioso che avesse voluto impadronirsi dell'appalto non avrebbe potuto tramare ai danni della *Pulital*, facendola apparire come sospetta, fabbricando, tramite complici americani, una falsa segnalazione di connivenza mafiosa? Un emissario, sempre americano, per poter meglio passare inosservato in tutto quell'andirivieni di stranieri nel Museo, poteva essersi introdotto per studiare l'ambiente, prendere le necessarie informazioni, ed infine lanciare l'operazione, facendo passare l'appalto ad un'altra impresa a caso ed eliminando poi Luigi Verona con un rituale che facesse sospettare un egittologo. Una organizzazione mafiosa avrebbe certo avuto i mezzi per organizzare l'attentato e fabbricare le false prove in modo di imbrogliare al massimo le carte. Dopo un po' di tempo, e ciò stava già succedendo, dalla prima pagina l'indagine sarebbe passata all'ultima e poi sarebbe scomparsa del tutto dalle cronache dei giornali. Allora in qualche modo la cosca concorrente avrebbe ripreso l'appalto, quando le acque si fossero calmate. L'ipotesi era abbastanza tirata per i capelli, si disse sospirando tra sé Sannazzaro, ma data la situazione non poteva permettersi di trascurare nulla.

Il Museo Egizio di Torino era noto in tutto il mondo, era il secondo per importanza dopo quello del Cairo, chissà quanti stranieri non solo lo visitavano, ma vi soggiornavano per fare degli studi. Il precisissimo ragionier Degregori aveva nominato, tra i presenti la sera del delitto, uno studioso francese ed uno tedesco. Ma forse valeva la pena chiedere se non avesse notato, in altri momenti, anche la presenza di un americano.

*Il serpente che morde è ovunque nella casa
di chi è stato morsicato*

Piramide di Unas, anticamera della sala del sarcofago, 18, 243

Museo Egizio di Torino, 17 Novembre 1995, venerdì pomeriggio.

Al pianterreno del Museo, un custode in divisa domandò cortesemente al commissario chi era e dove andava. La sua risposta non gli bastò: chiese, sempre con cortesia ma anche con decisione, di vedere i suoi documenti, li prese, li esaminò con cura, poi sparì nella guardiola per farne una fotocopia. Mentre Giulio Sannazzaro si domandava dove fosse finito Degregori, che fino al giorno del delitto aveva appunto il suo ufficio nella guardiola, il custode gli disse che l'avrebbe trovato al primo piano, nell'Istituto.

Il ragionier Degregori lo accolse in un ufficio spazioso, posto di fianco a quello del conservatore. La sua espressione era trionfante.

"Spero, esordì, che il funzionario della sicurezza al piano terreno non l'abbia troppo importunata, commissario, chiedendole di vedere il suo tesserino, ma ha avuto da me degli ordini precisi." Sannazzaro rispose che no, naturalmente, era stato gentilissimo ed aveva fatto il suo dovere, capiva che dopo quello che era successo era necessario prendere delle misure. Era impaziente di sapere se qualche americano aveva frequentato il Museo, e l'ultima cosa che voleva era ascoltare una conferenza sul controllo degli accessi al Museo.

"Vede, commissario, adesso chi entra deve esibire un documento di identità, che viene immediatamente fotocopiato, ed il funzionario all'ingresso – sottolineò con il tono di voce la parola *funzionario* – riempie un modulo con gli estremi del documento, il motivo della visita, l'ora e i minuti di arrivo. Tutti questi dati vengono poi registrati da me, personalmente, su di un *data base* – e qui di nuovo il ragioniere cambiò tono, per dare enfasi alle proprie conoscenze di informatica – in modo da poter in ogni momento sapere chi è entrato e cosa è venuto a fare."

Fece una pausa ad effetto.

"Sto chiedendo a diverse aziende di farmi un preventivo per installare un sistema di telecamere a circuito chiuso in tutto i locali del Museo e dell'Istituto, e naturalmente ho fatto rifare tutte le serrature, nessuno tranne me ed il futuro conservatore avrà le chiavi, per nessun motivo."

Sprofondò con un sorriso compiaciuto il suo corpo mingherlino nell'enorme poltrona girevole in cuio nero, nuova di zecca, sulla quale era seduto, ed attese i commenti del commissario.

Giulio Sannazzaro rimase un attimo in silenzio. Pensò a Luigi Verona, uscito da un inferno perfettamente organizzato, nel quale tutti i dannati venivano fotografati, catalogati, numerati ed uccisi, e si chiese se il suo cadavere non stesse rivoltandosi nella tomba. Poi, con tono incolore, rispose:

"Niente male, niente male. Mi chiedo solo come lei faccia a sapere quanto le persone si fermano nei locali del Museo, visto che viene registrato solo l'ingresso e non l'uscita, ma questo magari è solo un dettaglio. Piuttosto, mi dica, oltre al francese ed al tedesco, in altri momenti, ci sono stati in istituto degli americani?"

Il ragionier Degregori impallidì. "Mio Dio, biascicò, certo, l'uscita, come ho fatto a dimenticarmene, adesso dovrò far rifare tutti i moduli e chiedere una modifica al *data base*, che disastro...americani, sì, adesso poi le dico, ma guardi, le faccio vedere come funziona, ecco, vede, vediamo chi è entrato l'altro ieri, dunque, faccio la *query* al *data base*, la lancio, ecco la clessidra, ci vuole qualche secondo, ecco, mi dice *richiesta errata*, ma no, accidenti, è la stessa richiesta che ho fatto cento volte, un attimo, la ridigito, magari ho sbagliato qualche cosa, ecco, sta arrivando...no, non è possibile, mi dice *system error n. 354,* ma che vuol dire *system error n.354,* lei ne ha un'idea, commissario?"

Sannazzaro fece un sorrisetto.

"Credo che voglia dire che il suo *data base* non è ancora perfettamente a punto. Ma mi scusi, le avevo chiesto se qualche americano ha frequentato l'istituto, in tempi recenti."

Il ragionier Degregori era distrutto. Continuava a guardare il misterioso messaggio apparso sullo schermo e non se ne dava pace. Rispose con un filo di voce alla domanda del commissario.

"Americani, sì, sì, certo, ma qui abbiamo avuto tutto il mondo, russi, indiani, cinesi, americani anche, o inglesi, sa, io un poco con l'inglese ci mastico, ma non abbastanza per capire se si tratti di un inglese o di un americano…ecco, mi ricordo un americano o inglese che si è fermato qui un bel po' di tempo, qualche mese direi, ma almeno due anni fa – ah, se avessimo avuto già allora il *data base*, potrei sapere tutto di lui, ma purtroppo non è così, mi dispiace commissario, non posso essere più preciso."

Giulio Sannazzaro si alzò per andarsene, fece un passo verso la porta, poi improvvisamente si fermò.

"Ragionier Degregori, i due stranieri che erano al Museo la sera del delitto, non si sono più visti?"

"Il francese non si è più visto, ma il tedesco è ritornato, ho registrato tutti i dati del suo passaporto sul *data base*, ma come vede non riesco ad accedere."

"Da quanto tempo il tedesco frequentava il museo?"

"Oh, direi da un sei mesi all'incirca, l'ho visto qualche volta nell'ufficio del professor Verona, che lo stimava moltissimo, continuava a ripetere che gli egittologi tedeschi erano i migliori del mondo."

"Avrà ben tenuto copia dei moduli compilati dal funzionario, spero?"

"Lei scherza, commissario? Ho dato ordine tassativo di distruggere tutto il giorno stesso, o si informatizza o non si informatizza, se non a cosa serve tutto questo, eh, mi dica, a cosa serve?"

"A niente, appunto, assolutamente a niente. Senta, Degregori, vuole per favore chiedere al suo cust…*pardon*, funzionario se per caso ha trasgredito ai suoi ordini tassativi ed ha tenuto copia dei moduli compilati?"

Il funzionario aveva trasgredito. In una cartellina, in bell'ordine, c'erano tutti i moduli compilati fino a quel momento. *Un tedesco di 67 anni, certo Erik Wolfram proviente dalla sua città natale, Francoforte sul Meno, era*

175

entrato in istituto per motivi di studio il venerdì precedente, alle nove.

In ufficio, sfilatosi il *loden*, aprì il primo cassetto a destra della sua scrivania, dove assieme alla pistola d'ordinanza aveva sistemato i tubetti delle medicine omeopatiche, rilesse attentamente il foglio di istruzioni, si mise le pastigliette sotto la lingua, e attese. Dopo qualche minuto masticò quello che restava, sollevò il telefono e chiamò il dottor Gramaglia. Mentre aspettava che glielo passassero, pensò ad Irina, e di come era stato bello averla accanto a sé tutta la notte, nonostante gli incubi che l'avevano fatto gridare. Al mattino avevano fatto l'amore, risvegliando i propri sensi tra il sonno e la veglia, a poco a poco. Il tono mieloso del questore lo fece bruscamente risalire alla dura e squallida realtà. Per la prima volta nella sua vita, provò il desiderio di ucciderlo.

Stette un attimo in silenzio, fino a che un "pronto, allora, Giulio, mi dica." infastidito e impaziente lo riscosse dai suoi pensieri omicidi. Chiese al suo superiore di attivare la procedura di verifica dell'identità di un cittadino straniero, il signor Erik Wolfram di Francoforte sul Meno, aggiornò Gramaglia sullo stato delle indagini, avendo per commento un brontolio che voleva essere gentile ma non nascondeva la delusione, posò il telefono e rimase un attimo soprappensiero. Poi rialzò il ricevitore e chiese al centralinista di cercargli Renata De Marinis. Un po' di tempo dopo, si sentì rispondere che la vedova di Luigi Verona era partita per Francoforte il giorno prima. Il suo ritorno era previsto molto tardi nella serata. *Quella donna mi ha battuto*, pensò. Oltre ad essere bella, ricca e arrogante, è anche intelligente e tenace. Scrollò le spalle, si disse che al mondo ci sono persone che hanno tutte le fortune, prese il *loden* e uscì, *finalmente la settimana era finita, magari nel week end riuscirò a fare qualcosa di divertente, chissà.*

Mentre era bloccato nel solito ingorgo di corso Massimo d'Azeglio, pensò che la cosa divertente poteva essere una scappata a Gressoney, sapeva che era nevicato, poteva fare del *footing* in quota correndo sulla neve, cosa che gli piaceva moltissimo. Gli pareva già di sentire il rumore delle scarpe che crocchiavano sul manto candido, con gli occhi della mente vedeva le impronte che l'invisibile

177

popolo dei piccoli animali della foresta lasciava dietro di sé, sulla neve. Avrebbe cercato di non calpestare i segni cuneiformi delle zampe degli uccelli, si sarebbe destreggiato tra le impronte tondeggianti di qualche zampa vellutata, gli sembrava che distruggerle fosse una specie di sacrilegio. Stava per chiamare sua figlia Adriana, ma si trattenne. Anche se avevano cambiato le frequenze radio, era meglio essere prudenti. *Non ho nessuna voglia di trovarmi qualcuno che mi aspetta con un mitra dietro ad un pino, in canoa l'ho scampata, a piedi sarebbe molto più difficile.*

Ivrea, sede dell'Ivrea Canoa Club, riva sinistra della Dora Baltea, 18 Novembre 1995, sabato mattina

Non aveva resistito, mentre percorreva l'autostrada per Aosta era uscito ad Ivrea. Gli era venuto in mente che qualcuno al Canoa Club eporediese poteva sapere qualcosa del *kayak* fabbricato da Valtzolger e misteriosamente arrivato in provincia di Cuneo. La cosa non avrebbe ritardato per più di mezz'ora la corsa sulla neve a Gressoney. Al ritorno, in serata, avrebbe chiamato la De Marinis, se era tornata tardi, si era detto, meglio lasciarla prendere fiato.

Il Presidente era nel suo piccolo ufficio, era sempre lo stesso di quando Giulio Sannazzaro era venuto per fare il suo apprendistato di canoa, solo un po' invecchiato e imbiancato. Lo accolse come si accoglie un vecchio amico ritrovato.

"Giulio, ho letto dell'attentato sui giornali, e ho pensato: l'abbiamo istruito noi, il commissario, è grazie ai nostri istruttori che è riuscito a sfuggire all'assassino, ti dirò che la cosa ci ha fatto un sacco di pubblicità, spero che non ti dispiaccia, dato che devi aver passato un gran brutto momento."

"No, non mi dispiace, è vero, ho passato un brutto momento, anche se non credo volesse veramente uccidermi, se l'avesse voluto non c'era *eskimo* che potesse salvarmi, credimi. Tra l'altro, sai che canoa aveva? Una Valtzolger!"

Il presidente fu stupefatto.

"Ma no! Ne sei sicuro?"

"Sicurissimo, è un modello che ricordo bene, me l'avete data quando ho fatto il corso, non posso sbagliarmi. Appunto per questo sono qui. Forse è domanda assurda, o magari no: ti ricordi se qualcuno è venuto qui per comprarne una?"

Il presidente rispose senza esitare.

"Certo, me ne ricordo benissimo A metà Settembre, all'incirca, è venuto qui un tedesco, già abbastanza avanti con gli anni, dalla corporatura massiccia, come tutti i tedeschi, ha detto che cercava delle canoe d'occasione a

179

poco prezzo, io l'ho portato a vedere le vecchie canoe che ogni anno mettiamo in vendita per aggiornare il materiale, lui si è guardato intorno e poi ha deciso di prendersi due canoe: la Valtzolger che rimaneva, in cattivo stato ma utilizzabile, gliel'ho data per un boccone di pane, ed un vecchio biposto bianco, anche lui non molto ben messo ma in grado di navigare. Ha preso anche due vecchie pagaie di legno e due giubbotti salvagente. Mi chiedo perchè è venuto qui, parlava un po' italiano ma non so altro, ha pagato in contanti e se ne è andato, dopo aver caricato il tutto su un vecchio furgoncino Wolkswagen, non so se ti ricordi, quel modello uscito negli anni '70 che faceva anche da camper, con il tetto rialzabile."

Sannazzaro rimase senza parola. Dunque, in quello scenario complicato e pieno di personaggi come un'opera lirica, irrompeva un tedesco, che comprava delle canoe, ed in particolare una che forse era la stessa usata per l'attentato. Si trattava di Erik Wolfram di Francoforte? La scoperta non chiariva nulla, anzi, poneva altri interrogativi: era un complice della *Pulital*? Un tedesco mafioso? Fosse stato un americano, almeno avrebbe reso plausibile l'ipotesi della cosca mafiosa concorrente, ma un tedesco no, doveva trattarsi di una coincidenza. In Germania la canoa era uno sport molto più popolare che in Italia, e Sannazzaro ricordava che nel raduno canoistico sul Tanaro, che aveva luogo tutti gli anni a fine aprile, il tedeschi, dopo gli italiani, erano i più numerosi.

"Giulio, sei rimasto di sale dopo quello che ti ho detto, è qualcosa che riguarda la tua indagine?"

La voce del presidente lo riportò alla realtà.

"Il problema è che non lo so, se riguarda l'indagine. E se la risposta è affermativa, invece di aiutarmi, rende il caso ancora più complicato. Siamo nati per soffrire, amico mio. Dopo quello che mi hai detto, non ho scelta, devo rientrare a Torino."

Salutò il presidente, e ripartì nella direzione opposta a quella dell'ossigenante *footing* in quota. Doveva urgentemente parlare con Renata De Marinis, doveva sapere cosa aveva scoperto a Francoforte.

180

Corniglia, residenza di Renata De Marinis, sabato sera.

Renata De Marinis era arrivata a Torino da Francoforte le sera tardi di venerdì. Aveva saputo da suo padre che il commissario l'aveva cercata, e aveva pensato che era venuta la buona occasione. Scelse la casa di Corniglia come luogo per l'incontro, era un luogo isolato, sul mare, intimo, si trattava di una piccola costruzione appoggiata alla roccia, su due livelli, con una vasta terrazza ricavata sopra il livello inferiore. La casa era collegata al paese da una stradina fiancheggiata da siepi di agave che si inerpicava in mezzo alle vigne. Una ripida scala scavata in parte nella roccia ed in parte sospesa su travi metalliche scendeva al mare, su di una spiaggetta di ghiaia bianchissima.

Passò la mattinata di Sabato tra pettinatrice ed estetista senza rifare del tutto il proprio *look*, cosa che avrebbe potuto rendere le sue intenzioni troppo evidenti. Scelse con cura un abbigliamento semplice e confortevole, adatto ad una rustica casa sul mare: un *twin set* di cashmire grigio chiaro, una collana di ametiste, una gonna di *tweed* appena sopra al ginocchio, un paio di scarpe sportive dal tacco basso ed un enorme *poncho* peruviano coloratissimo, per difendersi dal freddo che c'era nella casa, chiusa da diversi giorni. Aveva considerato con occhio critico la propria biancheria intima, rendendosi conto di essere assolutamente sprovvista di capi un po' *sexy*, si era precipitata in via Garibaldi per comprarsi qualcosa di carino ma non esagerato. "Il miglior modo di conquistare un uomo, le aveva detto suo padre, cui aveva confidato i sentimenti che provava per Giulio Sannazzaro, è quello di essere sé stesse. Le donne non sanno quanto gli uomini non badino a tutte le cose che esse mettono in scena per farsi belle, e quanto talvolta le trovino anche ridicole. Sei bella, intelligente e ricca, se ti vuole non hai bisogno di nulla, se non ti vuole qualunque cosa tu faccia sarà inutile."

Seduta davanti al camino dove bruciava un grosso ceppo, avvolta nel *poncho*, aspettava. Sapeva che poco

182

prima di mezzogiorno il commissario aveva telefonato a casa e che suo padre gli aveva detto che la poteva trovare a Corniglia, non restava che attendere. Sentì cigolare il cancelletto sul terrazzo, era il punto di ingresso della casa, si alzò per andare ad aprire, poi si disse che era meglio non mostrare la propria impazienza, si risedette e aspettò di sentire il suono del campanello alla porta.

Museo Egizio di Torino, Giugno 1985

"Signor Conservatore, c'è una persona che chiede di lei, dice che è un vecchio amico e che vuole vederla, lo faccio entrare?"

Luigi Verona si prese il volto fra le mani, con un gesto teatrale.

"Come faccio a vedere i vecchi amici con tutti gli impegni che mi stanno cadendo addosso?" Poi aggiunse, con una certa civetteria: "se lo sapevo che era così, non avrei accettato il posto di Conservatore, questo è sicuro. Come si chiama, il vecchio amico?"

"Non mi ha detto il nome, ma un numero che ha scritto su questo foglietto, ha detto di farglielo vedere, che lei avrebbe capito."

Luigi Verona prese in mano il biglietto, lo lesse e sbiancò in volto.

"Lo faccia entrare immediatamente, e vada pure ragionier Degregori, grazie."

"Sono contento di vedere che stai bene e sei sistemato, congratulazioni, chiarissimo professor Luigi Verona"

"Cosa vuoi?"

"Perché pensi subito che voglio qualcosa?"

"Perché ti conosco, dimmi, cosa vuoi?"

"La fiducia nel tuo prossimo non è mai stata una delle tue virtù. Non voglio nulla per me, è per mio figlio che sono venuto."

"Oh bella, hai un figlio? E cosa vuoi per lui, si interessa di egittologia?"

"Si, ho un figlio, e non si interessa di egittologia, ma di pulizia. Ha una società, e gli piacerebbe proprio tanto avere l'onore di prendere l'appalto di un Museo così prestigioso."

"Sono sicuro che è un onore, ma cosa ha la sua impresa da proporre? Un prezzo interessante? Macchinari innovativi? Insomma, perché dovrei dare a lui l'appalto?"

184

"Io non so cosa ha da proporre la sua impresa, ma so cosa farò io se non gli dai l'appalto, carissimo Luigi."

I Grandi tremeranno, quando avranno
visto il coltello che è nella tua mano.

Piramide di Unas, anticamera, parete ovest, 247 - 253

Sull'autostrada Torino – Genova, 18 Novembre 1995, sabato pomeriggio

Giulio Sannazzaro stava viaggiando a forte velocità verso Corniglia, era impaziente di raggiungere Renata De Marinis e farsi raccontare cosa aveva scoperto a Francoforte. Tornando da Ivrea a Torino, aveva telefonato a sua figlia Adriana dicendo che sarebbe passato a salutarla, ma nel pomeriggio, arrivato a Moncalieri, si era reso conto che molti torinesi avevano deciso di passare il *week end* al mare. Si era buttato dunque sulla autostrada per Alessandria ed l'aveva richiamata per dirle che non ce la faceva a passare da lei, doveva essere a Corniglia al più presto.

Superati gli ingorghi genovesi, la strada si fece deserta e Giulio Sannazzaro lasciò vagare liberamente i suoi pensieri. Non riusciva a capire perché la De Marinis gli avesse dato appuntamento a Corniglia. La grande villa di San Mauro non mancava certo di luoghi dove poter avere un colloquio riservato, posto che lei non volesse mettere al corrente suo padre di quanto aveva scoperto a Francoforte. Un grosso autocarro stava faticando in una galleria in salita, e Sannazzaro decise di sorpassarlo, nonostante il rimorchio ondeggiasse paurosamente. L'impresa lo distolse dai suoi pensieri, ma al termine del sorpasso il suo cervello ritornò allo strano appuntamento di Corniglia. Gli venne in mente il tono con il quale il padre di Renata aveva detto che lei lo aspettava nella casa al mare, un tono strano, vagamente intrigante.

Forse la bella vedova voleva sedurlo, e per questo aveva scelto un luogo romantico e isolato? Sannazzaro rise tra sé. Come ogni uomo, era lusingato dalle attenzioni che qualche donna poteva manifestargli, ma si riteneva brutto e poco affascinante, e quando una donna sembrava attratta da lui, pensava si tattasse di uno sbaglio, fino a quando, come era successo con Irina, lei non gli saltava letteralmente addosso. *Non sono ricco, non sono bello, faccio il poliziotto, anzi, come ha detto la vedova, lo squallido poliziotto, cosa mi sto mettendo in testa?* No, si disse, mi ha invitato a Corniglia per farsi perdonare di avermi preso in giro, vuole farmi vedere il suo rifugio segreto, una semplice cortesia. Un altro sorpasso in galleria, questa volta un mostruoso pullman pieno di anziani gitanti che cantavano a squarciagola, e la sua mente fu ancora distolta dal pensiero dell'appuntamento con Renata. La strada era di nuovo sgombra, dove ero rimasto? *Ah, si, vuole sedurmi, no, appunto, è un'idea assurda. Tra l'altro, anche se fosse, cosa me ne importa? Sono felicemente sistemato, Irina mi ama, io la amo...La* amava? Gli venne in mente che non gliel'aveva mai detto, e lei neanche. *Lui e Irina non si erano mai detto che si amavano.* Cercava un alibi per accettare le attenzioni presunte di Renata? Magari anche lui, in fondo, non era sfuggito al suo fascino, non era forse vero che l'aveva immaginata seminuda e incatenata alla sua mercé? *Oh Dio, devo smetterla di pensare a queste sciocchezze. Piuttosto, speriamo che quello che ha scoperto a Francoforte ci metta sulla pista giusta.*

Lasciò l'auto al parcheggio di Corniglia, scese la scala fino al bar e imboccò uno stretto vicolo, seguendo le indicazioni che gli aveva dato il signor De Marinis. Affrontò la salita a passo di corsa, pensando che avrebbe potuto compensare cosi in parte il mancato allenamento in quota che aveva pianificato per la giornata. Dopo una ventina di minuti, gli parve di sentire delle invocazioni di aiuto, delle grida disperate. Da passo di corsa passò alla corsa, saltando i gradini della stradicciola a due a due, fino ad arrivare alla casa, che riconobbe immediatamente. Tirò fuori la pistola, si guardò attorno, capì che da qualche parte c'era qualcuno che stava minacciando Renata, si appiattì accanto alla porta di ingresso aspettando altre urla che gli facessero capire dove si trovava l'aggressore.

Un attimo, e le grida ripresero, venivano dalla sua destra. Notò una finestra che dava sul terrazzo da dove avrebbe potuto entrare, sfondò il vetro con il calcio della pistola e balzò all'interno. Vide Renata barricata nella stanza che teneva con tutte le sue forze un tavolo contro la porta, evidentemente per impedire allo sconosciuto di entrare. La scostò bruscamente, lasciò cadere il tavolo e aprì la porta, in tempo per vedere l'uomo fuggire attraverso

188

l'ingresso. Gli corse dietro, ma era scomparso. Ritornò nella stanza dove aveva lasciato Renata, che si era accasciata su una sedia.

"È sparito, Renata, dove può essere andato?"

"Sparito...dove?"

"Dal terrazzo, è sparito dal terrazzo!"

"Sarà sceso dalla scaletta"

"Quale scaletta?"

"La scaletta che scende alla spiaggia, dal terrazzo..."

Il commissario uscì di corsa, con la pistola in pugno. Vide la scaletta che scendeva, si chinò e si sporse con cautela. Una raffica gli fece piegare il capo bruscamente, la stessa raffica cantilenante del Tanaro, ne era sicuro. Alzò il braccio e sparò qualche colpo alla cieca, gli rispose una seconda raffica. Era una lotta impari, non aveva senso continuarla. Camminando carponi per portarsi fuori tiro rientrò in casa. Renata De Marinis era in piedi dietro alla porta, pallidissima.

"È ferito?"

"No, non sono ferito, ma deve dirmi subito se c'è una finestra della casa dalla quale si vede il mare, presto!"

"Dalla cucina, qui, a sinistra, si vede il mare, ma stia attento, la prego."

Giulio Sannazzaro balzò nella cucina, si mise di fianco alla finestra, si sporse e guardò in basso. Nella poca luce rimasta dopo il calar recente del sole,   riuscì a distinguere la sagoma di una canoa biposto, spinta da vigorosi colpi di pagaia. Sparò qualche colpo nella sua direzione anche se sapeva che data la distanza e le onde che facevano sobbalzare il bersaglio, era perfettamente inutile. L'uomo non reagì neppure, continuò a pagaiare con energia andando verso occidente, vicino a riva, dove le falesie strapiombanti l'avrebbero messo comunque al riparo.

189

Era ormai notte fonda, Renata De Marinis e Giulio Sannazzaro era seduti accanto al fuoco, nella grande cucina che dava sul mare. Di tanto in tanto, un singhiozzo scuoteva la donna, avvolta nel coloratissimo *poncho* peruviano nel quale sembrava volesse scomparire. Si era preparata ad una serata romantica, almeno cosi sperava, non ad essere aggredita da una specie di uomo rana che impugnava un coltellaccio.

Quando aveva sentito cigolare il cancelletto, Renata, che non voleva mostrarsi troppo impaziente, era rimasta nel salotto, posto a destra della porta di ingresso. Non sentendo suonare il campanello, si era alzata per guardare fuori, in tempo per vedere una sagoma scura che cercava di aprire con molta cautela l'altra finestra, quella a sinistra della porta, che andava nella camera da letto. L'uomo, un tipo massiccio, indossava una tenuta da sub, il volto era nascosto da un cappuccio. Armeggiava per aprire la finestra con un lungo coltello che scintillava sinistramente alla luce del lampioncino posto sulla terrazza. Renata non aveva potuto trattenere un grido, l'uomo aveva spalancato la finestra ed era entrato, lanciandosi in direzione del salotto nel quale si trovava la donna, che aveva fatto in tempo a chiudere la porta e a buttarci contro il tavolo, mentre l'aggressore batteva colpi su colpi contro la porta ed aveva cominciato a piantarci dentro il coltello. Renata sapeva benissimo che la porta non avrebbe resistito per molto, era di tamburato sottile, ed a quel punto si era messa ad urlare con quanto fiato aveva in gola.

Dopo l'arrivo del commissario, che aveva messo in fuga l'aggressore, non avevano più avuto un momento di requie. Giulio Sannazzaro, accompagnato da Renata, era corso all'auto che aveva lasciato nel parcheggio, da lì aveva lanciato l'allarme via radio, erano arrivati i carabinieri da Levanto in elicottero, poi la guardia costiera, tutti armati di potenti riflettori che ovviamente non erano serviti a nulla, l'aggressore si era come sempre volatilizzato. Altri carabinieri erano arrivati a Corniglia, avevano raggiunto la casa e si erano fatti raccontare tutti i dettagli dell'accaduto.

Finalmente, rimasero soli. Sannazzaro aveva ritenuto inutile occupare altri agenti a controllare la casa, sapeva che l'aggressore non sarebbe tornato, almeno non quella notte. *Faceva come gli indiani, scompariva nella natura dopo aver colpito.* Il commissario aveva avvertito Maria che non sarebbe rientrato e l'aveva pregata di badare a Pupa e di lasciare bene in evidenza sul tavolo dalla cucina un grande cartello, con scritto: IL COMMISSARIO NON RIENTRA PER MOTIVI DI SERVIZIO. Il cartello era per Irina, Giulio pensava con terrore a come avrebbe fatto a giustificare una notte passata a Corniglia con Renata De Marinis. Era ovvio che non poteva lasciarla sola, né era opportuno riportarla subito a casa sua, a San Mauro, nello stato in cui era raccontare tutto a suo padre avrebbe significato metterlo in una terribile agitazione.

Prefettura di Torino, 20 Novembre 1995, lunedì pomeriggio.

Giulio Sannazzaro avrebbe voluto essere da tutt'altra parte. Una marea di giornalisti accampati davanti alla Prefettura era in sua spasmodica attesa. Il commissario procedeva lentamente sotto i portici, circondato da una decina di agenti che avevano il compito di fargli da scudo e farlo arrivare davanti al prefetto Raso, che aveva deciso di convocare un secondo *summit* sull'assassinio del professor Verona. Un urlo selvaggio si levò dalla folla, "Eccolo, è lui, arriva!" Giulio Sannazzaro si rialzò il colletto del *loden* e cercò di ritirarci dentro la testa, come una tartaruga. Una salva implacabile di *flash* gli piombò addosso, una foresta di microfoni si protese verso di lui.

"Commissario, commissario, è vero che l'assassino è un nazista che uccide gli ebrei?"

"È un'ipotesi sulla quale stiamo lavorando, ma è soltanto un'ipotesi."

"Commissario, è vero che avete abbandonato la pista delle imprese di pulizia, la *cleaning connection*?"

"No, non abbiamo abbandonato nulla, noi seguiamo tutte le piste, noi..."

Si interruppe. Una giornalista che non aveva mai visto lo stava fissando con un sorriso. Era una donna bruna, bella e un po' avanti cogli anni, che cercava di nascondere sotto un trucco alquanto pesante. La sua domada lo colpì, come un pugno nello stomaco.

"Sono Gabriella Palombi, di *Intime Confidenze*. È vero che ha passato la notte a Corniglia solo con la vedova del professor Verona? È vero che tra voi c'è del tenero?"

Arrossiva molto facilmente, come tutti coloro che hanno la pelle chiara, e sempre nei momenti meno opportuni. Quello era, sicuramente, il momento più sbagliato in assoluto per arrossire, ma non poté impedirsi. La giornalista lo guardò con compatimento, e sentenziò:

"La sua espressione ed il volto quasi cianotico rendono superflua ogni risposta, commissario. Grazie a nome delle nostre numerose lettrici, molte delle quali sono sue accanite *fans*."

Prima che facesse in tempo a replicare, la giornalista era sparita. *Adesso sono proprio sistemato, pensò. Irina mi ammazza, non soltanto, ma prima mi taglierà a pezzettini, mi farà tutto quello che ha promesso di farmi, sono perduto, forse la cosa migliore che posso fare è confessare tutto a Gramaglia cosi mi farà trasferire a Bressanone o meglio ancora, a Matera, più lontano è e meglio sarà.*

Riuscì faticosamente a guadagnare l'entrata della prefettura e l'ufficio del Prefetto Raso, dove tutti lo stavano aspettando.

Mentre tornava a casa dopo la riunione in pefettura, Giulio Sannazzaro ripensò alla notte passata a Corniglia con Renata De Marinis. Quando Renata aveva smesso di singhiozzare, era riuscita a raccontargli quello che aveva scoperto a Francoforte, il matrimonio di un certo Erik Wolfram con la zia maledetta di Luigi, ma era ovvio che non poteva trattarsi dello stesso Erik Wolfram, avrebbe dovuto avere almeno novant'anni, e tenendo conto delle sue imprese la cosa era poco probabile. Prima che il commissario potesse farle altre domande la donna si era addormentata sul divano, raggomitolata nel *poncho,* il medico di Corniglia prontamente accorso dopo l'aggressione le aveva somministrato una forte dose di tranquillanti.

Mentre Renata dormiva, Sannazzaro era rimasto sulla poltrona, a rilettere. Cercava di capire quale poteva essere il movente di Erik Wolfram, posto che fosse lui l'assassino di Luigi Verona. Perché un tedesco avrebbe assassinato una vittima della deportazione? Forse era il figlio del professor Erik Wolfram, il marito della zia maledetta, un fanatico nazista, che voleva vendicare la sconfitta del padre uccidendo chi era scampato al massacro? Sì, era possibile, il delitto era stato appunto commesso in una notte di luna nuova, la notte di Seth, il malvagio, *la notte della vittoria del Male.*

Immerso nei propri pensieri stette di fronte a lei, fino a quando il fuoco non si spense. Diede un'occhiata all'orologio, erano le due e mezza passate. Una sottile falce di luna era appena sorta dal mare. L'ultimo quarto, pensò, tra qualche giorno è di nuovo il plenilunio, chissà se l'assassino ha in mente qualcosa. Poi guardò Renata, assopita nel suo *poncho*, la sollevò tra le sue braccia, la sentì leggera e fragile, per un attimo il desiderio di lei lo assalì con forza. Si disse che non era il momento, la posò sul letto e ritornò in cucina, sul divano, dove si addormentò.

Le prime luci dell'alba li avevano trovati così, uno in una stanza e l'altro nell'altra, dopo che lei si era immaginata una notte di tutt'altro genere. Giulio Sannazzaro si era svegliato trovandosi Renata di fronte a sé, in piedi, con in mano una tazza di caffé. Avevano fatto una toeletta

194

sommaria ed erano partiti per San Mauro, Renata voleva assolutamente arrivare da suo padre prima che la notizia trapelasse sui giornali o alla radio.

Non sarebbe stato facile convincere Irina che era andata proprio in questo modo, ma decise che ci avrebbe provato. Quando arrivò sul ballatoio dove si trovava il suo alloggio e udì il furioso latrato di Pupa, capì che non avrebbe potuto spiegarle niente, almeno non quella sera. Nessuno lo attendeva, ma un grande foglio di carta, appeso con lo *scotch* sulla porta del frigorifero portava scritto: ADIO BRUTO PORCO NON VOLIO VEDERTI PIU.

Sospirando, staccò il cartello e aprì il frigorifero per mangiare qualcosa, ma la vendicativa cosacca lo aveva completamente vuotato, lasciando un altro foglio di carta con scritto: SE AI FAME VA MANGIARE DA LEI. Nonostante la fame rabbiosa, Giulio Sannazzaro scoppiò in una risata. Adesso, era sicuro che l'avrebbe perdonato.

Al *summit* in Prefettura era presente, oltre agli intevenuti della volta prima, anche un rappresentante del SISMI. Il Prefetto Raso non aveva resistito alla tentazione di fare un preambolo retorico, lodando la collaborazione tra Polizia di Stato e Arma dei Carabinieri, ed indicando in Giulio Sannazzaro il principale artefice della santa alleanza, grazie alla quale finalmente si era riusciti ad identificare il feroce assassino. Identificare per modo di dire, in quanto la polizia tedesca aveva fatto sapere che il passaporto di Erik Wolfram era falso, dunque lui non era lui, ma si sapeva trattarsi di un tedesco di una sessantina d'anni, di statura media e corporatura massiccia, allenato e addestrato come un appartente a un corpo di *commandos*.

Il rappresentante del SISMI, un uomo magrissimo, vestito di un sobrio abito scuro e dall'aria assolutamente insignificante intervenne parlando sottovoce, come se avesse avuto paura che qualcuno origliasse alla porta dell'ufficio del prefetto.

"Oh piuttosto io direi addestrato come un mercenario filo-nazista, sappiamo che mercenari

195

appartenenti a movimenti simpatizzanti di estrema destra hanno combattuto in Angola e in Mozambico negli anni '60, per fare la guerra ai movimenti di liberazione anticoloniale. Si tratta di persone pronte a tutto, capaci di usare ogni tipo di arma, di operare in qualunque tipo di ambiente, di usare diversi travestimenti e di nascondersi subito dopo aver colpito. Tra l'altro, faccio notare che il calibro dei bossoli trovati sulla spiaggetta di Corniglia è il 9 millimetri, un calibro molto comune tra le armi da guerra, soprattutto non recenti, come il MAB, lo MP34 - il fucile mitragliatore in dotazione alle SS - ed altre che non starò ad enumerare per non annoiarvi. Quindi il nostro uomo è molto pericoloso, questo va spiegato a tutti membri delle forze di polizia che si metteranno alla sua ricerca."

Villa De Marinis a San Mauro Torinese, 20 novembre 1995, lunedì sera.

Renata De Marinis cominciava a dubitare che nel passato di suo marito si nascondeva qualcosa di terribile, ma non riusciva ad immaginare di cosa si trattasse. L'unica cosa di cui era sicura era che il suo viaggio a Francoforte l'aveva messa su una buona pista, e per questa ragione Erik Wolfram aveva cercato di ucciderla – perché l'aggressione di cui era stata vittima non era un avvertimento, come quella subita dal commissario in canoa, era autentica, Renata ricordava ancora con terrore quella lama luccicante e seghettata che attraversava il sottile compensato della porta, la forza con la quale veniva menati quei colpi, accompagnati da una specie di grido feroce.

Un pensiero improvviso attraversò la sua mente: come faceva l'assassino a sapere che lei aveva una casa a Corniglia? E, soprattutto, come faceva a sapere che quel sabato sarebbe stata lì, da sola? Il padrone del bar, Anselmo Guerra, non l'avrebbe mai tradita, ne era certa, quando era andato il commissario a chiedere di lei l'aveva prontamente avvertita. Giulio Sannazzaro le aveva detto che dopo l'attentato sul Tanaro avevano cambiato tutte le frequenze radio per evitare altre intercettazioni, e ci sarebbero voluti dei mesi perché le nuove frequenze fossero note a qualche malintenzionato. Decise di chiedere al commissario cosa ne pensava. Erano le otto, chissà se era a casa, un uomo solo probabilmente cena al ristorante, proviamo, si disse, non mi costa nulla. Mentre componeva il numero, si sentì assalita da una forte emozione, la cosa la spaventò, ebbe il tempo di pensare "Mio Dio, sono innamorata come una ragazzina", quando udì la sua voce dall'altro capo del filo.

197

Un ristorante sulla collina torinese, lunedì sera.

Quando aveva fame, Giulio Sannazzaro diventava molto vendicativo. Al telefono con Renata, aveva immediatamente trasformato la richiesta di spiegazioni sull'ascolto della sua radio in un invito a cena in un ristorante tranquillo, per poter parlare della cosa con la dovuta calma. L'invito l'aveva colta di sorpresa, l'aveva ovviamente accettato anche se con un certo affanno, per il poco tempo che aveva per prepararsi.

In una vecchia cascina ristrutturata, non lontano da Moncalieri, li aspettava una saletta con tanto di candele accese e relativa atmosfera romantica. Giulio Sannazzaro era cliente da anni, utilizzava appunto quel ristorante, uno dei pochi aperti di lunedì, per le cenette intime a due, ed il proprietario senza bisogno di ulteriori istruzioni preparava il tavolo con le candele ed un discreto mazzo di fiori, scelti sempre con molta cura. Nonostante i loro scopi fossero diversi – lei era lì per amore, lui per vendetta – passarono una splendida serata, ripescarono entrambi nei loro ricordi di gioventù e risero l'uno dei ricordi dell'altro, fino a sentirsi pericolosamente complici.

La complicità tra un uomo e una donna crea quasi sempre l'attrazione reciproca, e quando il padrone arrivò molto discretamente con il conto, si accorsero che erano lì per parlare delle intercettazioni della radio del commissario e non della loro gioventù. La cosa li divertì moltissimo, avevano tutti e due bevuto abbondantemente, e si misero a ridere senza ritegno. Alla fine, Giulio Sannazzaro sentenziò:

"È Adriana, la spia!"

"Adriana? Tua figlia? Sei matto!"

Lui divenne improvvisamente serio.

"No, non sono matto. Quando mi hai telefonato, ho riflettuto. La persona alla quale telefono tutti i giorni, e alla quale racconto ogni cosa della mia vita e del mio lavoro, dalla radio o dal telefono, è Adriana, mia figlia. L'unica spiegazione plausibile è che il sedicente Erik abbia piazzato nel suo telefono o nella cabina dove arrivano i fili, una microspia. Ho telefonato a Montorsi perché vada a

198

controllare, domani mi darà una risposta, ma sono sicuro che è così, non ci sono altre spiegazioni. Se troverà la microspia, la lascerà dov'è, lui non deve sapere che noi sappiamo, ed in questo modo forse potremo intrappolarlo."

Erano usciti dal ristorante, la notte era limpida e le luci di Torino brillavano nella pianura. Lui la guardava con uno sguardo che non aveva mai avuto, sarà il vino, lei pensò, al diavolo, vino o non vino, questo è il momento, adesso o mai più.

"Giulio, disse, ho paura. Mi ucciderà, lo sento, mi ucciderà come ha fatto con mio marito, nessuno riuscirà a fermarlo."

Lui la guardò, sorpreso e intenerito. Ancora una volta la gelida e arrogante donna d'affari le apparve indifesa, bisognosa della sua protezione. Le passò un braccio intorno alle spalle, con un gesto che voleva essere soltanto di conforto. Lei si strinse con forza contro di lui, e sussurrò:

"Ti amo, Giulio."

Lui fu colto di sorpresa. Aveva dubitato che l'invito a Corniglia nascondesse un tentativo di seduzione, poi aveva scartato questa ipotesi ritenendosi molto lontano dal tipo di uomo che una donna come lei, bella e ricca, potesse trovare interessante. In ogni caso, non si aspettava una dichiarazione così esplicita in tempi così brevi. *Non sono pronto per un'altra avventura sentimentale,* pensò, *poi lei adesso mi vede come il suo eroico salvatore, ma le passerà, dopo poco tempo sarò di nuovo lo squallido e banale poliziotto.*

La scostò dolcemente da sé, la guardò negli occhi.

"Io… ho una relazione con un'altra donna, Renata. Una donna sposata, che tradisce suo marito. Tu mi piaci molto, sei una donna eccezionale, sei bellissima, mi sento attratto da te, ma non ti amo."

Renata rimase a lungo in silenzio, il capo rivolto verso il basso. Poi rialzò il viso.

"Da quanto tempo stai con lei?"

"Da due anni."

"Sei innamorato di lei?"

"Si, certo, sono innamorato di lei."

199

Ci fu un altro silenzio. Erano uno di fronte all'altro, i loro corpi vicini ma i loro pensieri lontani, la complicità della cena pareva svanita.

Lei gli prese una mano e la strinse fra le sue, in silenzio. Poi sussurrò:

"Non importa se non mi ami, ma non mi lasciare sola, questa notte, ti prego, stai con me."

Giulio sospirò.

"Hai una scorta di tre poliziotti, Renata, non si può proprio dire che sei sola." Vide la sua espressione delusa, ebbe paura che stesse per mettersi a piangere, aggiunse in fretta:

"Va bene, starò a casa tua, questa notte. Sarai la donna più protetta del Piemonte, tre poliziotti e un commissario veglieranno su di te."

Il giorno dopo, il maresciallo Montorsi telefonò al commissario per dirgli che aveva trovato la microspia nel telefono di sua figlia. Adriana si ricordava che ad Aprile era venuto un tecnico della Telecom, con tanto di divisa, un signore non più giovane, di statura media e di corporatura massiccia, che aveva detto che doveva fare un lavoro sul suo telefono, ed aveva trafficato per un po', lei non aveva potuto vedere cosa faceva perché la farmacia era piena di clienti. La cosa strana era che non aveva assolutamente notato che avesse un accento tedesco, non aveva parlato molto però, anzi, era stato particolarmente silenzioso. Il problema, adesso, era di trovare il punto d'ascolto, che doveva essere in un raggio di non più di un chilometro e mezzo dalla farmacia, vale a dire in qualunque casa nel centro di Carrù. Montorsi aveva già provveduto ad iniziare le indagini.

Villa De Marinis a San Mauro torinese, 21
Novembre 1995, martedì mattina

Renata De Marinis era nello studio di suo marito, per finire di frugare nella sue carte, lavoro che aveva interrotto quando aveva trovato la fotografia di Rachel Pugliese, la zia maledetta. Non trovò nient'altro che potesse aiutarla a capire qualche cosa di più, chiuse la scatola, si chiese se era il caso di sigillarla con un giro di nastro adesivo, poi decise di lasciarla com'era.

Chi era Rachel Pugliese? E perché era maledetta? Voleva andare in Egitto, per avere risposta alle sue domande, ma dopo l'aggresione subita, ciò era assolutamente impossibile. Giulio Sannazzaro aveva passato la notte in casa sua, nella camera degli ospiti accanto a lei, ma prima di andarsene in ufficio, molto dolcemente ma anche con grande decisione le aveva proibito di muoversi da casa senza scorta e senza avvertirlo, e Renata non aveva nessuna intenzione di trasgredire, l'idea che lui la lasciasse al suo destino pur con la scorta la sconvolgeva, era stato troppo bello averlo con sé. Nel suo cuore covava una speranza: Giulio le aveva detto che aveva una relazione con una donna sposata, che tradiva il marito per stare con lui. Dunque, non era un legame stabile, una vera vita di coppia, era un legame clandestino, furtivo, saltuario, mentre lei poteva offrirgli una vita normale, un rapporto pieno e duraturo. Mentre i suoi pensieri vagavano tra i dubbi sul passato e le speranze del presente, la porta dello studio si apri ed entrò suo padre.

Gerardo De Marinis era stato ingegnere civile, specializzato nella costruzione di viadotti e gallerie autostradali. Aveva il colorito scuro di tutti quelli che per decenni hanno lavorato all'aria aperta, e che anche dopo aver cessato l'attività da molti anni mantengono lo stesso colore, come se il sole e la polvere fossero penetrati per sempre nella loro pelle, lasciandovi un segno indelebile. Gli ottantaquattro anni suonati avevano conservato intatta la struttura quadrata delle sue spalle, soltanto il torace era un po' incavato ma la schiena era ancora ben dritta. La voce ferma e potente, abituata a gridare ordini nei cantieri, rimbombava esagerata tra le quattro mura di una stanza. Ciò infastidiva non poco Renata, che passava il tempo a dirgli di parlare più piano.

"Renata, tuonò Gerardo, che abbassò subito il volume appena vide la disapprovazione sul volto della figlia, perché continui a rimestare in queste cose? L'ho fatto anch'io, quando è morta la mamma, ma è un errore, credimi, la vita deve continuare, sei ancora giovane, bella e innamorata, pensa al commissario, che mi sembra una bravissima persona, lascia perdere il passato, guarda al futuro."

"Papà, tanto per cominciare il commissario ha un'altra donna, della quale si dice innamoratissimo, e dunque non so fino a che punto mi conviene pensare a lui, diciamo che non posso farne a meno ma ci sono molte probabilità che il tutto finisca in una bella delusione. Ed è anche per rimanere a contatto con lui che cerco di capire se qualcosa si nasconde nel passato di mio marito. Volevo andare in Egitto, per capire chi fosse questa Rachel Pugliese, la zia di Luigi e perché fosse così importante per lui da fargli tenere la sua foto nel portafoglio per tutta la vita, ma non posso muovermi da Torino, non se ne parla neanche."

Gerardo De Marinis rifletté un attimo.

"Se vuoi avere notizie su degli Italiani in Egitto, non hai bisogno di andarci, usa l'agenzia che ti ha mandato a Francoforte, mi sono sembrati efficientissimi."

"Sono efficientissimi, ma purtroppo agiscono soltanto in ambito europeo, li ho già chiamati."

"Allora prova a metterti in contatto con l'associazione."

"Che associazione?"

"L'associazione degli italiani in Egitto, è abbastanza un rifugio di nostalgici del passato regime, ma stanno informatizzando un archivio che raccoglie i dati che si hanno sugli italiani in Egitto fino all'arrivo di Nasser, che come saprai li ha praticamente cacciati via tutti. In particolare, mi risulta che hanno i nomi degli italiani e delle italiane che

202

sono state messe dagli inglesi nei campi di prigionia, e che fine hanno fatto."

"Non mi dirai che gli inglesi hanno fatto una cosa del genere."

"Oh sì che l'hanno fatta, figlia mia, si può anche capire, l'Italia era in guerra contro gli inglesi e gli inglesi avevano tutti i diritti di dubitare della loro lealtà verso la corona, ma certamente non meritavano di essere stati tutti espropriati e condotti in campi di prigionia in pieno deserto, con poco cibo e pochissima acqua, dove molti ci hanno lasciato le penne."

Renata si mise in contatto per telefono con l'associazione, dove furono gentilissimi e le promisero di farle avere al più presto notizie su Rachel Pugliese, moglie di un archeologo tedesco di nome Erik Wolfram.

Oh terribile serpente!
Fa che tu sia preso dal terrore davanti a Unas,
come Unas è stato preso dal terrore davanti a te!

Piramide di Unas, camera del sarcofago, muro est,198, 221

Trausella, Valchiusella, 16 Settembre 1995, cinque
settimana prima del delitto, giovedì sera

Saporiti *senior* era soddisfatto. Aveva ordinato in anticipo alla cantina sociale di Piverone due damigiane di rosso, spuntando un prezzo bassissimo, e l'andamento del tempo, bello e caldo, stava promettendo una vendemmia eccezionale. Era nella cantina di casa sua, una casa in pietra circondata da un piccolo prato con una vista bellissima su tutta la valle. Bisognava lavorare un po' per fare posto alle damigiane, la sua schiena non gli permetteva grandi sforzi, ma poco alla volta ce l'avrebbe fatta. Un rumore proveniente dalla porta di ingresso gli fece smettere, salì la scala della cantina gridando "chi è?" ma appena fu nell'ingresso un braccio muscoloso gli cinse il collo con forza, e la lama di un lungo pugnale fu puntata alla sua gola.

"Zitto, o ti sgozzo!"

Non gridò, un po' per la paura e un po' perché la stretta del braccio lo stava soffocando. Fu trascinato nel tinello, sbattuto su una sedia e ad essa legato da un robusto cordino da arrampicata. Guardò stupefatto e terrorizzato l'uomo davanti a lui, un uomo massiccio, sulla sessantina, che gli agitava il pugnale sotto il naso.

"Che cosa vuole da me? Io non ho soldi in casa, ho solo del cibo e del vino, sono un povero pensionato, mi lasci perdere, la supplico, non mi faccia del male!" Terminò la sua frase con un singulto.

"Sempre a piagnucolare, non è vero? Ma questa volta non basterà, con me non funziona, dovresti ricordartelo."

Marco Saporiti, già spaventato, ora era in preda ad un terrore senza limiti.

"Tu…tu…sei tornato, non sei morto…"

"No, non sono morto, vi è andata male, avreste dovuto saperlo che una marcia nella neve non sarebbe bastata ad eliminarmi."

"Cosa farai di me?"

"Se tu farai tutto quello che ti dirò, forse avrai salva la vita, o almeno ti ucciderò senza farti soffrire; se no, ti toccherà quello che è toccato a tanti altri, sono stato chiaro?"

"Si, si, sei stato chiaro, farò tutto quello che vuoi."

L'uomo gli passò sul viso la punta del pugnale, facendogli una minuscola ferita.

"Questo è un piccolo avvertimento, tanto per farti capire che non scherzo."

Rinfoderò il pugnale ed uscì.

Marco Saporiti impiegò parecchio tempo a riprendersi, e quando già si disperava pensando a come avrebbe fatto a liberarsi, si accorse che il nodo era fatto in modo che cedesse al suo primo strattone. Si precipitò al telefono.

"È ritornato."

"Lo so."

"Da quanto lo sai? E perché non mi hai avvertito?"

"Da sei mesi. Non ti ho avvertito perché è inutile, farà di noi quello che vuole."

"Ci ucciderà, ci torturerà, te ne rendi conto?"

"Me ne rendo conto. Ma non possiamo farci nulla."

Commissariato Torino-centro, 21 Novembre 1995, martedì sera.

Giulio Sannazzaro aspettava con impazienza una telefonata da Montorsi, e nel frattempo masticava una pastiglia di *Malox*. Dopo le letteracce di Irina, per ritorsione, aveva smesso le cure omeopatiche, aveva sempre il suo bruciore di stomaco ma almeno non doveva più spremersi le meningi per capire da quale tubetto colorato doveva prendere le sue pastigliette e mettersele sotto la lingua, per ingoiarle regolarmente subito dopo. Montorsi aveva identificato un alloggio in centro a Carrù dove un appartamento era stato affittato ad un cittadino tedesco di nome Erik Wolfram, nato a Francoforte sul Meno.

Costui aveva pagato la cauzione con un assegno della Deutsche Bank, aveva chiesto e ottenuto di avere l'alloggio ripulito e imbiancato, dopo di che si era messo ad andare e venire in modo irregolare ma costante, salutava tutti con un forte accento tedesco e molta cortesia, non faceva rumori molesti e gli altri abitanti del piccolo condominio posto a poca distanza dalla farmacia non avevano notato in lui nulla di strano, da qualche anno le Langhe erano state letteralmente invase dai tedeschi, più o meno come la riviera romagnola e dunque nessuno si era sorpreso della sua presenza. Aveva una sessantina d'anni ed era di corporatura massiccia. Come mezzo di locomozione usava un vecchio furgoncino Wolksvagen convertibile, insomma, era lui, il feroce assassino nazista.

Montorsi ed il commissario avevano deciso che la cosa migliore era di tendergli un agguato, e da lunedì i suoi uomini sorvegliavano giorno e notte il fabbricato, mentre un reparto speciale, chiuso in un furgone, attendeva in una stradina di campagna subito fuori Carrù, per non destare sospetti.

Giulio Sannazzaro guardò l'orologio, erano le otto e mezza passate ed in mancanza di notizie si disse che poteva andarsene a casa. Quando arrivò sul pianerottolo e non sentì il latrato furioso di Pupa, capì che Irina Vassilievna lo stava aspettando. Per un attimo, pensò di girare vilmente i tacchi

207

ed andarsene, poi la parte nobile della sua personalità prese il sopravvento e decise di affrontare la situazione.

Irina era seduta sulla sua poltrona. Aveva gli occhi gonfi di pianto e teneva in mano una copia di *Intime Confidenze*.

"Perché mi fai questo? Perché mi tratti così, cosa ti ho fatto per essere trattata così'? Dimmi, cosa ti ho fatto?"

Giulio Sannazzaro rimase in piedi, in silenzio. Era sconvolto. Si aspettava di essere assalito, ricoperto di coloriti insulti russi, minacciato. Si aspettava una scenata di gelosia, lo scenario patetico lo coglieva del tutto impreparato. Irina si era messa a singhiozzare rumorosamente, e il commissario non sapeva che pesci pigliare. Decise che la cosa migliore era l'azione: si precipitò su di lei, la tirò su di peso dalla poltrona e l'abbraccio con forza, poi la baciò appassionatamente, in modo da soffocare i suoi singhiozzi.

La cosa funzionò. Irina trasformò a poco a poco i suoi rumorosi singhiozzi in piccoli singulti, si lasciò andare, ricambiò il bacio, poi si staccò da lui.

"Cosa ha quella donna più di me?"

"Niente, Irina, non so come ripeterlo, non c'è niente tra di noi, io amo te, non lei, è solo un rapporto professionale, devo proteggerla, è stata aggredita..."

"Non mentire con me! Non mentire! Io ieri sera sono tornata da te, con tutto quello che ci voleva per cenare, guarda nel frigorifero cosa avevo portato, caviale nero, filetto alla *stroganoff* cucinato con le mie mani, champagne di Crimea, ma cosa credevi, che ti volevo fare digiunare veramente? Ero venuta per perdonarti, e tu non c'eri! Ti ho aspettato tutta la notte, tu non sei tornato a casa! Tu hai dormito da lei, bugiardo!"

"Sì, è vero, ho dormito a casa sua, aveva paura, ma non è successo niente, lo giuro."

"Niente? Mi prendi per una imbecille? Tu hai dormito a casa di una donna, bella, bisogna dire che è proprio bella, e non è successo niente? Tu, che quando non facciamo l'amore per una settimana, mi salti addosso come un matto? Ma per chi mi prendi?"

208

"Oh senti, puoi crederci o no, non è successo proprio niente. Lei era terrorizzata, non mi sono sentito di dirle di no."

"Terrorizzata? Povero scemo! Terrorizzata, lei? Io la conosco, la signora De Marinis. È padrona di mezza Torino, è un'affarista senza scrupoli, non ha paura di niente e di nessuno, caccia gli inquilini che non possono pagare senza pietà, lei ha fattto la commedia, ha capito che sei un buono, ha fatto la gattina spaventata e tu ci sei cascato, come siete stupidi voi uomini!"

Lui non rispose. Odiava le scenate, ed il suo modo di reagire era il silenzio. Cosa che normalmente faceva imbestialire Irina ancora di più. Questa volta però era diverso, questa volta si trattava di una cosa seria. Irina tacque, e dopo un attimo si girò verso di lui, con gli occhi di nuovo pieni di lacrime. Sussurrò:

"È perché io sono sposata, vero? Tu vuoi una famiglia, vuoi una donna che sia con te, sempre, che ti aspetti a casa, quando torni dal lavoro, che dorma con te, che si svegli con te, è così? Dimmi, è così? Tu vuoi che io divorzi, che lasci mia figlia, per te? "

Giulio Sannazzaro rimase in silenzio.

"Dimmi se è questo che vuoi! Dimmelo, e io divorzierò, lascerò mia figlia per te, lascerò tutto, per te. Parla, di' qualcosa!"

Non lo sapeva. Non sapeva se era quello che voleva. Per un attimo ebbe la visione della sua passata vita matrimoniale, considerata felice per molti anni, con l'alloggio da arredare, le rate del mutuo da pagare, la figlia da portare a scuola, le vacanze nel villaggio in riva al mare, le liti, le accuse reciproche, le riconciliazioni, i parenti di lei, i suoi parenti, le cene con gli amici, i battesimi, i funerali, i matrimoni, e si disse che non era questo che voleva, assolutamente. Almeno, non si sentiva pronto, doveva pensarci. La riprese tra le sue braccia, la baciò sugli occhi azzurri pieni di lacrime, le passò una mano tra i capelli che lei aveva sciolti e scarmigliati, la strinse a sé.

"Irina, io voglio che stiamo insieme come abbiamo fatto fino adesso, non potrò mai chiederti di lasciare tua

209

figlia. Mi devi credere, non c'è niente tra me e Renata, proprio niente. Lei lo vorrebbe, me lo ha detto ieri sera, ma io le ho detto che il mio cuore era da un'altra parte, e tutto è finito lì. Fino a quando non avremo preso quel pazzo assassino io dovrò avere dei rapporti con lei, non posso farne a meno, ti devi rassegnare, è così."

"Ti ha detto che ti ama?"

"Sì, me lo ha detto."

"Dove te lo ha detto? Dove avete cenato?"

Giulio Sannazzaro fu costretto a mentire, il ristorante era quello dove normalmente portava Irina.

"A casa sua, naturalmente."

Irina sospirò.

"Io penso che tu mi stai mentendo, ma non ho voglia di saperne di più, almeno per adesso. Facciamo pace, vuoi?"

Fecero la pace, con Pupa che ronfava sotto il letto. Mentre si rivestiva per andarsene, lei disse con uno strano sorriso:

"Dunque, Maigret, tu non vuoi sposarmi, è così? Vuoi che io sia la tua eterna amante, non è vero?"

Sannazzaro balzò a sedere sul letto, come punto da una vespa.

"Sei tu che sei sposata, non io! E non ho detto che non voglio sposarti!"

"Ma neanche che vuoi, *moi daragoi*, neanche che vuoi." Gli fece un bacio frettoloso sulle labbra e uscì, senza dargli il tempo di replicare, in modo che si sentisse dubbioso e colpevole, era quello che voleva.

Villa De Marinis a San Mauro Torinese, 23 Novembre 1995, giovedì mattina.

Alle dieci, Renata De Marinis aveva ricevuto la telefonata della associazione "Italiani in Egitto". La stessa voce gentile che aveva ricevuto la sua richiesta le raccontò la storia di Rachel Pugliese, vedova Nasi, che aveva sposato in seconde nozze l'archeologo tedesco Erik Wolfram, di Francoforte sul Meno. Allo scoppiare della guerra, Rachel Pugliese era stata dichiarata dall'Intelligence Service "*very dangerous person*" ed internata nel campo di prigionia di El Fayed, in pieno deserto, uno dei più duri campi di prigionia inglesi, dove era morta poco prima della fine della guerra. Alla domanda sulla ragione di questa etichetta appiccicata a Rachel dall'Intelligence Service, la voce gentile rispose che loro non avevano altre notizie, che quella definizione era stata usata dagli inglesi in modo molto esteso, e che non necessariamente doveva voler dire che Rachel era una spia al soldo delle potenze dell'Asse. Dopo una leggera esitazione, la voce gentile disse ancora:

"Se lei vuole altre notizie, visto che sono passati cinquant'anni dalla fine della guerra, può rivolgersi ai servizi segreti inglesi, sono molto disponibili, noi stessi ogni tanto li interpelliamo, tramite il governo italiano, ovviamente."

Ovviamente. Ciò significava: attraverso il commissario, questa sì che è fortuna, si disse Renata De Marinis, ho un buon motivo per chiamarlo e ricordargli che esisto, visto che lui non mi chiama. Tra l'altro, si disse, non sono proprio riuscita a capire chi è la sua amante, su questo punto è stato una tomba, il che non è strano, ma devo darmi da fare per riuscire a scoprire chi è questa donna che gli ha fatto perdere la testa – capire il nemico per combatterlo, dice un proverbio.

Briaglia, in una grotta scavata nel tufo, 24 Novembre 1995, venerdì notte

Era soddisfatto. *Ho ancora i sensi svegli e i riflessi pronti,* si disse, *ho capito subito che l'alloggio era sorvegliato, in un paese piccolo come Carrù come possono pensare che non si noti tutto quel movimento, avevano solo da parcheggiare un'auto blu con su scritto "Carabinieri" che avevano fatto tutto. Stiano ancora lì per un bel po', a un certo punto si stuferanno e daranno l'assalto all'alloggio, ma io non sarò là ad aspettarli. Intanto avranno da passare il tempo con il rottame del furgoncino che ho appena fatto saltare in aria.*

Era ricoperto di fango da capo a piedi, doveva darsi una ripulita. Accese una piccola stufa a gas, aspettò qualche minuto che emanasse un po' di calore, poi aprì un baule metallico e ne estrasse un asciugamano e dei vestiti. Si tolse la muta in neoprene che indossava, si passò con cura l'asciugamano sul corpo e sul viso e si rivestì con gli abiti che aveva preso dal baule. Si sedette su una specie di panca ricavata nel tufo, prese il fucile mitragliatore che era appeso ad un gancio, lo esaminò con attenzione, tolse il caricatore vuoto e lo sostituì con uno carico, poi si chiese se era il caso di smontarlo per dargli una bella oliata, dopo la gita al mare era meglio di sì, il poverino aveva i suoi anni, bisognava averne cura. Posò l'arma su un tavolino da campeggio, si passò la mano sulla fronte.

"Ho la febbre, pensò, la pagaiata al mare è stata dura, la discesa nel torrentello di fango ancora di più, comincio ad essere stanco, non vedo l'ora che questa storia finisca, devo mantenere i miei impegni."

Rimosse il calcio del fucile mitragliatore, sfilò l'otturatore e la molla, prese l'oliatore e lubrificò ogni cosa con cura, rimontò il tutto e riappese l'arma al gancio dove si trovava. *Tra poco ci riposeremo, bello mio, tutti e due,* disse rivolto al fucile, *ci riposeremo per sempre.*

Oh Re Unas, guardati dal lago di fuoco!

Piramide di Unas, camera delle esequie, muro sud, 213 - 219

Torino, 25 Novembre 1995, sabato mattina.

Giulio Sannazzaro aveva indossato la sua nuova tuta da sci rosso carminio e si stava chiedendo quali commenti avrebbero fatto gli amici dello *sci fondo club San Salvario* quando lo avessero visto arrivare. Era davanti allo specchio ad ammirarsi compiaciuto, quando suonò il telefono. Per un attimo, ebbe la tentazione di non rispondere, qualcosa gli diceva che la sua apertura della stagione invernale a Gressoney stava per andare a farsi benedire, ma ancora una volta la sua antipatica coscienza professionale ebbe la meglio.

Era il maresciallo Montorsi. Sannazzaro emise una serie di "Sì, o bella, sì, sì certo, sì, arrivo immediatamente", sospirò, si sfilò la tuta da fondo, prese dall'armadio un triste completo grigio, una camicia azzurra ed una cravatta *regimental*, scelse i calzini appropriati, si rivestì, staccò il *loden* dall'attaccapanni, uscì, salì sull'auto e per vendetta contro l'atroce destino che gli aveva fatto perdere la prima uscita sciistica dell'inverno, mise la sirena sul tetto e partì, alle sette e mezza di sabato mattina con un lugubre e potente ululato. Ebbe da lottare con la nebbia, che stagnava spessa nel tratto di autostrada tra Torino e Carmagnola, ed alle nove arrivò a Carrù.

Una marea di uomini vestiti di scuro, con il cappello, i volti rugosi e abbronzati, stazionava a piccoli gruppi sulla piazza, di fianco alla tettoia del mercato coperto. Era la borsa merci dei contadini langaroli, quei gruppetti silenziosi compravano e vendevano bestie, legname, nocciole, terreni apparentemente senza dire una parola, e quando la transazione era conclusa un rotolo di banconote usciva da una tasca e entrava in un'altra. Giulio Sannazzaro ebbe qualche difficoltà per farsi strada e raggiungere Montorsi, che lo aspettava davanti alla farmacia Acutis. Qui, il maresciallo gli fece un rapido resoconto dei fatti.

La sera prima, a una decina di metri dal furgone mascherato dove si trovava la squadra di pronto intervento, ovvero poco fuori Carrù, in una stradina di campagna, una forte esplosione aveva fatto saltare in aria un vecchio

214

furgoncino Wolksvagen, senza dubbio quello dell'assassino. Secondo i primi rilievi degli artificieri, l'esplosione era stata causata da un incendio, a sua volta provocato da un'abbondante dose di benzina sparsa sul furgoncino stesso. Il luogo scelto dalla squadra speciale era anche purtroppo il luogo preferito dalle coppie in cerca di tranquillità, e dunque il via vai di auto aveva fatto sì che l'arrivo del furgoncino passasse inosservato. Una coppia, arrivata un attimo prima dell'esplosione, aveva raccontato che una vampata improvvisa aveva illuminato la loro auto, facendoli immediatamente saltare fuori e che durante la loro fuga una forte esplosione li aveva buttati a terra, mentre una miriade di rottami infuocati erano volati dappertutto, un paio sul loro veicolo, danneggiandolo.

Ormai, valeva la pena fare irruzione nell'alloggio, era chiaro che l'assassino aveva mangiato la foglia, Montorsi aspettava Sannazzaro per dare il via all'operazione.

Il commissario, invece, non aveva fretta. Era convinto che non avrebbero trovato nulla, o almeno nulla di importante, l'assassino doveva aver capito di essere stato scoperto quando la microspia era stata trovata nel telefono di sua figlia Adriana. Per quanto l'operazione fosse stata fatta con la massima cautela, lo svitare il microfono doveva aver provocato un fruscio che non poteva essere passato inavvertito. Giulio Sannazzaro era invece molto curioso di capire come l'assassino aveva fatto a lasciare non visto il luogo dell'esplosione, tra le auto degli innamorati ed il furgone delle forze speciali, aveva dato fuoco alla benzina ed era subito sparito, valeva la pena andare a dare un'occhiata.

Montorsi e Sannazzaro decisero di rimandare l'assalto, riattraversarono il mercato facendosi strada tra i contadini della Langa intenti alle loro transazioni silenziose, uscirono dall'abitato verso l'autostrada e imboccarono una stradina sterrata verso sinistra. Da qui la stradicciola proseguiva per qualche decina di metri, fino ad una fila di alberi, dove terminava, non lontano dal castello di Carrù. La fila di alberi fiancheggiava un ciglio scosceso che piombava in un fossato dai fianchi spogli e argillosi, al fondo del quale correva un torrentello, gonfio d'acqua per la pioggia che era caduta abbondante fino al giorno prima.

Sannazzaro osservò il rottame carbonizzato del furgoncino, posto proprio al termine della stradina, accanto agli alberi. Una tanica di benzina era là, sul prato. Poco distante partiva una striscia nera di erba bruciacchiata, che raggiungeva il furgoncino. Camminò fino al ciglio del fossato, facendosi strada tra la sterpaglia, e gridò:

"Venga a vedere, Montorsi, ecco da dove è scappato."

Un solco nell'argilla, largo come la schiena di un uomo, scendeva fino all'acqua giallastra del fiumiciattolo.

"Dove va l'acqua, Montorsi?"

"Scende fino alla stazione di Carrù, poi si butta nel Tanaro. Scende veloce, il pendio è molto ripido, Carrù è sul bordo di una scarpata."

Il commissario si mise ad osservare gli sterpi che crescevano sotto agli alberi e notò che parecchi erano stati spezzati di recente. Tutto era perfettamente chiaro, pensò. Il tedesco era arrivato la sera prima con il suo vecchio *camper* e l'aveva parcheggiato al fondo della stradina, passando sotto il naso della squadra speciale, che in quel via vai di innamorati non si era mossa. Aveva provveduto a riempire il serbatoio a metà, in modo che la miscela di aria e carburante fosse particolarmente esplosiva, si era munito di una tanica di benzina e di un accendino. Era sceso, aveva versato il carburante sul furgoncino ed aveva camminato all'indietro, sempre versando il liquido infiammabile, fino a vuotare le tanica, che aveva posato a terra. Aveva dato fuoco, la fiamma aveva percorso la striscia di benzina fino ad incendiare il *camper*, lui si era girato e si era messo a correre attraversando d'impeto la fila di alberi, poi a piedi in avanti si era buttato sullo scosceso pendio argilloso fino al torrente, dal quale si era fatto portare giù, magari protetto da un guscio di plastica, come quelli che si usano per fare del *canyoning*.

"Scommetto che se andiamo dove arriva il torrente, vedremo qualcosa di interessante."

216

Scesero in auto fino alla stazione ferroviaria, posta in basso, dove il fiumiciattolo si infilava sotto la strada, e lì trovarono numerose impronte di scarponi infangati, che arrivavano ad una piazzola di sosta.

"Qui, dopo essere disceso nell'acqua e nel fango come in un *taboga*, il nostro è salito su una qualche auto e se ne è andato, tranquillamente, mentre tutti correvano a spegnere l'incendio ed a cercarlo nella direzione opposta, come sul Tanaro. Ci ha giocato ancora una volta, mi chiedo se riusciremo mai ad acchiapparlo, comincio a perdere le speranze." Fece una pausa.

"Che lei sappia, Montorsi, com'era la luna?"

"È stata luna nuova Giovedì, me lo ha detto mio padre a proposito del vino da imbottigliare, perché, ha qualche importanza per la nostra indagine?"

"Mi piacerebbe tanto capirlo, Montorsi."

Nell'alloggio, come aveva previsto, oltre a mobili anonimi e apparentemente mai usati, trovarono un grande stendardo con la svastica, appeso nell'ingresso, di fronte alla porta, bene in vista e nessuna traccia di sistemi di ascolto o di armi o di qualunque altra cosa che potesse essere utile alle indagini. Il padrone di casa, desolato, osservava quanto rimaneva della porta, sfondata dal gruppo d'assalto, e si chiedeva se la cauzione sarebbe stata sufficiente a rimborsarlo dei danni subiti, che di essere rimborsato dalla Benemerita - non aveva proprio nessuna speranza.

"Montorsi, disse con tono indifferente il commissario mentre uscivano dallo stabile, che ne è del presidente del Canoa Club di Cuneo, per caso non ne ha più saputo nulla?"

Montorsi scoppiò in una risata.

"L'ha capito anche lei, vero?"

"Che il presidente è il tedesco."

"E che è lui che ha preso gli indumenti di Cagliero per compiere l'attentato, cosa facilissima, sapeva che non sarebbe venuto in sede, quel sabato."

217

"Come gli è stato altrettanto facile nascondere le false prove nella cascina del campione."

Ci fu un attimo di silenzio. Poi Montorsi aggiunse, con tono dubbioso:

"Certo che andare in canoa e sparare, con la vista che si ritrova, come avrà fatto?"

"Oh, secondo me gli occhiali spessissimi fanno parte del travestimento, probabilmente ha una vista perfetta. Comunque, lei è andato a cercarlo a casa sua?"

"Sì, ci sono andato ieri. La casa è in un paesino poco lontano dal Tanaro, in alto su una collina, il nome del paese è Briaglia. All'indirizzo che aveva dato al Club non c'era nessuno, la vicina di casa ha detto che l'ultima volta che l'ha visto è stato sabato scorso, al mattino, quando ha caricato una canoa biposto sul tetto della sua auto ed è partito. Quel sabato, tra l'altro, non è andato in sede."

"Certo che non c'è andato, doveva andare a Corniglia. Che macchina aveva, nella sua veste di presidente?"

"Un grosso fuoristrada nero, un Mitsubishi con cassonetto scoperto. Ho diramato l'avviso di ricerca in tutta la provincia, ma per ora nessun risultato, naturalmente non abbiamo la targa, è un modello di moda, non sarà facile trovarlo."

"Bisogna cercarlo dappertutto, non soltanto nella provincia di Cuneo, quel tipo è furbo come una volpe e mobile come un piccione viaggiatore, può essere ovunque."

Sannazzaro fece una pausa.

"Lei mi aveva detto che era tornato dall'america nelle terre dei suoi avi. Sa qualche cosa di più sulla storia della sua famiglia?"

"Non molto. La vicina mi ha raccontato che quando è venuto lì, ad abitare in quella cascina, le aveva detto che era la cascina di sua nonna materna, Maria Giorio. La vicina si ricordava della signora Giorio, una signora che era rimasta vedova giovane ed aveva una figlia che poi si era sposata ed era andata a Torino, ma non si ricordava altro, si tratta di una signora molto anziana che certamente non ha più molta memoria."

218

"Io credo che valga la pena sapere qualche cosa di più di questa signora Giorio, non crede?"

"Ho già dato l'incarico di fare le ricerche necessarie. Appena avrò i risultati glieli comunicherò."

Dunque, si disse Sannazzaro, c'era veramente un americano nella storia, un falso americano impersonato da un vero tedesco, o piuttosto il contrario, un vero americano travestito da tedesco? Pur se abilissimo, come poteva un ex mercenario filonazista conoscere il nome della proprietaria di una vecchia cascina abbandonata nelle Langhe? *Ogni giorno che passa, ci allontana dalla soluzione, invece di avvicinarci*, concluse tra sé e sé, sconsolato.

Torino, sede della Pulital, 28 Novembre 1995, martedì.

La *Pulital* era in festa. Il dottor architetto Mariano Saporiti aveva preparato un rinfresco pantagruelico, cui aveva invitato tutti i dipendenti di Torino ed anche il campione regionale di canoa Giovanni Cagliero, prosciolto, come Saporiti, da ogni addebito. Anche le accuse di appalto truccato erano state ridimensionate, l'unica prova erano le dichiarazioni del ragionier Degregori, che peraltro, assorbito dai suoi nuovi compiti, aveva cominciato col dire che non era proprio sicuro di ricordarsi bene cosa era successo.

Salvatore Rotunno era stato gentilmente invitato ad andarsene, invito accompagnato da una congrua indennità, e per quanto riguardava le numerose irregolarità amministrative nella gestione del personale, rilevate dall'esame dei libri contabili che Saporiti aveva invano tentato di distruggere, si trattava di reati minori, punibili con pene pecuniarie, le cose si sarebbero sistemate rapidamente, sopratutto tenendo conto della pubblicità gratuita che gli eventi avevano procurato all'azienda.

A sera, finito il banchetto e rimessa in sesto la sede per affrontare la settimana, Mariano Saporiti si era ritirato in ufficio. Poteva dire di essere soddisfatto, ma un tarlo lo rodeva. Era preoccupato per il comportamento di suo padre. Aveva 67 anni, era andato in pensione sette anni prima e l'anno dopo era morta sua moglie di cancro. Il colpo era stato duro, e Saporiti *senior* aveva reagito andando ad abitare in un paesino di montagna vicino a Torino, a Trausella, dicendo che non avrebbe mai potuto farlo se sua moglie fosse rimasta in vita, amava troppo la vita torinese per seppellirsi in un paesino sperduto. In effetti sembrava aver visto giusto, lo stacco era stato tale da fargli cominciare veramente una nuova esistenza, e quando veniva a Torino a trovare suo figlio non vedeva l'ora di ritornarsene nel suo eremo.

Questo, fino a qualche mese prima. Di colpo, suo padre era cambiato. Il suo umore era diventato cupo, parlava

220

con un tremito nella voce e, sopratutto, si fermava sempre più a lungo da suo figlio. Si era messo ad interessarsi della sua azienda, cosa che non aveva mai fatto, aveva voluto visitare la sede ed addirittura averne le chiavi, con il pretesto che, dato che vi aveva investito la sua liquidazione, gli sembrava giusto poter accedere all'azienda quando e come voleva.

Mariano Saporiti aveva dato corda a quelle che considerava innocue manie senili, non gliene importava nulla che sua padre andasse in azienda, se ciò poteva aiutarlo ad attraversare un periodo difficile. Le cose cambiarono improvvisamente quando, dopo la sparizione di una delle tute dallo scatolone, Saporiti venne a sapere da un suo collaboratore che da qualche tempo suo padre aveva mostrato un grande interesse per la bonifica dall'amianto, e che la sera prima della sparizione della tuta suo padre, guarda caso, era passato nella sede.

Aveva messo a tacere la faccenda con una promozione ed un aumento di stipendio, ma adesso che tutto era finito in bellezza il dubbio lo rodeva. Poteva essere suo padre il misterioso assassino? Quell'uomo mite e tranquillo, ex-disegnatore alla FIAT, poteva aver squartato Luigi Verona, essere salito su un *kayak* per sparare raffiche di mitra, aver assalito la vedova con un coltellaccio e, *dulcis in fundo*, aver fatto saltare un furgoncino ed essersi buttato in un ripido torrente in piena?

No, si disse, non era possibile. E per cosa, poi? Per vendicare la sua perdita dell'appalto del Museo? Certo era che ciò lo aveva molto colpito, anche se lui aveva fatto di tutto per minimizzare la cosa. Il suo umore era peggiorato ulteriormente, e lo aveva sentito brontolare oscure minacce, sulle quali non aveva voluto dare spiegazioni. Rimaneva il fatto, incontestabile, che non ricordava di aver visto suo padre fare altre attività sportive che non fossero la pesca, le bocce e la passeggiata digestiva dopo i pranzi domenicali. Si disse che tutto quanto era capitato lo aveva talmente scosso da fargli credere cose assolutamente impossibili. Era stata una bellissima giornata, tutti i suoi collaboratori erano al settimo cielo, perché se la doveva guastare con strane fantasie?

Decise di cacciare via i cattivi pensieri e di telefonare a suo padre, il giorno prima era partito per Trausella dicendo che doveva assolutamente occuparsi delle sue damigiane di vino della Serra che gli dovevano consegnare da un momento all'altro, e che dunque non poteva partecipare alla festa della *Pulital*. Il telefono, peró, squillò a lungo senza risposta. Sarà in giro, o in cantina a imbottigliare, chiameró domani, si disse. Spense le luci, chiuse porta e cancello della sede e partì.

Commissariato Torino Centro, 29 Novembre 1995,
mercoledì mattina.

L'Intelligence Service aveva risposto. Giulio
Sannazzaro aveva davati a sé, sulla scrivania, copia del *Facs*
che i servizi segreti inglesi avevano inviato al Prefetto di
Torino. Non aveva voluto cominciarne la lettura da solo,
nonostante la curiosità, ma aveva subito telefonato a Renata,
che aveva gridato al telefono "Vengo, non cominciare a
leggerlo senza di me, ti prego!" Mezz'ora dopo, trafelata e
senza un filo di trucco, era lì, davanti a lui, che per un attimo
pensò quanto era bella così, molto più bella di quando aveva
avuto tempo di prepararsi, eccitata come una ragazzina, gli
occhi scuri scintillanti, era entrata nel suo ufficio come un
uragano. Si sedettero uno di fianco all'altro, per leggere
assieme il *facs* dell'Intelligence Service.

Secondo il documento, Miriam Pugliese e suo figlio
Albert erano stati dichiarati *very dangerous persons* per la
loro fanatica e palese adesione all'ideologia hitleriana.
Miriam Pugliese era la vedova di un ricco egiziano, dal
quale aveva avuto un figlio, Albert. Suo marito era morto
qualche anno dopo la sua nascita lasciandola erede di una
cospicua fortuna. Durante una sua visita al Cairo Miriam
aveva conosciuto l'archeologo tedesco Erik Wolfram, di
Francoforte sul Meno, ed era stato un vero e proprio colpo di
fulmine. In meno di un mese lo aveva sposato, e poco tempo
dopo aveva cominciato a parlare apertamente in favore di
Hitler, certamente influenzata dal suo nuovo marito.
Allo scoppiare del secondo conflitto mondiale, Erik
Wolfram aveva lasciato Alessandria per arruolarsi nella
Wermacht, almeno questa era l'ipotesi dello Intelligence
Service. Data la loro pericolosità Miriam e Albert erano stati
arrestati e imprigionati ad *El Fayed*, nonostante nei campi
venissero normalmente internati solo gli uomini adulti. Nel
1942, durante la battaglia di *El Alamein*, Albert, che aveva
allora sedici anni, era riuscito a fuggire dal campo, mentre
sua madre vi era morta di febbre tifoide nel febbraio del

223

1945, poco prima della fine della guerra. Il fratello di Miriam, David, di dieci anni più giovane di lei, era stato lui pure deportato ad *El Fayed*, anche se non c'erano su di lui sospetti di simpatia per il nazismo, la sua sola parentela era bastata per farlo internare. Era sopravvissuto ed era entrato in possesso dei beni della sorella, costituiti da svariate case in Alessandria ed un'impresa edile, che nel dopoguerra aveva visto un notevole aumento del suo giro d'affari.

Il rapporto finiva lì, evidentemente dopo la fine del protettorato inglese il servizio segreto britannico non aveva più seguito le sorti dell'unico superstite della famiglia Pugliese, David, il famoso zio che Luigi Verona aveva detto chiamarsi Elia, che l'aveva nutrito e alloggiato dopo la guerra, aveva pagato i suoi studi e magari anche le prime campagne di scavo, l'ingrato nipote gli aveva anche cambiato nome, chissà perché.

"Forse perché si vergognava talmente di aver avuto dei parenti filonazisti che ha cercato di cancellarli dalla memoria, cambiando persino il loro nome." Disse Renata, con tono poco convinto.

"Secondo me, la cosa più importante è che adesso abbiamo il vero volto dell'assassino, mi sembra chiaro che colui che si fa chiamare Erik Wolfram è in realtà Albert, che usa il nome di suo padre *in memoriam*. Forse il padre è morto in guerra come tantissimi altri soldati tedeschi e allora il figlio per vendicare i genitori – la madre è morta di tifo per colpa degli inglesi - se l'è presa con il cugino ebreo colpevole di essere scampato al genocidio. Adesso sappiamo perché Isaac Levi ti ha raccontato che il padre di Luigi si era scagliato contro la cognata, era filonazista, quindi giustamente maledetta da chi aveva perso il suo lavoro per colpa delle leggi razziali."

Renata lo ascoltava in silenzio. La sua voce gli sembrava particolarmente calda, sensuale. Durante la lettura del documento si erano presi reciprocamente in giro per la scarsa conoscenza dell'inglese di entrambi, e per un momento era ritornata tra di loro la stessa complicità della serata al ristorante. I loro sguardi si erano incrociati più di una volta, senza soffermarsi, sfuggenti, come impauriti. Una

224

grande disperazione la prese, pensò che aveva perso il marito in una maniera orribile e che adesso era innamorata perdutamente di un uomo che non l'amava. Si fece forza, si schiarì la voce.

"Io non capisco perché si sia dovuto vendicare, dopo tanto tempo, di suo cugino, che a 13 anni era stato deportato e che ha visto morire i propri genitori, caso mai è contro di loro che avrebbe dovuto vendicarsi, se fossero rimasti in vita, evidentemente ci sarà stato qualche altro motivo che non conosciamo. Devo ammettere però che, anche se non è ancora chiaro il movente, sono d'accordo con te, Albert è l'assassino, se mai riuscirete a prenderlo – qui il tono si fece malizioso – magari ve lo dirà, non credi?"

Giulio Sannazzaro sobbalzò, punto sul vivo.

"Tu non hai idea di cosa è capace quell'uomo, anzi, un'idea dovresti averla, l'hai ben visto all'opera, è una forza della natura nonostante gli anni che si ritrova, se non sbaglio sessantanove, visto che aveva sedici anni nel '42, ha ragione l'uomo del Sismi, deve essere stato sottoposto ad addestramenti durissimi, chissà quante azioni di guerra nella giungla tropicale ha al suo attivo, chissà quanta gente ha ammazzato e torturato, come puoi pensare che i nostri poliziotti siano in grado di affrontare una persona del genere?"

"I tuoi poliziotti magari no, ma l'ultima volta è fuggito sotto il naso delle forze speciali, spero che qualcuno si sia almeno preso una bella lavata di testa, non ti pare?'

"Ah, su questo hai proprio ragione, non ti riferisco i commenti dei miei collaboratori, puoi immaginarteli, poveretti, sono pagati molto di meno e si danno molte meno arie di quei rambo vestiti di nero come dei beccamorti."

Continuarono quelle chiacchiere inutili per un bel po' di tempo, nessun dei due aveva voglia di porre fine all'incontro, fino a che non arrivò Pantosti, che dopo aver bussato con discrezione aveva aperto la porta porgendo al commissario un voluminoso incartamento. Renata si congedò ed uscì. Il poliziotto di scorta la aspettava pazientemente nella sua auto. Imboccarono via Po ed indugiarono sul ponte, bloccato dal traffico. Una sposa in

225

abito bianco stava salendo la scalinata della chiesa della Gran Madre, con il lungo strascico che la seguiva serpeggiando sui gradini, mentre una folla di amici e parenti applaudiva. Prima di varcare la soglia della chiesa si girò e sorrise al mondo, felice. *Felice come ero io quel giorno*, pensò Renata, ed ebbe una stretta al cuore.

Trausella, 30 Novembre 1995, giovedì sera.

La porta della vecchia casa di pietra dove abitava Saporiti *senior* era socchiusa. Suo figlio Mariano non si stupì, in quel paesino dove tutti si conoscevano e si fidavano l'uno dell'altro erano molti a dimenticarsi di chiudere la porta. Aveva deciso di andare a trovare suo padre perché per telefono non riusciva a raggiungerlo, non rispondeva mai dunque cominciava ad essere preoccupato. Entrò e lo chiamò, ma non ebbe risposta. Fece il giro della casa, un paio di stanze ed una cucina, non trovò nessuno. Scese in cantina, dove troneggiavano due grandi damigiane, messe su una panca, pronte per il travaso nelle bottiglie che erano tutte lavate e a bocca in giù per purgarsi dalla minima goccia d'acqua e non contaminare il rosso nettare che stava nella damigiane, senza dubbio quel *Rosso della Serra* del quale suo padre gli aveva tanto parlato. Di Saporiti *senior*, nessuna traccia.

L'architetto Mariano fu assalito dall'angoscia. La casa di suo padre non era lontana dal paese, vi si recò quasi correndo e piombò nell'emporio, negozio e osteria, dove gli abitanti del paese giocavano a carte, immersi in una nuvola di fumo. L'ingresso di quell'uomo alto e trafelato, che qualcuno conosceva, fece sollevare i volti dai ventagli di carte, e piombare il silenzio nel locale.

"Qualcuno sa qualcosa di mio padre?"

Gli rispose una voce vicino al bancone del bar.

"Suo padre, architetto, l'ho visto andar via da casa martedì pomeriggio, era con un signore vestito come un militare, o come un cacciatore, di verde scuro, un po' grosso, sono saliti su un fuori strada, uno di quelli giapponesi, grande, nero, e sono partiti." Chi aveva parlato era il vicino di casa di Saporiti *senior*, un signore non più giovane, che Mariano conosceva bene.

"Ha detto qualcosa quando l'ha visto?"

"Mi ha fatto un cenno di saluto con la mano, ma quel signore sembrava avere fretta, ha fatto un gesto come dire andiamo, dai, e sono andati, dopo non l'ho più visto. Io

227

pensavo che era venuto da lei a Torino, sa, in questi ultini tempi qui è stato proprio poco."

Mariano, improvvisamente, capì, ed un brivido gli scese lungo la schiena. Si girò di scatto, uscì di corsa dall'osteria, si precipitò a casa, prese in mano il telefono che era in cucina, compose un numero e disse:

"Pronto, polizia? Devo denunciare la scomparsa di mio padre. È stato rapito."

Commissariato Torino Centro, 1 Dicembre 1995, venerdì pomeriggio.

Giulio Sannazzaro era stato avvertito dai carabinieri di Vico del rapimento del padre di Mariano Saporiti. Tutte le forze di polizia avevano ben presente quel cognome, apparso per settimane sui giornali come appartenente al mandante dell'omicidio di Luigi Verona. Il commissario aveva chiesto di vederlo urgentemente, la descrizione del rapitore si attagliava perfettamente a quella di Albert Wolfram. Mariano Saporiti si era presentato al mattino, e per un po' aveva sostenuto di non aver notato nulla di strano nel comportamento di suo padre, poi di fronte all'insistenza di Giulio Sannazzaro, che non gli credeva, era crollato ed aveva raccontato tutto, il malumore, l'interesse per la *Pulital*, la richiesta delle chiavi e finalmente la sparizione misteriosa della tuta.

Dunque, Saporiti *senior* era complice dell'assassino. Questa verità elementare, non soltanto non chiariva le cose, ma le ingarbugliava ancora di più. Il commissario aveva chiesto all'architetto notizie sulla vita di suo padre e si era sentito rispondere che era un uomo tranquillo e sedentario, dedito al lavoro, alla famiglia e cultore del buon vino. E in gioventù? Cosa aveva raccontato al figlio della sua gioventù? Per quanto Mariano ne sapeva, l'unica cosa importante era che Saporiti *senior* era stato internato ad Auschwitz nell'autunno del 1944, era stato preso per puro caso in una retata. La breve durata della detenzione e la fortuna l'avevano fatto ritornare, come tanti altri non aveva dato alcun dettaglio su quanto aveva passato, e suo figlio non aveva insistito per averli.

Il fatto che fosse stato internato dove si trovava anche Luigi Verona, poteva spiegare il motivo per il quale il professore avesse per anni favorito l'azienda di suo figlio, un atto di solidarietà fra reduci dello stesso orrore, ma a questo punto perché Verona gli aveva tolto l'appalto? Era questo il motivo per cui si era reso complice dell'assassinio?

Oppure più che complice, il tranquillo geometra Saporiti era il mandante dell'assassinio, aveva assoldato un

229

killer tedesco per vendicarsi del tradimento facendo uccidere il professore e facendogli compiere tutte quelle folli imprese per imbrogliare le carte. Per un servizio del genere, il conto doveva essere molto salato, strano che un geometra pensionato della Fiat avesse tutti quei soldi, tenendo conto del fatto che, a detta del figlio, Saporiti *senior* aveva investito interamente la sua liquidazione nella *Pulital*. Era stato rapito perché non aveva i soldi per pagare i servizi di Albert Wolfram? Qualunque fossero le risposte a queste domande, una cosa era certa: se già non era stato ucciso e squartato, il vecchio Saporiti aveva i minuti contati, bisognava ritrovarlo a tutti i costi, il più presto possibile.

Mezzi imponenti erano stati mobilitati fin dal mattino: carabinieri, poliziotti, guardia di finanza, forestali, guardiacaccia, elicotteri, cani poliziotto, un esercito stava battendo la Valchiusella palmo a palmo, era certo una cosa che si doveva fare, ma il commissario era sicuro che se ne erano andati da tutt'altra parte.

Lo troveremo quando avremo capito chi è veramente, adesso, come al solito, ci sta soltanto portando a spasso. Rimuginò tra sé Giulio Sannazzaro. Domani vado comunque a dare un'occhiata, chiederò a Pantosti se vuole accompagnarmi anche se è sabato, chissà mai che vediamo qualcosa che gli altri non hanno visto. Poi, concluse amaramente tra sé, mi sembrerà quasi di fare un *week end* in montagna, e non di andare a lavorare.

Trausella, 2 Dicembre 1995, sabato mattina.

Una moltitudine di mezzi della polizia e dei carabinieri stazionavano nella piccola piazza di Trausella, accanto alla chiesa. Il comandante della stazione dei carabinieri di Vico accompagnò Sannazzaro e Pantosti nella casa di Saporiti *senior*. Una casa in pietra, con l'interno in perline di abete chiaro, una stufa in ceramica di Castellamonte, arredata con cura ma senza pretese di *design*, ordinata e pulita, esattamente come doveva essere la casa di un pensionato ex disegnatore della Fiat. Alle pareti foto di famiglia, cartoline, qualche mazzo di fiori secchi, vecchi oggetti, una lampada a petrolio ed un basto intagliato. Sannazzaro si diresse verso la cantina, Pantosti rimase in cucina e si mise ad osservare con attenzione tutto quanto era appeso ai muri.

Mentre il commissario aveva quasi finito di ispezionare la cantina, senza aver trovato nulla di interessante, udì la voce squillante di Pantosti chiamarlo. Tornò in cucina, dove l'agente aveva il dito puntato su una delle cartoline appicciate alla parete.

"*Commissa'*, qui c'è qualche cosa di strano. Vede questa cartolina? È da sola, staccata dalle altre, per questo l'ho notata. Mentre tutte le altre hanno il francobollo e il timbro postale, sono state spedite, insomma, questa no, è nuova, non viene da nessuna parte."

Sannazzaro osservò la cartolina. Era la foto di un gruppo di case e di un ponte di pietra gettato fra le ripide sponde di un torrente. Portava la dicitura "Pont Bozet".

In quel momento sentì la porta di ingresso aprirsi ed una voce dire "È permesso? Si può?". Era il vicino di casa di Saporiti *senior,* gli disse il maresciallo Del Carmine, quello che ha visto il rapitore. Un vecchio montanaro, con la cintura dei pantaloni sotto il ventre rotondo, una camicia a scacchi piuttosto lisa indossata sopra la maglia di lana pesante ed una vecchia giacca marrone fece il suo ingresso nella cucina della casa di Saporiti.

231

"Non avevo più visto tanti uomini con la divisa dal '44, quando i tedeschi hanno fatto gli ultimi rastrellamenti." Esordì con la voce marcata da un forte accento dialettale.

"Lei se ne ricorda?"

"Sono cose che non si dimenticano, signor...?"

"Sono il commissario Giulio Sannazzaro, incaricato delle indagini sull'omicidio del professor Luigi Verona. Siamo quasi sicuri che il signor Saporiti sia stato rapito dall'assassino del professore, e sto cercando di capire perché."

Il vecchio montanaro, che si era seduto su una panca della cucina, tirò fuori da una tasca della giacca una busta di tabacco, dall'altra tasca estrasse il pacchetto di cartine, ne sfilò una, se la posò accanto sulla panca, vi versò il tabacco, si arrotolò la sigaretta con un gesto rapido ed esperto, la umettò con la lingua e infine l'accese con un vecchio accendino. Assaporò con gusto la prima boccata, prima di parlare.

"È da un po' che il geometra è strano, ma non mi ha raccontato niente. Anzi, devo dire che non mi ha mai raccontato gran ché della sua vita, se non che lavorava alla Fiat e che sua moglie è morta di cancro. Non ho mai capito come gli sia saltato in testa di stabilirsi qui, mi ha sempre detto che non era mai venuto in Valchiusella." Scrollò il capo più volte. "Io però qualche volta ho avuto l'impressione che fosse già stato da queste parti, da giovane."

"Ah sì, e perché ha avuto quest'impressione?"

"Perché la sera si metteva seduto sulla panca che c'è fuori, a fumare una sigaretta, e fissava sempre lo sguardo verso la parte alta della valle, verso il monte Marzo, sembrava ipnotizzato. Una volta gli ho chiesto se voleva venire con me a fare un giro, su, alla *bocchetta delle oche,* mi ha guardato come preso dallo spavento e mi ha detto che no, per carità, non ci pensava neanche."

Fece una pausa, tirò una boccata dalla sigaretta.

"Sa cosa le dico, commissario? Qualche volta ho pensato che sia uno dei due traditori, e che sia ritornato sul luogo del delitto come dicono che fanno tutti gli assassini.

232

Se sapessi che è veramente così, giuro che lo ucciderei con le mie mani, se mi capitasse di nuovo a tiro."

"Traditori? Quali traditori?"

"Prima le ho detto, signor commissario, che mi sembrava di essere tornato nell'autunno del '44, al tempo degli ultimi rastrellamenti nazifascisti. Io ero un *bocia*, avevo quattordici anni, ma come le ho appena detto, certe cose non si dimenticano. Sono arrivati in tanti, tedeschi e fascisti, sapevano che erano finiti e avevano deciso di farla pagare cara ai partigiani e ai montanari, così hanno ucciso, bruciato, ne hanno fatte di tutti i colori. Quelli che hanno trovato con le armi li hanno portati sulla piazza di Traversella e li hanno fucilati, ma due sono riusciti a scappare. Erano due studenti di Torino, poco più che ragazzi, sono scappati verso la *bocchetta delle oche* e nessuno ne ha più saputo niente. Dopo la liberazione, un repubblichino catturato in Valle d'Aosta ha raccontato, prima che gli facessero fare la fine che meritava, che due giovani partigiani erano stati catturati dai tedeschi a Pont Bozet, nella valle di Champorcher, ed avevano raccontato tutto quello che sapevano sui nascondigli, così altri poveretti hanno perso la vita qualche mese prima della fine della guerra."

Aspirò a fondo il fumo dalla sigaretta.

"Sa cosa le dico, commissario? Che il geometra non è stato rapito, ma se ne è andato di sua volontà, assieme al nazista, che magari ha conosciuto durante la guerra, e chissà quali altre brutte cose combineranno assieme, quei due maledetti."

"Lei non sa qualche cosa di più su quei due ragazzi?"

"Io so due cose: che uno dei due era il figlio di un dentista di Torino che tutte le estati veniva a Vico dove curava i denti della gente di qui. Ma dopo l'otto Settembre il dentista non è mai più venuto, io so solo che abitava a Torino, in centro, vicino alla stazione di Porta Susa, me lo aveva detto mio padre che si era fatto togliere un dente da lui."

"E la seconda cosa?"

233

"Ah, si, la seconda cosa è che i due avevano un nome di battaglia, come tanti partigiani, uno era Lupo, l'altro un altro animale, non lo so quale, non mi ricordo."

Adesso le cose stavano diventando più chiare. I due ragazzi, sfiniti dalla fame e dal freddo, erano stati catturati dai tedeschi e per salvarsi la pelle avevano detto tutto quello che sapevano. In cambio della delazione, invece di essere fucilati erano stati deportati ad Auschwitz. Uno era certamente il geometra Saporiti, ma chi era l'altro? E chi era il Lupo dei due? *Lupo. Un animale con il muso a punta e due orecchie triangolari. Lupo, sciacallo. Seth.*

Torino, 5 Dicembre 1995, martedì pomeriggio.

Renata era impaziente di partecipare alla riunione di vendita di oggetti di antiquariato russi, riunione che il primo martedì di ogni mese Irina Gramaglia organizzava nella saletta riservata di un bar in via Garibaldi, non lontano dal suo negozio. Non che avesse intenzione di fare acquisti, ma era contenta di vedere, come si dice, un po' di mondo, di chiacchierare con qualche amica e, perché no, di fare del pettegolezzo, magari qualcuna poteva fornirgli delle indicazioni per capire chi era la misteriosa amante del commissario. Era riuscita a convincerlo a farsi accompagnare da una sola guardia del corpo, e dopo forti insistenze, ad avere l'autorizzazione di far rimanere il poliziotto nel bar, senza farlo salire nella saletta, garantendo sotto solenne giuramento che c'era un solo, unico ingresso.

Irina Vassilieva dal canto suo, mentre preparava gli oggetti da vendere, non riusciva a trattenere la sua emozione al pensiero di incontrare la rivale. Le tremavano le mani mentre imballava con cura una bellissima icona in bronzo del XVI secolo, il pezzo più raro che avrebbe presentato e messo all'asta. Irina era una donna passionale, istintiva e irruenta, sarebbe stata un'impresa molto difficile far finta di niente e sorridere con cortesia a *quella ricca troia*, uno degli epiteti più gentili che venivano alla sua mente quando pensava a Renata De Marinis. Respirò più volte a fondo, prese dall'armadietto delle medicine un calmante omeopatico, ne versò un po' di gocce in un bicchiere, vi aggiunse dell'acqua e bevve la sua pozione, pensando come sarebbe stato bello se invece del calmante fosse stato del veleno, e se avesse potuto versarlo nella gola della rivale.

Torino, un bar sull'angolo di piazza Statuto e via Garibaldi, martedì sera.

Dopo che il poliziotto di scorta ebbe controllato il piano terra del bar, la sala riservata e gli avventori di sesso maschile presenti in quel momento, il gruppetto di una decina di eleganti signore appassionate di antichità russe aveva potuto raggiungere il luogo della riunione, dove Irina Vassilieva aveva già messo la sua merce in bella mostra, accanto ad un ben fornito *buffet*. L'icona in bronzo, un polittico formato da quattro parti incernierate tra di loro era sistemata nel mezzo della tavola, circondata da vasetti d'argento ricolmi di caviale *beluga*. Questa è mia, pensò Renata De Marinis quando la vide, è troppo bella, gli smalti sono conservati alla perfezione, la voglio assolutamente, *la voglio per lui, sarà il mio regalo di Natale.* Si vedeva già nel suo ufficio mentre glielo consegnava, immaginava il suo sguardo meravigliato all'apertura del pacco, chissà, forse l'avrebbe abbracciata, o addirittura baciata.

Mentre la sua mente era immersa in questi dolci pensieri, sentì la voce di Irina alle sue spalle.

"Un pezzo veramente eccezionale, ha in mente qualche regalo per Natale, signora De Marinis?"

Si girò, sospresa dal tono acido con il quale erano state pronunciate quelle parole, e quando vide il lampo d'odio negli occhi azzurri di Irina, capì.

È lei, la donna misteriosa, l'amante di Giulio, se la fa con la moglie del capo, è un pazzo incosciente, vuol dire che ne è innamorato alla follia, a questo punto non ho nessuna speranza. Turbata, brontolò che non aveva in mente nulla di speciale e si allontanò dal tavolo per confondersi tra le altre invitate. Notò una signora che non aveva mai visto prima, una signora dalla folta capigliatura bionda, massiccia, con un grande paio di occhiali scuri che indossava un ampio mantello *beige* chiaro. C'era qualcosa di famigliare nella sua figura, nel suo modo di muoversi, l'aveva già vista da qualche parte, ma la sua mente era troppo sconvolta dalla scoperta che Irina Gramaglia era l'amante di Giulio per

236

potersi concentrare. Vide Irina che si avvicinava alla signora sconosciuta, la sentì dire:

"Signora, non l'ho mai vista, è la prima volta che viene, a chi debbo l'onore di questa visita?"

La signora non rispose. Aperse il mantello ed imbracciò una strana arma che portava appesa alla spalla, un fucile mitragliatore con il caricatore messo di traverso, orizzontale, ed il calcio in filo di ferro.

"Se una di voi fiata, vi ammazzo tutte. Se state zitte, non vi succederà nulla." Una pausa. Poi la voce maschile dal forte accento tedesco proseguì:

"Mettetevi tutte in fila dietro il tavolo, tutte tranne lei, signora De Marinis. Posate le mani sul tavolo, grazie. Adesso lei, signora, prende questo rotolo di nastro isolante e questo paio di forbici, ne taglia dei pezzi e lo mette sulla bocca delle sua amiche, rapidamente, prego." Buttò a Renata un rotolo di *scotch* che lei tagliò a pezzi e incollò sulla bocca delle signore terrorizzate. Quando ebbe finito, l'uomo travestito aprì la finestra della sala che dava sulla via e buttò qualcosa in basso. Un attimo dopo, una forte esplosione scosse il palazzo, mandando in frantumi la vetrina del bar. Il poliziotto di scorta balzò in strada, con la pistola in pugno. L'uomo travestito puntò l'arma contro Renata De Marinis e le indicò bruscamente la scala. Lei scese, lui la seguì. La scala sboccava in uno stretto vano tra il bar e la cucina, che era deserta. Tutti erano corsi in strada per vedere cosa era successo. Lui la spinse in cucina, la attraversarono, sbucarono in un piccolo cortile male illuminato. Di fianco alla porta della cucina c'era una scaletta, lui la prese e l'appoggiò al muro che chiudeva il cortile, alto poco più di due metri. Le ordinò di salire, salì lui pure subito dopo, e quando fu con lei in cima al muro prese la scaletta e l'appoggiò dall'altra parte, la fece scendere e la seguì, staccando la scaletta dal muro e posandola a terra. Si trovarono in un altro cortile, più grande. Sulla loro sinistra una porta aperta dava su una scala che scendeva nel sottosuolo. Lui le indicò la scala, brandendo l'arma. Arrivarono in un lungo corridoio malamente illuminato, sul quale si affacciavano numerose porte di legno grezzo. Dopo

237

poco le ordinò di fermarsi, aprì una di quelle porte, la spinse in una stanza ingombra di vecchi mobili e di cianfrusaglie e chiuse a chiave la porta dietro di sè. *Adesso è finita, qui mi ammazza, questa è la fine del viaggio*, pensò Renata. Come le avesse letto nel pensiero, lui disse:

"Non le farò alcun male, signora De Marinis. Io devo solo parlarle." Scostò una vecchia credenza, si chinò e sollevò una botola che si trovava dietro il mobile. Le mise in mano una torcia elettrica e le fece cenno di calarsi nel buio, lungo una scala a pioli. Lei scese, illuminando i gradini sotto di sé. Quando i suoi piedi toccarono il suolo, puntò la torcia elettrica in tutte le direzioni. Erano in una stretta galleria dalle pareti in mattoni e la volta ogivale, che si perdeva nel nulla. Sentì lo scricchiolio della scala a pioli sotto il peso del suo rapitore, istintivamente diresse un fascio di luce sotto ai suoi piedi, per illuminargli la discesa. *Non aveva più paura di lui.*

"Siamo in una galleria di contromina, le gallerie che servirono ai piemontesi per sconfiggere i francesi durante l'assedio del 1706. Sono i cunicoli dove Pietro Micca fece la sua morte eroica, facendosi saltare in aria per sbarrare il passo ai nemici che stavano infilandosi sotto alle mura. Qui non ci troverà nessuno, potremo raggiungere casa mia indisturbati. Non cerchi di scappare, morirebbe qua dentro, non troverebbe mai l'uscita da sola." *Chissà dov'è casa sua, non è forse in Germania? Andremo a Francoforte? E perché non parla più con l'accento tedesco?* Di nuovo, sembrò che lui le avesse letto nel pensiero.

"Stia tranquilla, casa mia non è lontana, ci arriveremo in meno di un'ora, a piedi."

Si incamminò dietro di lui. Era serena. *Sapeva che l'avrebbe portata fuori da lì. Sapeva che l'avrebbe fatta uscire dal nulla.*

Commissariato Torino centro, martedì sera.

Giulio Sannazzaro aveva passato due giorni a fare verifiche in diverse direzioni, aveva avuto da Montorsi le informazioni su Maria Giorio, colei che il presidente del Canoa Club di Cuneo, ovvero l'assassino, aveva detto essere sua nonna. Poi era riuscito a mettersi in contatto con la CIA tramite l'anoressico e sbiadito rappresentante del SISMI, tutto era chiaro, o quasi. Gli mancava l'indirizzo del dentista torinese, l'Ordine aveva giurato di fare il possibile e in fretta. A quell'indirizzo, ne era sicuro, avrebbero trovato Saporiti e l'assassino. *Tutto era chiaro, meno il movente –* ma questo, lui sperava, l'avrebbero saputo dalla voce stessa del colpevole, se fossero riusciti a prenderlo vivo.

Sì, era contento di se stesso, magari poteva persino concedere un'intervista, fare una conferenza stampa, erano cose che normalmente odiava, ma tutto era stato così dannatamente difficile e complicato che il pavoneggiarsi un po' gli sembrava un doveroso compenso. Una sola cosa gli dispiaceva: *non avrebbe più avuto pretesti per vedere Renata De Marinis, era il momento di scegliere.* L'ultima volta che l'aveva vista, quando avevano letto assieme il *facs* dello Intelligence service, l'aveva trovata particolarmente affascinante, così bella senza trucco, così entusiasta, invece del solito gelo arrogante emanava da lei voglia di vivere, di amare e di essere amata.

Dove sarà in questo momento? – si chiese il commissario - Oh, che sciocco, le ho dato io il permesso di andare alla riunione di Irina, la riunione dell'antiquariato, speriamo che Irina si controlli, ci mancherebbe solo una scenata di gelosia davanti alle signore bene di Torino, in quel bar alla fine di via Garibaldi, sull'angolo di piazza Statuto… Un brivido gli scese lungo la schiena, *piazza Statuto, Porta Susa, era da quelle parti che era vissuto il padre dentista,* come aveva potuto non venirgli in mente, doveva andarci subito, assolutamente, un agente non sarebbe sicuramente bastato, quell'uomo era troppo pericoloso. Afferrò il *loden* e prese la pistola dal cassetto, corse fuori dall'ufficio, balzò su un'auto di servizio, attivò la sirena e si lanciò in piazza Castello prendendo via Verdi in senso vietato, si disse che non aveva senso percorerre via Garibaldi riservata ai pedoni, anche con la sirena rischiava di fare una strage, tutti erano là per le compere natalizie, no, sarebbe passato da Porta Susa, imboccò via Pietro Micca, via Cernaia, mentre girava in corso Valdocco udì una forte esplosione. In un attimo era davanti al bar, scese dall'auto senza spegnere la sirena e si scontrò con l'agente di scorta che era uscito in strada con la pistola in pugno. L'agente si stava guardando attorno, il marciapiede era tappezzato da frammenti di vetro, cercava di capire dove l'aggressore potesse essere fuggito.

"Dentro, gli gridò Giulio Sannazzaro, è dentro!" Corse nel bar seguito dal poliziotto e salì la scala che portava alla sala riservata, in tempo per trovarsi di fronte alle eleganti e terrorizzate signore, con il nastro adesivo sulla bocca e le mani ancora posate sul tavolo, come era stato loro ordinato. Si diresse verso Irina, le tolse il nastro e lei scoppiò a piangere, si buttò fra le sue braccia, poi si rese conto che non era quello che doveva fare e si staccò da lui. Tolsero il nastro alle signore, tutte scoppiarono a piangere e gridare. Irina si era ripresa, riuscì a dire: "Era travestito da donna, ha preso Renata, è sceso dalla scala, poi non so dove è andato."

Il commissario scese a salti la scala, si precipitò nella cucina attraversandola, arrivò nel cortile semibuio, si guardò attorno. Notò il muretto, gridò all'agente che lo seguiva di aiutarlo a salire, gli fu facile data la sua statura. Quando fu in piedi sul muretto, vide la scaletta lasciata a terra, capì che stava andando nella giusta direzione. Saltò giù, scorse la porta aperta sulla scala che scendeva nelle cantine del fabbricato, mentre qualche metro più avanti cominciava la rampa di scale che saliva verso gli appartamenti. Scelse le cantine, *ci si nasconde sempre nei sotterranei*, pensò, era l'ipotesi più probabile. Quando si trovò davanti al lungo corridoio dove si affacciavano decine di porte, capì che ancora una volta era stato giocato. Sentì dietro di sé i passi dell'agente di scorta.

"Io...io ho chiesto se c'era un altro ingresso, mi hanno detto di no, io ho controllato il cortile, come potevo

240

pensare che passasse da quel muro? Sarà dentro una di queste cantine, le apriremo tutte, lo troveremo, cercheremo nel palazzo, perquisiremo tutti gli alloggi."

"Non se la prenda, agente, lei ha fatto del suo meglio. Non sottovaluti il nostro amico, però: lei crede veramente che sia stato così stupido da nascondersi dentro questo palazzo, sopra o sotto? "

"Se non è qui, dove diavolo può essere andato?"

"Non lo so, ma di sicuro non è qui. Faccia venire chi vuole a frugare dappertutto, non possiamo non farlo, ma le ripeto che non è qui."

Oh irraggiungibile altezza, porta del Nun,
apriti, Unas viene da te!

Piramide di Unas, anticamera, muro sud, 185, 272

Torino, via Stampatori, 6 Dicembre 1995, mercoledì pomeriggio, ore 16.

Il drappello delle forze speciali, formato da otto uomini armati di fucili d'assalto, con giubbotti antiproiettile, elmetto e collegamento radio, era salito cautamente lungo le scale marmoree dell'elegante fabbricato di via Stampatori, fino al quarto ed ultimo piano. Il commissario e Pantosti li precedevano, con la pistola in pugno. Davanti alla porta dell'interno 21 si arrestarono in silenzio. Pantosti si mise in posizione sul lato sinistro della porta, gli altri restarono sul pianerottolo, tutti con le armi spianate. Sannazzaro premette il pulsante del campanello, che emise un forte ronzio, e balzò sul lato destro, mettendosi al riparo da eventuali colpi sparati attraverso la porta. Ci fu un lungo silenzio. Il commissario suonò di nuovo, mettendosi subito fuori tiro. Un altro silenzio. Qualcuno porse un megafono al commissario, che lo impugnò gridando :

« Ettore Falchi, lo sappiamo che lei è lì, faccia uscire gli ostaggi e poi esca con le mani alzate, se no entreremo con la forza, non faccia altre sciocchezze. »

La risposta venne da un microfono piazzato dietro una piccola grata sopra la porta.

« Commissario, è lei che non deve fare sciocchezze, se vuole rivedere la signora De Marinis. La porta è blindata con una lastra d'acciaio spessa dieci centimetri, sono sicuro che prima o poi riuscirete a sfondarla, ma io intanto avrò tutto il tempo di buttare giù la signora e Saporiti, di lui magari non glie ne importa gran che, ma credo che alla signora ci tenga. »

«Cosa vuol dire buttare giù ? »

«Buttare giù in strada, dal cornicione del terrazzo dove mi trovo con i miei due ostaggi, su, signora De Marinis, mi faccia il favore di spiegarlo anche lei, al commissario, che mi sembra non abbia capito bene.» Una voce bassa, tesa, parlò nel microfono.

«Giulio, fai quello che ti dice, siamo in bilico sul cornicione, io non credo di resistere ancora per molto, e

243

Saporiti neanche, ha le vertigini, siamo nelle sue mani.» La voce di Ettore Falchi riprese possesso del microfono.

«Commissario, voglio che tutti i suoi uomini scendano ed escano dalla casa, so che sono nove, li ho visti nella telecamera, e li conterò quando escono. Lei metta a terra la pistola. Quando i suoi uomini se ne saranno tutti andati io aprirò la porta e farò uscire la signora De Marinis. Lei potrà entrare e venire sul terrazzo, con le mani alzate, naturalmente.»

Giulio Sannazzaro fece cenno ai poliziotti di andarsene. Posò a terra la pistola, attese qualche minuto finché un ronzio gli disse che la porta era sbloccata. Essa si aperse e Renata uscì, pallidissima, si buttò tra le sua braccia e scoppiò in singhiozzi.

« Calmati, Renata, è tutto finito, calmati, cosa…cosa ti ha fatto ? »

Lei lo guardò, con gli occhi pieni di lacrime.

« Non mi ha fatto nulla, ma mi ha detto. Tutto. Ero sposata con un mostro. Va', presto, prima che Saporiti si sfracelli nella strada. »

Il commissario entrò in un lungo corridoio che andava verso destra, davanti a lui si apriva una cucina, al fondo della quale una porta finestra dava sul terrazzo. Quest'ultimo era chiusa da una balaustra alta circa tre metri, in cima alla quale c'erano Ettore Falchi e Luigi Saporiti. Ettore Falchi teneva in mano uno *sten*, puntato su Saporiti, che era legato a lui con una corda da montagna. Al collo portava appeso un microfono.

Ecco, pensò Sannazzaro, ecco cos'era il fucile mitragliatore che faceva quel rumore strano, era uno sten, l'arma mitica dei partigiani, facile da smontare e riporre in poco spazio, veniva paracadutata dagli inglesi per aiutare la resistenza, spara con un rumore cantilenante, è più lento delle mitragliette moderne.

Una scala era posata a terra, sarà servita a loro per salire e poi a far scendere Renata, pensò ancora Giulio Sannazzaro, che si fece avanti, con le mani alzate. Osservò i due uomini in bilico sul cornicione. Una banda nera copriva l'occhio sinistro di Ettore Falchi, che assieme alla

244

corporatura robusta, massiccia ed ai capelli grigi arruffati gli dava un aspetto feroce e selvaggio. Luigi Saporiti pallido, scolorito, appesantito dalla pinguedine e quasi completamente calvo sembrava capitato per caso in una vicenda tragica che non era la sua.

« Si metta comodo, commissario, abbassi pure le mani, non faccia gesti improvvisi se non vuole che faccia partire una raffica dal mio *sten*, ha una cinquantina d'anni ma come si ricorderà spara benissimo. Devo raccontarle una storia. »

Pont Bozet, valle di Champorcher, Ottobre 1944

Dopo sette anni di guerra, l'ufficiale tedesco aveva imparato a valutare gli uomini al primo colpo d'occhio. Discendeva da una vecchia famiglia di militari prussiani, disprezzava Hitler ed ammirava Rommel, non vedeva l'ora che la guerra finisse e sapeva che sarebbe finita molto male per la Germania. Guardò i due ragazzi che le sentinelle avevano sorpreso mentre cercavano di attraversare il torrente. Stette in silenzio per un po', osservandoli con attenzione. Uno dei due tremava come una foglia, l'altro lo guardava con aria di sfida. Finalmente, in un italiano stentato ma corretto, chiese ai due ragazzi di avere la lista dei nascondigli dei partigiani, in cambio della loro vita. Quello che lo guardava con aria di sfida disse che non avrebbero mai parlato, l'altro rimase in silenzio, tremando sempre di più.

Anche se l'ufficiale tedesco odiava quella guerra, aveva degli ordini da eseguire. Fece cenno ai due soldati di portare via il ragazzo che aveva meno paura e disse loro qualche frase in tedesco. Le sentinelle eseguirono l'ordine, ed uscirono dalla stanza. Dopo un attimo, si sentì un grido. Il ragazzo che era rimasto con l'ufficiale, terrorizzato, disse che avrebbe parlato, avrebbe detto tutto, ma che non gli facessero del male, per carità. L'ufficiale aprì un quaderno, si mise sul naso un paio di occhiali a *pincenez*, intinse la penna nel calamaio e cominciò a scrivere.

Qualche tempo dopo, chiamò il suo attendente.

« Ho promesso che se mi avessero dato le informazioni che volevo, avrebbero avuto salva la vita, ed io le promesse le mantengo. Portateli a Torino, domani parte un treno per Auschwitz, li spediranno laggiù. »

Da qualche parte a nord-est di Berlino, 24 Aprile 1945, mattino.

"Sierghei, vieni qui, ne ho trovato un altro!" Il soldato russo faceva grandi cenni al suo compagno, che accorse immediatamente. Di fronte a loro, anzi, per meglio dire ai loro piedi, un uomo rattrappito, con la divisa a strisce dei deportati, era a terra e si teneva la testa tra le mani, come chi si aspetta di essere bastonato. Farfugliava qualche cosa in una lingua lì per lì incomprensibile ai due soldati dell'armata rossa, che cercarono di confortarlo "Niente paura, non siamo tedeschi, siamo russi, siamo qui per liberarvi, noi amici, non tedeschi.'

Sierghei si batteva la mano sul cuore, per sottolineare la propria amicizia. L'uomo smise di serrarsi il capo fra le mani, alzò gli occhi e disse, in italiano "Io italiano, voi amici?" "Ah, *italianski,* tu italiano? Io amico di italiani, italiani buoni soldati, non come tedeschi, io imparato italiano, io musicista, io amare l'Italia. Venire con noi, noi ti dare da mangiare, tu avere fame, *da?*"

Si incamminarono sostenendolo uno per parte, senza fatica, i due giganteschi soldati russi, o almeno tali apparivano a confronto di quel corpo magro e minuto mentre il sibilo rabbioso delle *katiusce* accompagnava i loro passi nella foresta.

Torino, via Stampatori, mercoledì sera.

Dopo il racconto di quanto era evvenuto a Pont Bozet, Ettore Falchi tacque. Forse il rimorso lo rodeva, per quel grido che gli era sfuggito quando il soldato tedesco gli aveva calato con forza il calcio del fucile su un piede, prendendolo alla sprovvista. Il suo grido aveva fatto crollare Marco Saporiti, che, come l'ufficiale tedesco aveva previsto, già più debole del compagno, aveva creduto che avessero cominciato a torturarlo e che subito dopo sarebbe toccato a lui.

Il commissario ruppe il silenzio.

« Cosa è successo, poi ? »

« Quello che tutti sanno, i vagoni piombati, la gente che ci moriva, l'arrivo, quelli selezionati per le camere a gas, noi non lo sapevamo ancora, abbiamo solo visto le SS dividere donne, vecchi e bambini da quelli come noi, uomini e ragazzi, quelli che potevano lavorare. Le baracche, la fame, i pidocchi, le malattie. Era un terribile incubo, ma il peggio è venuto quando lui è arrivato. »

« Lui…chi ? »

« Albert Wolfram, l'ebreo rinnegato, il cugino di Luigi Verona, del *vero* Luigi Verona. Noi abbiamo conosciuto Luigi appena arrivati nel campo. Suo padre e sua madre non ce l'avevano fatta, la madre era stata uccisa subito ed il padre era morto poco dopo. Lui era disperato, ma animato da un'energia incredibile. Piccolo, magrolino, resisteva a tutto, voleva vivere ad ogni costo. Ha riconosciuto subito Albert, è venuto di corsa nella baracca a dirci che i nostri tormenti erano finiti, che suo cugino ci avrebbe protetti. Quando ho capito che Albert era un traditore, ho subito pensato che non potevamo apettarci niente di buono da lui, ho detto a Luigi di stare zitto e di tenersi lontano. Luigi aveva molta fiducia in me, e fece quello che gli avevo detto, si tenne il più possibile lontano da Albert."

Fece una pausa, barcollò, per attimo sembrò che stesse per cadere nel vuoto, il commissario avanzò verso di lui.

248

« Stia fermo, accidenti, non mi costringa a spararle, non ce l'ho con lei, mi lasci finire. Questo lurido verme, che lei vede legato a me, dopo aver dato all'ufficiale tedesco tutte le informazioni necessarie per far morire un bel po' di partigiani – ma lì lo posso capire, anche io non so se avrei resistito alla tortura, fin che non si provano certe cose è impossibile sapere come possiamo reagire – questo lurido verme è andato a spifferare tutto a Albert, per entrare nelle sue grazie. Quando l'ho saputo non ci ho più visto, nella baracca ho cominciato a picchiarlo, volevo ucciderlo. Ho continuato a picchiare fino a quando non è arrivato il *kapò*, e mi hanno portato da Albert. » Barcollò di nuovo, di nuovo sembrò cadere nel vuoto, di nuovo si riprese.

« Devo finire in fretta, commissario, non credo che resisterò ancora per molto, mi sono imbottito di porcherie per fare tutto quello che ho fatto, e adesso sto crollando. Mi hanno portato da Albert, e quel pazzo sadico ha ordinato a questa specie di uomo di cavarmi l'occhio, dicendo che era la lotta di Seth lo sciacallo contro Horus il falco, e che dunque Marco, che si era dato Lupo come nome di battaglia, doveva togliere l'occhio a me, che mi facevo chiamare Falco. Gli aveva raccontato tutto, il traditore, anche i nostri pseudonimi, tutto quello che era successo, ed Albert ne ha approfittato per coniugare l'egittologia con la tortura. Marco ha preso un coltello ed ha eseguito l'ordine, senza esitare neanche per un attimo. Questa però, non è stata la cosa peggiore che Albert ha fatto. »

« Quale è stata ? »

« Con l'avvicinarsi degli eserciti alleati, i tedeschi cominciarono a spostare i deportati verso il centro della Germania. Le truppe sovietiche stavano arrivando a ridosso di Auschwitz, e il comando del campo decise di spedire i prigionieri a Buchenwald. La nostra baracca non era tra quelle che dovevano essere evacuate, ma fu allora che Albert ordì il suo piano diabolico. *Aveva deciso di diventare Luigi Verona.* La loro somiglianza era molto forte, nonostante la differenza di età, entrambi bruni e minuti, con l'inconfodibile naso ebreo. Cosi, fece in modo che il vero Luigi Verona ed i testimoni, fossero messi tra i destinati al

249

trasferimento, *la marcia della morte*. Era convinto che io senza un occhio ed il ragazzo di quattordici anni non ce l'avremmo fatta, sapeva di cosa si sarebbe trattato, sapeva che ci avrebbero fatto camminare per giorni e giorni nella neve, sapeva che non era un trasferimento, ma una eliminazione.» Si passò una mano sulla fronte, era imperlata di sudore.

«Nessuno della nostra baracca ha resistito. Rimanevamo soltanto io e Luigi, che avevo caricato sulle mie spalle. L'ho sostenuto fin che ho potuto, mentre la neve turbinava attorno a noi, ed i tonfi dei corpi che si lasciavano cadere a terra erano immediatamente seguiti dai colpi di pistola delle SS. È scivolato, ha perso la presa, è scivolato lentamente dalle mie spalle, come in un film al rallentatore, mi ha sussurrato *grazie, Ettore, addio* ed è arrivato sulla neve.» Tacque a lungo, poi riprese, con la voce roca.

"Sono riuscito a farmi raccontare da Albert come aveva fatto a fingersi un deportato, prima di ucciderlo, minacciandolo di squartarlo da sveglio. Mi ha detto che si era fatto trasferire nel campo di Sachenhausen. Poco dopo esserci arrivato si è procurato una divisa da deportato ed è fuggito nascondendosi nella foresta, dove ha vagabondato fino a farsi trovare da due soldati russi. Nessuno aveva avuto il tempo di fissare la sua immagine nella memoria, e quando i russi lo hanno riportato nel campo per assicurarsi che non fosse, appunto, un *kapò* fuggito, l'ha fatta franca. Il resto della storia lei lo sa, commissario, se è arrivato fin qui. Adesso, è l'ora della fine.»

Estrasse dalla cintura un lungo coltello seghettato, e con esso tagliò la corda che lo legava a Marco Saporiti.

«Commissario, lei può prendere la scala e far scendere quest'uomo, quest'uomo che ho amato e che mi ha tradito, non merita neanche una pallottola.»

«E lei, cosa farà, Ettore? Scenda, non credo che i giudici saranno molto severi, avrà le attenuanti, farà in tempo a godersi la sua vendetta e a raccontare la verità a tutti.»

«La verità, commissario? E qual'è la verità? Le cose che ho visto in quei pochi mesi passati nel campo erano

250

così orribili che io stesso, sovente, mi domando se quella era la verità o non piuttosto un terribile incubo. Lo sa, commissario, perché mi sono messo a fare il cacciatore di criminali nazisti?"

"Per vendetta, immagino, o per fare giustizia."

"Anche per quello. Ma sopratutto per sapere se quello che ricordavo era vero, se era vero che l'uomo può arrivare a un tale livello di barbarie. Prima di uccidere i criminali che avevo catturato, li costringevo a raccontarmi nei dettagli quello che avevano fatto, o visto fare. Ogni volta avevo bisogno di una conferma, ed ogni volta speravo che quella conferma non arrivasse, speravo di sentirmi dire che non era successo nulla, *che non era quella la verità*. La storia di Albert Wolfram è talmente orribile che qualcuno dirà che non è vero, che mi sono inventato tutto, e d'altra parte non sono rimasti testimoni, salvo questo verme che si rimangerà tutto quello che ha confessato. Non ho voglia di vivere tutto questo. Addio, commissario, sorge la luna piena, questa è la mia notte, la notte del falco. » Si girò e saltò a testa in giù, senza esitare. Quando udì il tonfo del corpo caduto sull'asfalto, Saporiti gridò :

« Aspettami, Falco, io non ti lascerò, mai! »

Saltò anche lui. Gli sbigottiti spettatori di quella tragedia lo videro piombare accanto al corpo esanime di Ettore, mentre nell'aria cominciavano a volteggiare piccoli fiocchi di neve portati dal vento.

Corniglia, Villa De Marinis, 7 Dicembre 1995, giovedì pomeriggio.

Renata aveva proposto a Giulio di andare a Corniglia, per raccontarsi le parti della storia che ognuno di loro aveva vissuto senza l'altro. Lui aveva accettato, anche se un po' a malincuore. Era sicuro che lei avrebbe approfittato della solitudine e dell'atmosfera romantica di quel luogo incantevole per tentare di sedurlo, e la cosa lo rendeva inquieto. Non aveva ancora deciso di lasciare Irina, aveva bisogno di tempo, si sentiva incalzato. *Cercherò di temporeggiare*, si disse mentre percorreva le gallerie dell'autostrada dei fiori, impegnato nei soliti sorpassi azzardati, *dirò che devo assolutamente ritornare a Torino in serata, inventerò una scusa, che scusa posso inventare? Ecco, che Pupa è malata e devo assolutamente darle una medicina prima di notte.* L'idea gli piacque, si congratulò con se stesso e con l'animo sollevato si concentrò sulla guida.

Renata lo aspettava avvolta nel suo enorme e coloratissimo *poncho*, seduta sul divano di fronte al camino, dove il fuoco ardeva vigoroso. Giulio aveva preso posto sulla poltrona di fronte a lei.

« Comincia tu, Renata. »

« Va bene, come vuoi, comincio io. Dopo lo scoppio della bomba, Ettore mi ha obbligato a seguirlo fino ad una cantina. Lì, quando ha chiuso la porta dietro di sé, ho pensato che fosse arrivata la mia fine. Mi ha rassicurata, ed io, non so perché, gli ho subito creduto e l'ho seguito senza esitare. Abbiamo camminato a lungo in quelle gallerie, almeno per una quarantina di minuti, poi siamo sbucati dietro alla Cittadella, dentro al museo di Pietro Micca, siamo usciti e siamo arrivati in via Stampatori. Là, nell'alloggio, c'era Marco Saporiti, legato ad una sedia. »

« Era terrorizzato ? »

« Più che terrorizzato, era distrutto, rassegnato. »

« E poi ? »

« Poi Ettore mi ha raccontato tutto, la fuga dai tedeschi in Valchiusella, la cattura, la deportazione, l'incontro con mio...Dio mio, dopo quello che ho saputo,

252

come posso pronunciare le parole : *mio marito* ?» Ebbe un lungo brivido, si raggomitolò dentro al *poncho*. «Tu non hai idea di come ci si possa sentire, dopo aver scoperto che la persona con la quale hai vissuto tanti anni, e con la quale credevi di aver condiviso quasi tutto – il tutto secondo me non esiste – è un criminale, un essere diabolico, che non ha esitato a mandare a morte il cugino per rubargli il nome, che ha sbandierato per anni il suo passato tragico, che si è finto vittima mentre era carnefice, insomma, credo che impiegherò un bel po' di tempo per dimenticare.»

Nel lungo silenzio che seguì, rotto soltanto dal crepitio delle fiamme e dal rumore della risacca, ciascuno correva dietro ai propri pensieri. Poi Renata volle che lui le raccontasse come era arrivato in via Stampatori.

« Non è stato facile. La prima luce nella mia mente si è accesa a Trausella, quando il vicino di casa di Saporiti mi ha raccontato la storia di due ragazzi partigiani che avevano denunciato i loro compagni e del nome di battaglia di uno dei due, Lupo. Mi è venuto in mente il malvagio dio Seth, la storia di Horus e del suo occhio, una traccia che Ettore mi aveva lasciato mettendo l'occhio di Verona nella sua bocca. Poi mi sono ricordato della strana teoria di tuo marito, quella secondo la quale l'animale la cui testa adorna le raffigurazioni di Seth è il lupo, animale scomparso nell'Egitto dei faraoni ma presente forse nella preistoria."

"Ti sarei grata se non mi parlassi più di quel mostro chiamandolo mio marito, grazie. Sì, mi ricordo di quella sua teoria, allora l'avevo trovata fantasiosa ma affascinante."

"A quel punto, mi sono ricordato che uno dei due assistenti, Santinelli, mi aveva fatto notare che il giorno del delitto, il 25, era il novilunio."

"Quando Seth ha strappato l'occhio a Horus."

"Tutto stava diventando chiaro, si trattava della lotta tra il Bene ed il Male, tra Horus e Seth, tra il falco e il lupo."

"Come mai il giorno nel quale Ettore ha ucciso Verona non era il plenilunio? Dopo tutto, era la vittoria del falco, di Horus."

"Certo, la cosa aveva stupito anche me, sembrava in contraddizione con l'ipotesi del giustiziere. Era proprio

253

quello che Ettore voleva: facendo credere che l'assassino fosse un malvagio, l'ipotesi del pazzo nazista assumeva sempre più credito. Ma ieri, il giorno della sua ultima impresa e della sua morte, era il plenilunio."

"Secondo te, perché ha lasciato tutta una serie di indizi, nessuno però abbastanza chiaro da metterti subito sulle sue tracce?"

"Perché Ettore voleva essere scoperto, ma nei tempi e nel luogo che lui aveva deciso. Voleva che la sua storia andasse sulla prima pagina dei giornali per settimane, in modo da dare un maggior peso alle sue accuse. "

Le onde battevano contro lo strapiombo, con tale violenza da far tremare i muri della casa. Giulio proseguì, alzando la voce.

"Mentre tornavo da Trausella, pensavo che il misterioso assassino aveva due volti, quello di un ex canoista italo americano e quello di un tedesco, appassionato di egittologia. Quale era quello vero? Nessuno dei due. Quello vero doveva essere il volto del compagno di fuga di Saporiti *senior*, e la loro tragica vicenda doveva essere all'origine dell'assassinio di Luigi Verona. Qualcosa era successo, dopo la loro fuga, qualcosa di terribile e di vergognoso, cosi vergognoso da indurre il vecchio Saporiti ad affittare una casa a Trausella ed a mettere in evidenza la fotografia di Pont Bozet."

"Si trattava del tradimento dei loro compagni, un peso enorme sulla loro coscienza."

"Quello non era certo un bel ricordo, ma non aveva niente a che fare con Luigi Verona. Mi sono detto che se non si riusciva ancora a trovare il movente, forse avremmo capito qualcosa se trovavamo il vero volto dell'uomo misterioso.

Chi era costui? Le sue imprese richiedevano indubbiamente delle capacità che hanno soltanto gli appartenenti ai corpi speciali, difatti la prima ipotesi è stata quella che fosse un mercenario filonazista. L'agente del SISMI che era presente alla riunione in prefettura aveva cercato di trovare qualche notizia su di lui, ma senza risultato. Si tratta di gruppi clandestini, per sapere qualche

254

cosa bisogna infiltrarsi, fare ricerche lunghe e difficili. Allora ho avuto un'idea: lasciare da parte l'ipotesi del mercenario e chiedere notizie ai servizi segreti occidentali."

"Questo perché tu, come me, non hai mai creduto alla storia del nazista vendicatore."

"Certo, non ci ho mai creduto. Non ci si vendica di una vittoria, e non si può negare che, nella mente di un nazista, la *shoa* sia stata una vittoria. Sabato ho fatto rintracciare da Gramaglia l'agente del SISMI e lunedì avevamo la risposta."

Fissò Renata negli occhi. Lei lo ascoltava, raggomitolata nel *poncho*, ma sembrava pensare ad altro.

« Noi sei obbligata a sentire queste cose, se vuoi possiamo parlare d'altro, magari ti racconterò tutto tra un po' di tempo, quando la ferita si sarà rimarginata, cosa ne dici ? »

« No, scusami, raccontami, voglio sapere, sono solo un po' stanca, vai avanti. »

« La CIA ha risposto dicendo che il sedicente Erik Wolfram era un italiano di nome Ettore Falchi, che era stato liberato dalle truppe alleate nel campo di concentramento di Buchenwald, dove un soldato americano si era innamorato di lui e l'aveva portato con sé negli Stati Uniti, a San Francisco. »

« Dunque, era un omosessuale. »

« Si, sul terrazzo ho capito che lui e Saporiti avevano avuto una relazione, durante la Resistenza. »

« Non doveva essere stato facile, allora. »

« Beh, non lo è neanche adesso, ma certo allora era peggio. Ettore Falchi ha studiato medicina, a San Francisco, non ha potuto fare il chirurgo per la mancanza di un occhio, un'infermità che non gli ha impedito di diventare un agente del Mossad estremamente efficiente. »

« Della CIA o del Mossad ? »

« Da quello che ho capito di tutti e due, ovviamente sulla base di un accordo reciproco. Durante la guerra fredda i servizi segreti occidentali collaboravano fra di loro contro il nemico comune, il KGB. »

« Stavi per arrestare un agente della CIA o del Mossad, pensi che ci saresti riuscito ? »

« Un agente pensionato, e pensionato contro la sua volontà, i suoi capi si sono resi conto che era un po' strano che tutti gli ex nazisti che avrebbe dovuto arrestare perché fossero processati in Israele, scomparivano in qualche incidente. Cosi lo hanno mandato a casa quattro anni fa, ma la cosa gli è andata benissimo, gli ha dato modo di preparare la sua vendetta contro Albert. »

« Aveva letto sui giornali la notizia della nomina di un nuovo conservatore del Museo Egizio, e l'aveva immediatamente riconosciuto. Cosi mi ha raccontato. »

« Ha studiato il piano nei minimi dettagli, nulla è stato lasciato al caso. È venuto in Italia, si è installato anzitutto a Torino, nell'alloggio di suo padre, che era diventato di sua proprietà, avrà certamente fatto una visita al Museo, come un turista qualsiasi, per studiare il terreno. Quando ha affrontato il problema dell'omicidio, ha calcolato che il Commissariato di competenza del delitto sarebbe stato il mio, ha indagato su di me scoprendo che mia figlia abitava a Carrù, e deve aver pensato che la cosa capitava proprio a fagiolo, data la possibilità che aveva di utilizzare come base anche la cascina della nonna materna, a Briaglia, oltre all'alloggio di suo padre a Torino. A questo punto ha affittato un appartamento a Carrù, alla distanza necessaria per intercettare le telefonate, ha manomesso il telefono di Adriana fingendosi un tecnico della Telecom ed il gioco era fatto, io quasi tutti i giorni chiamo mia figlia e le racconto per filo e per segno quello che faccio e quello che farò."

"Mi stai forse dicendo che se tua figlia non abitasse a Carrù e tu non fossi un appassionato canoista, non sarebbe successo nulla?"

"Le grandi imprese – se così vogliamo considerare questo delitto – sono sempre il frutto dell'intelligenza, dell'impegno, della forza e dell'imponderabile. Se non fosse stato vero quello che tu hai detto, il piano sarebbe stato diverso, o magari molto semplicemente Ettore sarebbe entrato nell'ufficio di Luigi Verona e gli avrebbe sparato, chi lo sa. Certo che la sua sorte era segnata, da quando Ettore ha letto che il suo aguzzino era diventato conservatore di uno dei più importanti musei del mondo, sfoggiando un passato di vittima dell'olocausto."

"E perché è andato a comprare le canoe ad Ivrea?"

"Perché è andato a vedere dove abitava il suo ex amico, a minacciarlo per costringerlo a fargli da complice, e poi probabilmente a recuperare lo *sten*. I due ragazzi non dovevano essere armati, quando i tedeschi li hanno catturati, se no sarebbero stati fucilati immediatamente. Quindi vuol dire che avevano nascosto le armi da qualche parte."

"Quando ha comprato anche il biposto, secondo te, aveva già in mente l'aggressione di Corniglia?"

"Sicuramente, come aveva preso informazioni su si me a maggior ragione le avrà prese sulla famiglia della sua vittima, ed il biposto era per rapirti, tenerti in ostaggio, un po' per raccontarti chi era tuo marito, un po' per far notizia, non credo volesse farti del male."

"Si, hai ragione, voleva rapirmi, non uccidermi, mi avrebbe imbarcata sul biposto e portata chissà dove, se il tuo intervento non glielo avesse impedito." Renata fece una pausa, poi sospirò.

"Come ero emozionata al pensiero del nostro incontro, quella sera."

Sannazzaro fece finta di non aver sentito le ultime parole di Renata.

"Io avevo telefonato a mia figlia che sarei passato da lei, poi ho cambiato idea perché ho visto che si faceva tardi, ma lui che era in ascolto nel suo alloggio di Carrù si è precipitato da qualche parte vicino a Corniglia, si è imbarcato sul suo biposto per arrivare qui, quindi non ha potuto sentire la telefonata successiva, quella nella quale io annullavo la visita a Adriana."

Fece una pausa, poi proseguì.

"Tra l'altro, è stato attraverso le intercettazioni telefoniche che ha saputo delle serate di Irina, a suo tempo ci avevo mandato mia figlia, doveva fare un regalo al marito."

« È lei, vero? »

« È lei, chi? »

« Hai capito benissimo. È lei la tua amante, vero ? »

257

Lui ebbe un attimo di esitazione.

« Si, è lei. Come hai fatto a capirlo? »

« Da come mi ha guardato quando sono entrata nella sala del bar, sembrava volesse scuoiarmi viva. »

« Temo che questa sia una delle sue intenzioni. »

« Rischi grosso, ad essere l'amante della moglie del capo, non ti pare ? »

« Forse hai ragione, ma non sono poi così ragionevole come sembro. Posso continuare?»

« Ho capito che non ne vuoi parlare, va bene, continua. »

« Senti, non è il momento di una scenata di gelosia, te l'ho ben detto che avevo una relazione con una donna sposata, perché adesso te la prendi ? » Lei scosse il capo.

"L'ultima cosa che voglio è farti una scenata, o litigare con te, probabilmente non ci vedremo mai più o almeno non staremo mai più assieme, conosco Irina Vassilieva e so che non è il tipo di donna che rinuncia facilmente. No, non voglio farti una scenata, voglio solo farti capire che mi hai messo in una situazione difficile, lei sapeva e io no, poteva capitare un bel disastro, e tu saresti stato il primo a rimetterci, Gramaglia lo avrebbe saputo immediatamente, se già non lo sa e fa finta di niente, non sarebbe l'unico."

"Perché dici questo?"

"Per il solito, buon vecchio istinto femminile, quello che non mi ha mai fatto credere nella pista delle imprese di pulizia e mi ha fatto andare a Francoforte, cosa che tu in quel momento ritenevi del tutto inutile, o no?" Giulio sospirò.

"È vero, lo confesso. È stato l'ultimo volto che si è dato, quello del fanatico nazista, per condurci alla verità. Probabilmente qualche mese fa si è rivelato al professore, per farlo vivere nel terrore un po' di tempo, prima di ucciderlo."

"Si, erano appunto diversi mesi che mio marito era cambiato, tantissimo. Era cupo, misterioso. È stato allora che mi ha detto della casa di Roma, dei suoi genitori..." Renata si interruppe di colpo. "Santo cielo, coma faceva a sapere dove era, quella casa? Era in Egitto, ad Alessandria, Miriam aveva

258

sicuramente rotto tutti i suoi rapporti con la sorella rinnegata, non poteva saperlo."

"No, ti sbagli, se ad Auschwitz Luigi Verona ha riconosciuto il cugino, vuol dire che si conoscevano, magari una visita a Roma la sorella rinnegata l'avrà fatta, sai come vanno le cose tra parenti, ci si odia ma ci si vede lo stesso."

"Non lo so…il piccolo barbiere ebreo uscito dal film di Chaplin, il suo nome, Isaac Levi, tanto ebreo da sembrare finto, tutto mi ha sempre dato l'impressione di una messa in scena."

La inesauribile curiosità femminile la stava riconquistando. Quanti misteri irrisolti, quanti dubbi covavano ancora nella sua mente.

"Chissà che fine ha fatto suo fratello, David, e da che parte sarà stato, dalla sua o da quella degli ebrei, che ne pensi, Giulio?"

Il grosso ceppo che stava ardendo nel camino si ruppe nel mezzo, i due tronconi caddero dagli alari sulla brace, facendo una nuvola di scintille. Qualcuna volò sul *poncho* di Renata, bruciacchiandolo. Il commissario, spaventato, balzò in piedi, abbandonò la propria poltrona e si lanciò sul divano dove lei era seduta per spegnere l'incendio. Renata si era già tolta il *poncho* e l'aveva buttato a terra. Lui trascinato dal proprio slancio cadde sul divano accanto a lei, che gli disse, ridendo:

"Giuro che non l'ho fatto apposta!"

Lo abbracciò e lo baciò appassionatamente sulla bocca, lui cedette.

"Tanto dormivi ben qui, no? È la notte del falco, c'è una luna piena bellissima, là fuori."

FINE

www.ingramcontent.com/pod-product-compliance
Lightning Source LLC
Chambersburg PA
CBHW051949090426
42741CB00008B/1328